La Société Des Ecrivains Ardennais et le réseau des Médiathèques
Communautaires Ardenne Métropole présentent la 4ème édition du
SALON DES
LITTÉRATURES
MAUDITES
Fortéanisme, Parapsychologie scientifique, Phénomènes mystérieux, Folklore historique, Contes, légendes et rumeurs urbaines, Imaginaire, OVNI, Esotérisme, Occultisme, Vampirisme, Erotisme, etc...
13, 14 ET 15 SEPTEMBRE 2019
CONFÉRENCES
AUTEURS
JEUX DE RÔLE
LIBRAIRES
CINÉMA
EXPOSITION
CONCERT
MÉDIATHÈQUE
VOYELLES
2 place Jacques Félix
Charleville-Mézières
Tél. : 03.24.26.94.40
http://mediatheques.ardennemetropole.c3rb.org
Entrée libre et gratuite
Hommage à Edgar Allan POE (1809-1849)

# Salon des Littératures Maudites

**4ème édition** — 13, 14 et 15 septembre 2019

## Hommage à Edgar Allan Poe

Copyright 1974 C.T. Tennyson

### L'événement

**L**e quatrième salon des littératures maudites, se propose de mettre à l'honneur des thématiques et des textes qui ne trouvent pas nécessairement leur place dans les manifestations littéraires.

**P**arapsychologie scientifique, Phénomènes mystérieux, Folklore historique, Contes, légendes et rumeurs urbaines, OVNI, Esotérisme, Occultisme, Vampirisme, Erotisme, seront donc au rendez-vous de cette manifestation de l'Etrange et du Merveilleux Fantastique dans les Ardennes.

### Biographie

Edgar Poe est né à Boston le 19 janvier 1809 de David et Elizabeth Poe. A la mort de ses parents, Edgar est adopté par John Allan, marchand prospère. Edgar fut donc élevé dans le meilleur des environnements et fréquenta de bonnes écoles.

A six ans, Poe est scolarisé en Angleterre durant cinq ans, avant de revenir aux Etats-Unis. A dix-sept ans, il fréquente l'Université de Virginie en 1826. C'est à cette époque que Poe, malgré des résultats scolaires très honorables, découvre l'alcool et s'endette lourdement. Il est finalement contraint de quitter l'Université après une seule année d'étude.

Désargenté, sans compétences professionnelles particulières et désavoué par son père adoptif, Poe se rend à Boston et s'engage dans l'armée US en 1827, où il atteindra le grade de sergent-major.

En 1831, Edgar Allan Poe se rend à New York où il fait publier certains de ses poèmes. Il soumet des articles à grand nombre de magazines, sans succès. Sans amis, ni relations, sans travail fixe, il écrit à son père afin de lui demander son aide. En vain, celui-ci meurt en en 1834 sans mentionner Poe dans son testament.

En 1835, Edgar obtient finalement un emploi de rédacteur en chef dans le «Southern Literary Messenger» grâce à un concours qu'il a gagné avec son histoire, «Le manuscrit trouvé dans une bouteille». En 1836, il épouse sa cousine, Virginia, alors âgée de treize ans. L'année suivante, Edgar part pour New York. Il y écrit «Le récit d'Arthur Gordon Pym», mais n'obtient toujours pas le confort financier qu'il espère. Il s'installe à Philadelphie en 1838 où il écrit «Ligeia» et «The Haunted Palace». Son premier volume de nouvelles, «Histoires du Grotesque et de l'Arabesque», est publié en 1839. Poe reçoit le copyright et 20 exemplaires du livre, mais pas d'argent.

En 1840, Edgar Poe se joint à George R. Graham au titre de rédacteur en chef du Graham's Magazine. Il écrit «Double assassinat dans la Rue Morgue»,

Sans emploi régulier après avoir essayé de lancer son propre magazine, il finit par rejoindre New-York en 1844.

En 1845, Edgar Poe devient le rédacteur en chef du «Broadway Journal» mais perd de nouveau son emploi. Virginia meurt en 1847 et Poe sombre plus encore dans la mélancolie.

Le 30 septembre 1849, il cherche à se rendre à New-York mais se trompe de train et rejoint Baltimore. Le 3 octobre, on retrouve sa trace à Gunner's Hall, un établissement public situé au 44 East Lombard Street. Il est conduit à l'hôpital. Ayant perdu connaissance, mais n'ayant jamais été capable d'expliquer exactement ce qui lui était arrivé, Edgar Allan Poe décède à l'hôpital le dimanche 7 octobre 1849.

Le mystère entourant la mort de Poe a conduit à de nombreux mythes et légendes urbaines. La réalité est que personne ne sait avec certitude ce qui s'est passé pendant les derniers jours de sa vie. L'hypothèse la plus largement admise est qu'il aurait été victime de la corruption et de la violence, qui sévissaient de manière notoire lors des élections. De fait, la ville était alors en pleine campagne électorale pour la désignation du shérif et des agents des deux camps parcouraient les rues, d'un bureau de vote à l'autre, pour faire boire aux naïfs un cocktail d'alcool et de narcotiques. Le faible cœur d'Edgar Poe n'aurait pas résisté à un tel traitement.

Les Études du Dr Armitage n° 12
ISSN de la collection : 2267 — 8964
Dépôt Légal : juin 2020
ISBN : 978-2-38014-025-5
EAN : 9782380140255
La photo de couverture provient du montage réalisé par la Médiathèque pour sa communication.
La Photo de quatrième de couverture provient de Marie Maître ©
Mise en page : Sabrina Pamies

# PROGRAMME

**Vendredi 13 septembre 2019**

18 h : Vernissage de l'exposition : « Illustrer Poe, de Gustave Doré à Ricardo Mosner »

Terrifiante, tragique, voire comique, l'œuvre de Poe a grandement influencé le travail des illustrateurs qui s'imposent dans l'édition de la seconde moitié du XXe siècle. Reproduite hors-texte ou intégrée dans la mise en pages, l'image investit la littérature et paraissent les premières œuvres littéraires richement illustrées, des fictions jusqu'aux ouvrages scientifiques.

De grands artistes veulent ainsi donner leurs visions de l'œuvre gothique et tourmentée de Poe. Gustave Doré, le plus prolifique, dont les dessins gravés sur bois donneront vie aux grands textes de la littérature, l'anglais Arthur Rackham qui restitue les nuances de l'aquarelle dans un graphisme aux traits étranges et complexes ou bien encore le peintre, graveur et sculpteur argentin Ricardo Mosner, qui s'illustre dans l'affiche et le livre d'artiste.

Petit voyage non exhaustif parmi les plus beaux travaux d'illustration des œuvres d'Edgar Allan Poe.

Vernissage et verre de l'amitié 18 h 40 : Phil Marlin : introduction générale.

19 h : Jean-Hautepierre — Poe et l'ésotérisme

20 h : Henri Justin — Poe et Freud : du « Chat noir » à un au-delà de la psychanalyse.

**Samedi 14 septembre 2019**

14 h jusqu'au bout de la nuit... Lectures, conférences, table-rondes, signature d'auteurs sur les stands des libraires, jeux de rôle et de plateaux, concert, cinéma...

14 h : Thierry Gillyboeuf — Traduire Poe.

15 h 15 : Claude Arz — Ingo Swann et la vision à distance.

16 h 30 : Paul Mathieu — Les amis de l'Ardenne — Thomas Owen.

17 h 45 : Pascale Lafargue – Nos vies oubliées, De l'après-vie à la réincarnation ?

18 h 30 : CONCERT : Honolulu Blues 440 20 h 30 : Nuit Edgar Allan POE au cinéma

**Dimanche 15 septembre 2019**

14 à 18 h : Lectures, conférences, table-rondes, signature d'auteurs sur les stands des libraires, jeux de rôle et de plateaux.

14 h : Bleuette Diot – La cité souterraine de Derinkuyu, un abri antiatomique ? Remplacée par Romuald Leterrier — Se souvenir du futur.

15 h 15 : Egon Kragel – L'homme Phalène et les évènements de Point Pleasant.

16 h 30 : Emmanuel Thibault – Le Channeling.

17 h 45 : Les contes maléfiques de Jean-Marc Derouen.

ÉVÉNEMENT

# Littératures maudites, cap sur 2020

**CHARLEVILLE-MÉZIÈRES** Le salon des Littératures maudites monte en puissance, avec une fréquentation en hausse. La quatrième édition de l'événement a rassemblé 1 650 personnes.

# LE MOT DE LOIC BLAVIER

> *« Pendant des années entières, je passai mes nuits dans l'étude de sciences autrefois connues, maintenant oubliées ; à force de temps et de travail, après de terribles épreuves et des austérités telles qu'elles donnent à celui qui les pratique autorité sur l'air, et sur les esprits de l'air et de la terre, de l'espace et de l'infini peuplé, je rendis mes yeux familiers avec l'éternité : ainsi firent autrefois les mages et celui qui à Gadara évoqua du sein de leurs ondes Éros et Anteros, comme je t'évoque aujourd'hui ; et avec ma science s'accrut en moi la soif de connaître, et la puissance et la joie de cette brillante intelligence, jusqu'à ce que… ».*

Lord Byron (trad. Benjamin Laroche), Manfred, 1817.

Me voici donc, empruntant «*ces étranges maquis des littératures maudites*», ainsi que mon camarade et ami Thibaut Canuti l'avait annoncé dans son introduction des Actes du Troisième Salon, consacré à Arthur Conan Doyle. Parti rejoindre les cieux d'où il était tombé, celui qui est désormais devenu un «Grand Ancien» nous lègue une manifestation florissante, appelée à perdurer, toujours sous la forme du partenariat en vigueur depuis la toute première édition entre Ardenne-Métropole et la Société des Écrivains Ardennais. J'en profite pour le remercier non seulement de la confiance qu'il m'a accordée en me faisant l'héritier de son Grand Œuvre, mais également de nous laisser dans des conditions optimales pour pouvoir développer tant le Salon en lui-même que le principe des « Littératures Maudites » au sein du territoire communautaire. Le Fonds Geneviève Béduneau, le Fonds Jacques Bergier, le Fonds Jean-Pierre Krémer (legs d'un juge carolomacérien comportant son lot d'ouvrages fantastiques et érotiques, fictions ou essais) sont venus compléter une offre qui constitue désormais un riche éventail de littératures maudites.

Par celles-ci qu'entend-on ? Bien entendu, changement de pilote ne signifie pas changement d'orientation. Les thèmes abordés découleront toujours de l'héritage de Louis Pauwels et de Jacques Bergier, du Matin des magiciens et de la revue Planète… Cette forme de littérature généralement mise à l'écart si ce n'est à l'index des bibliothèques, mais également d'une certaine frange de la culture au sens large, scientifique et littéraire. Car nous sommes bien dans une culture, marginalisée, si ce n'est ouvertement méprisée, ce qui est valable tout aussi bien pour les questionnements scientifiques ou philosophiques (les essais) que pour les créations de fiction (épouvante, science-fiction, pulps...), les deux n'étant d'ailleurs pas forcément distincts. C'est ainsi que l'on peut appréhender les essais comme des contes modernes, tandis que les œuvres de fiction peuvent contenir des bases de raisonnement à même de questionner les certitudes scientifiques…

Ce qui nous amène donc à cette quatrième édition du Salon des Littératures Maudites, qui rendait hommage à l'un des plus grands conteurs américains : Edgar Allan Poe. Alors, Poe, maudit ? Lui qui est étudié dans les écoles et universités un peu partout dans le monde ? Oui, bien sûr, et maudit plusieurs fois : maudit par sa vie jalonnée d'abandon, de rejet et d'échecs. Maudit par sa mort infamante toujours enveloppée d'incertitude. Maudit par ses contes « surnaturels », décriés par une critique — et des collègues écrivains — qui avaient beau jeu de le taxer d'infantilité. Maudit par ses velléités contrariées de poète, par le manque de reconnaissance de son influence sur le genre policier, par ses contes scientifiques (préfigurant Jules Verne) éclipsés par son chef d'œuvre « Le Corbeau »... Maudit également en France par l'ombre superbe, mais pesante des traductions de Charles Baudelaire. Bref, la postérité d'Edgar Poe ne rend pas vraiment hommage à ce maître et pionnier de la littérature américaine, dont la personnalité autant que l'œuvre demeurent injustement méconnues.

Outre l'introduction de Philippe Marlin, les conférences de Jean Hautepierre, Henri Justin et Thierry Gillyboeuf ont ainsi permis de donner un éclairage nouveau sur l'auteur, en analysant respectivement les éléments ésotériques de ses écrits, la vieille et contestée relation entre Poe et la psychanalyse et la toute aussi problématique question de la traduction de ses œuvres, Thierry Gillyboeuf ayant entrepris la tâche ardue de retraduire l'intégralité de son intégrale... En complément, l'exposition « Illustrer Poe » s'est tenue en présence de l'artiste argentin Ricardo Mosner, dont les œuvres originales ont constitué le point d'orgue d'une rétrospective forcément sélective, soulignant l'intemporalité des contes de Poe, sources de créativité visuelle, de Gustave Doré jusqu'à nos jours. Enfin, et outre l'habituelle Nuit du Cinéma mettant à l'honneur la variété des adaptations pour le grand écran, une reconstitution théâtrale de la nouvelle « La Lettre volée » rédigée et mise en scène par Catherine de Mortière de la Société des Écrivains Ardennais, avec l'accompagnement musical du groupe Honolulu Blues 440, a conclu l'hommage rendu cette année à Edgar Allan Poe.

Mais le Salon des Littératures Maudites ne se contentant pas de son thème central, d'autres auteurs sont venus nous entretenir d'une variété de sujets maudits. Claude Arz a notamment évoqué le cas d'Ingo Swann, ce mystérieux touche-à-tout promoteur de la vision à distance « testée » par la CIA pendant la guerre froide ; Paul Mathieu (un Ami de l'Ardenne) est venu nous parler de cette grande et pourtant méconnue figure du fantastique belge qu'est Thomas Owen ; forte d'une longue expérience de médium, Pascale Lafargue nous a fait part de ce ses connaissances sur notre propre subsistance par-delà la mort ; le régional de l'étape Romuald Leterrier a étudié le rôle potentiel de la rétrocausalité dans la compréhension des phénomènes paranormaux ; Egon Kragel a fait le point sur le mystère de l'Homme-Phalène (ou Mothman) apparu à Pleasant View à l'hiver 1966-1967 ; Emmanuel Thibault a dressé les enjeux de la pratique du channeling, ce tunnel de communication médiumnique provenant d'entités désincarnées… Enfin, cette édition 2019 s'est terminée de façon originale par l'intervention de Jean-Marc Derouen, conteur breton, très breton, dévoilant à sa manière spectaculaire les légendes maléfiques de la région de Brocéliande.

Édition du passage de témoin, préparée en amont par Thibaut Canuti et la SEA, ce quatrième Salon fut un succès qui doit également beaucoup au soutien unanime apporté par tous les collègues de la médiathèque que je souhaite ici remercier, quitte à verser dans un conformisme peu dans le thème… Soutien qui s'amorce d'ores et déjà à l'aube d'une cinquième édition qui tâchera de préserver l'essentiel tout en évitant la routine.

Loïc BLAVIER.

Charleville-Mézières, 6 février 2020

# SUR LES PAS DE POE

## (1809 - 1849)

## Philippe Marlin

*Cette conférence est sur notre chaîne youtube*

Philippe Marlin est une figure de l'Imaginaire français. Auteur, anthologiste, libraire et éditeur, fondateur de l'Œil du Sphinx, une association devenue maison d'Édition, il a écrit et fait publier plusieurs centaines d'essais et romans sur l'Étrange, le Fantastique, la cryptozoologie, les sociétés secrètes, l'occultisme, l'ufologie, les grands maîtres de l'Imaginaire, parmi lesquels Bergier, Seignolle ou Lovecraft et plus généralement les phénomènes fortéens.
Très attaché au territoire du Haut-Razès (Aude) — et donc au mystère de Rennes le Château dont il est un connaisseur incontesté — où il passe beaucoup de son temps, il est également un inconditionnel des Ardennes dont il est natif.

## RÉFÉRENCES


- *Edgar Poe et ses Œuvres*, Jules Verne, la Maison des Familles 1864
- *Épouvante et Surnaturel en Littérature*, H.P. Lovecraft (1927, 10/18 1969)
- *Edgar Allan Poe*, Georges Walter, Flammarion 1991
- *Itinéraire initiatique d'Edgar Poe*, Odile Joguin, Edite 2002
- *Edgar Poe, dernières heures mornes*, Alexandre Mathis, Edite 2009
- *Qui suis-je ? Edgar Poe*, Jean Hautepierre, Pardès 2012
- Œuvres complètes, l'intégrale illustrée, préface de Joseph Vebret, Éditions Archipoche, 2015
- *Eurêka, l'univers chez Edgar Poe*, préface Jean-Pierre Luminet, Dunod, 2017
- Wikipedia


## POURQUOI J'AIME POE ?

En raison de la brillante érudition des conférenciers qui vont suivre, et pour éviter les répétitions, je me bornerai pour ma part d'essayer de répondre à cette simple question : pourquoi j'aime Poe ?

Poe (1809-1849) a été pour moi un « amour de jeunesse », dans ma découverte de la littérature fantastique, et ce à la lecture de ces magnifiques éditions reliées des *Histoires Extraordinaires* que nous avait offertes le Livre de Poche en 1963. Poe a été ensuite, dans mon cheminement, un inspirateur majeur de mon autre écrivain américain préféré, H.P. Lovecraft (1890-1937). Ce dernier n'a pas hésité à écrire, dans *Épouvante et Surnaturel en Littérature* (1927) qu'il est « le père de la nouvelle fantastique moderne ». **J'aime Poe aussi parce que je suis un inconditionnel de Sherlock Holmes et**

**qu'il a en quelque sorte préfiguré le célèbre détective de Baker Street** avec son attachant personnage du Chevalier Altamont Dupin[1]. Mais c'est bien plus tard que j'ai découvert un aspect fondamental de son œuvre, celui de la poésie théo-cosmique à la quête de la théorie du Tout. Une démarche que le physicien Jean-Pierre Luminet a du reste récemment de tenter de sortir de l'oubli (*Eurêka, l'univers chez Edgar Poe*, préface Jean-Pierre Luminet, Dunod, 2017).

Le personnage est attachant et sa vie de « maudit » n'est pas sans « résonner » avec celle de Lovecraft. Des existences brèves (40 ans pour Poe, 46 pour Lovecraft) et dans les deux cas sur une toile de fond de misère, chez Poe à la suite de sa répudiation par son beau-père

---

1      Wikipedia : Sir Arthur Conan Doyle fait référence au chevalier Dupin dans son premier roman mettant en scène Sherlock Holmes : *Une étude en rouge.*
La référence vient d'abord de Watson :
« – […] Vous me rappelez le Dupin d'Edgar Allan Poe. Je n'imaginais pas que de telles personnalités puissent exister en dehors des récits.
Sherlock Holmes se leva et alluma sa pipe.
– Vous pensez certainement me faire un compliment en me comparant à Dupin, observa-t-il. De mon point de vue, c'est un collègue tout à fait inférieur. Cette façon de s'immiscer dans les réflexions de ses amis avec une remarque tout à fait à propos, après un quart d'heure de silence, est vraiment très artificielle et tape-à-l'œil. Il possède sans aucun doute un certain génie analytique. Mais ce n'était en aucun cas un phénomène tel que Poe semble l'imaginer. »
Arthur Conan Doyle lui-même affirme dans son autobiographie que « le détective talentueux de Poe, M. Dupin, faisait partie de mes héros depuis l'enfance[3] ».
**Anecdote**
Dans la nouvelle *Le Détective volé*, René Reouven fait dire à Sherlock Holmes, dans une conversation avec Watson : « Vous savez combien les exégètes de la fin du XIXe et du début du XXe siècle ont souligné l'inspiration que sir Arthur aurait puisée chez Poe. D'abord rencontre du détective et du narrateur qui décident de louer un logement ensemble. Ensuite, enquête commune, rapportée par ledit narrateur[4]. » Puis, très paradoxalement — et plutôt humoristiquement — la nouvelle se termine sur la conclusion que c'est Holmes et Watson qui ont inspiré Dupin et son compagnon, et non pas l'inverse.

Allan qui lui coupa les vivres, chez Lovecraft suite au décès de son grand-père qui pourvoyait aux besoins de la famille.

L'écriture ne rapporta guère d'argent aux deux auteurs, alors que la reconnaissance des lecteurs était plus que modeste. Lovecraft se contentera, faute de mieux, de publications dans des revues populaires à bon marché (pulps) tandis que Poe tentera de se frotter au monde de « la grande littérature ». Tentative d'autant plus périlleuse qu'il n'existait pas, à l'époque, de loi sur le copyright international et que les éditeurs américains préféraient piller les valeurs sûres des catalogues anglais plutôt que de prendre des risques avec de parfaits inconnus « du cru ».

Un autre trait qui les rapproche de façon sympathique, c'est qu'ils sont tous les deux des écrivains « pays ». Lovecraft était viscéralement attaché à sa chère Nouvelle-Angleterre et à sa ville de Providence, alors que Poe était « un gars de Virginie », un enfant de Norfolk et de Baltimore. Leurs chemins se sont du reste croisés « par-delà le mur du temps », Poe s'étant rendu à plusieurs reprises à Providence prononcer des conférences et rendre visite à un « dernier amour », ce qui donnera l'occasion à Lovecraft plus de 50 ans après d'effectuer de longues promenades solitaires de « mémoire ». Il consacrera à ses « déambulations » un petit poème[2].

Des destins tragiques qui se termineront pour l'un par un cancer foudroyant à l'intestin, pour l'autre par une disparition glauque dans les petites rues de Baltimore,

---

2  **Où Poe se promena jadis** (1936, *Where Once Poe Walked*, in *First Acrostic Sonnets of E.A. Poe*, Maurive Moe, 1936 ; in *Bouquins TII*, 1991). Une promenade nostalgique dans les rues de Providence arpentées jadis par Poe.

*Seules les rares personnes connaissant les secrets de la sorcellerie*
*Entrevoient parmi ces tombes l'ombre de Poe.*

dans un caniveau nauséabond au pied d'une taverne
douteuse.

Mais revenons sur plusieurs de ces points, car si la vie
de Poe était une symphonie de la décomposition, elle
fut aussi une cathédrale de l'inaltérable.

Ainsi que pointé par Lovecraft, Poe joua un véritable
rôle de **novateur du fantastique**. Comme plus tard
l'écrivain de Providence, Poe explicitera dans plusieurs
textes, notamment dans *Principe de la composition*, sa
technique d'écriture. Il faut s'arrêter quelques instants
ici sur *La chute de la Maison Usher*, considérée comme
l'une des nouvelles les plus célèbres de Poe. Elle est
en effet d'autant plus intéressante qu'elle introduit un
schéma narratif qui sera par la suite abondamment
utilisé, notamment par Lovecraft et ses « disciples » :
le « héros » est contacté par l'une de ses vieilles
connaissances (ami, parent éloigné) qui vit dans un
vieux manoir isolé (avec une bibliothèque sulfureuse)

et qui subit des phénomènes étranges qui affectent sa santé mentale.

Mais l'essentiel de la révolution qu'il apporte tient au fait que sa plume se trempe dans une étonnante conception philosophique du genre : foin de « la fancy » qui n'est une rêvasserie intellectuelle, certes agréable, mais ne débouchant sur rien de concret ; place à l'Imagination qui est un véritable processus créatif qui s'illumine parfois par de violentes intuitions. On parlerait aujourd'hui « d'Imaginal ». Le Chevalier Dupin trouve d'abord par ce processus d'illumination la solution à l'énigme qu'il a à résoudre ; mais ce faisant, il lui restera l'essentiel du travail à faire : remonter la piste des éléments concrets qui conduisent au résultat déjà pressenti. *Le Double Assassinat dans la rue Morgue* est à cet égard tout à fait représentatif.

La deuxième caractéristique de cette novation chez Poe est la technique de la « rationisation ». Mot barbare qui est proche de « rationalisation » et qui signifie que l'essentiel des contes d'horreur de Poe ne fait pas appel au surnaturel et se dénoue par une explication logique. L'horreur, dans *Manuscrit trouvé dans une Bouteille* vient du déchaînement des éléments, à l'instar *de Maelström* ; elle est le produit de la folie chez *William Wilson*, dans *Le Cœur Révélateur* ou *Le Chat Noir* ; elle procède d'une machine de torture particulièrement sophistiquée dans *Le Puits et le Pendule* ou encore d'une maîtrise étonnante des techniques de décryptage dans *Le Scarabée d'or*. On notera en incidente que Poe était un passionné de cryptographie et qu'il consacrera à cette technique un petit essai.

On hésitera pourtant, dans ce débat entre rationnel et surnaturel, sur la véritable signification des *Aventures de Gordon Pym*. Quelle est la nature de la forme blanche aperçue par les aventuriers à la fin de la saga ? Si Poe n'apporte pas de réponse, Jules Verne s'empressera dans *Le Sphinx des Glaces* de tuer toute spéculation «romantique» en invoquant un phénomène de magnétisme naturel.

Reste le cas des nouvelles et poèmes traitant de la mort et de l'au-delà. Ces textes sont nombreux et sont véritablement hantés par deux obsessions :

• *la mort de la femme aimée.*

La vie d'Edgar Poe est placée sous le signe de ce traumatisme. Il perdra sa mère Élisabeth à l'âge de trois ans, la mère de son meilleur ami, Jane Sith Stanard, dont il était secrètement amoureux, à l'âge de 14 ans et sa chère épouse, Virginie, alors qu'il avait 36 ans. Il en résulte toute une production qu'il résume parfaitement de la sorte : *la mort d'une femme magnifique est incontestablement le sujet le plus poétique du monde, surtout lorsqu'elle est racontée de la bouche d'un amant endeuillé.* Le point culminant de cette œuvre sera bien évidemment *Le Corbeau*, pièce délicatement ciselée auprès de laquelle il faut ranger *Les Stances à Hélène, Lenore, La Dormeuse, Bérénice* ou encore *Morella*. La frontière avec le surnaturel est ténue, et même si le poète laisse parfois percer l'espoir de retrouvailles dans l'Ailleurs, ces textes restent avant tout des larmes brûlantes de sang. Mais la question fondamentale hante le poète :

• *l'ivresse métaphysique*

La question de la mort, les modalités du «passage» et ce qu'il y a de l'autre côté taraudent le poète. Il y cherchera réponse par la technique du magnétisme, essayant de se placer son «cobaye» sous hypnose au moment ultime comme dans *Révélation Magnétique* ou dans *La vérité sur le cas de Mr Valdemar*. Mais c'est sous forme de dialogues entre deux amants qui se retrouvent au-delà de la mort que Poe donnera toute sa vision métaphysique. On citera ici deux petits chefs d'œuvre, *Conversation d'Eiros avec Charmion* et *Colloque de Monos et Una*. Présenté comme un dialogue entre deux amants ressuscités, le poète nous décrit dans ce second texte d'abord, et de façon très minutieuse, le processus de la mort. Le corps devient immobile, la volonté n'est plus opérationnelle, mais la conscience subsiste et le défunt continue de voir et d'entendre. Puis se produit un lent engourdissement, sorte d'état « pâteux » que l'on éprouve au réveil après avoir trop dormi. La perception disparaît enfin et la conscience se fond dans l'espace et le temps. C'est le retour au Grand Tout. Poe dira plus tard dans *Eurêka* : *Imagine que le sens de l'identité individuelle se noie peu à peu dans la conscience générale, que l'Homme, par exemple, cessant par gradations imperceptibles de se sentir Homme, atteigne, à la longue, cette triomphante et imposante époque où il reconnaîtra dans sa propre existence celle de Jéhovah.*

On notera, ce qui est très intéressant, que le problème de la mort de l'homme est souvent mis en parallèle avec celle de la planète. Ce texte est en effet aussi une réflexion amère sur la dégradation de la Nature opérée par l'homme, victime du démon de la science et du progrès. Une dénonciation violente qui n'est pas sans avoir de curieuses résonances avec notre actualité. Poe critique également le mythe de l'égalité, en montrant que cette notion n'est pas « naturelle », car elle fait fi des lois de la gradation universelle. Il en découle logiquement une condamnation sans appel de la démocratie qui est un régime absurde.

Novateur du fantastique, Edgar Poe sera également **novateur en matière de poésie,** à tel point que ses critiques le qualifieront souvent de « poète de la connaissance ». Cette novation est très parallèle à celle que nous venons d'étudier sous le registre du fantastique. C'est plus qu'un prolongement. C'est une véritable osmose dans l'écriture. Son ouvrage,

*Principe poétique*, donne une première approche de l'unité fondamentale de son œuvre. *Ce n'est que dans la contemplation de la Beauté qu'il nous est possible d'atteindre cette élévation enivrante, cette émotion de l'âme, que nous reconnaissons comme le sentiment poétique, et qui se distingue si facilement de la Vérité, qui est la satisfaction de la Raison, et de la Passion, qui est l'émotion du cœur.*

La démarche du poète est donc d'approcher la Beauté, qui est de nature divine, et d'essayer de faire partager cette « *émotion esthétique* » au lecteur. *Sa démarche est un acte d'imagination créatrice, qui, comme nous l'avons vu, peut conduite à une* « intuition fulgurante ». Et de donner de magnifiques exemples de cette communion avec la Beauté dans *Le Domaine d'Arheim* et *le Cottage Landor* (1847). **Le Domaine d'Arnheim** est un délice à l'état pur. Le narrateur raconte l'histoire de son ami Ellison, jeune esthète aisé qui a trouvé les clefs du bonheur : vivre sainement près de la nature ; aimer la femme ; ne pas se laisser envahir par l'ambition et gérer soigneusement son étincelle de spiritualité. Et comme le bonheur appelle le bonheur, ce jeune homme va bénéficier d'un héritage colossal. Il en consacrera une partie à faire le bien autour de lui et réfléchira laborieusement à quoi consacrer l'essentiel restant. La recherche de la beauté est ce qui le passionne, mais il ne trouve pas dans l'art classique (poésie, peinture, sculpture) de quoi étancher sa soif. Et c'est dans le rôle de « jardinier-paysagiste » *qu'il va trouver sa voie dans une démarche extraordinaire de sublimation de la nature. La description de ce qui deviendra le* « domaine d'Arnheim » *est à couper le souffle, une ballade enchantée entre les plantes, les rocs, les ruisseaux et les lacs et les animaux.*

Ce texte est pour moi la plus belle pièce du poète.

La poésie s'exprime également par la musique, qui en est certainement sa forme la plus aboutie. Poe donne dans son essai de nombreux exemples de poèmes ayant approché ce but, mais sans jamais donner dans « l'Art de la Versification ». *Un poème ne doit pas être trop court, au risque de n'être qu'un vulgaire acrostiche. Mais il ne doit pas non plus être trop long, au risque de diluer le* « choc esthétique » *qui perdrait alors toute sa substance auprès du lecteur.*

Mais c'est en arrivant au **Cosmicisme** que l'œuvre d'Edgar Poe prend tout son sens et se fond en une vision sublime. Poe écrira à sa tante Maria Clemm : *Je dois mourir. Je n'ai plus le désir de vivre puisque j'ai fait* Eurêka (1848).

Dans sa biographie, George Walter* n'hésite pas à qualifier ce texte comme étant *un autoportrait spirituel sans équivalent dans la littérature.* Et de fait, nous sommes en présence d'un véritable « monument » que le poète qualifiera modestement de poème. Mais c'est bien plus que cela : un essai très dense dans lequel l'écrivain développe sa propre « Théorie du Tout », sur base de connaissances scientifiques pointues et d'intuitions fulgurantes. L'Univers est le poème de Dieu. Il est le fruit d'une explosion initiale, fruit de la volonté divine. Les particules projetées s'organisent en atomes qui s'agglomèrent pour créer les corps célestes, mais dans un phénomène d'expansion sans cesse contrecarré par une force répulsive qui veut que la matière revienne à sa source pour retrouver le Grand Tout, le point Omega de Teilhard de Chardin. À noter que de retour à l'unité n'est pas un retour au néant, car *un nouvel univers fera explosion dans l'existence et s'abîmera à son tour dans le non-être, à chaque soupir du cœur de la divinité.* L'auteur redécouvre la doctrine de l'Éternel Retour.
L'Univers est baigné dans la lumière divine et l'homme en est partie intégrante. L'homme traverse son existence bizarre *environné de souvenirs, obscurcis, mais toujours présents, d'un Destin plus vaste qui remonte loin, bien loin*

*dans le passé*. Ses tentatives, souvent maladroites, pour percer le voile (retrouver l'Unité), sont à l'origine du mal.

Cette publication sera un échec commercial. Le texte est difficile à lire et sa « spiritualité » choquera la classe des scientistes. Mais il sera progressivement repris par les chercheurs, dans la mesure où il anticipe plusieurs découvertes de la physique du XX$^e$ siècle : l'âge fini des étoiles comme explication du noir de la nuit, les trous noirs et les trous de ver, la théorie du chaos, la matière sombre, l'existence des nébuleuses extragalactiques et leurs regroupements en amas de galaxies, l'expansion de l'espace, l'atome primitif, le Big Crunch, la notion d'espace-temps, etc. Le cosmologue Jean-Pierre Luminet consacrera du reste une préface fouillée sur l'importance de ces « intuitions » dans une récente réédition d'*Eurêka* (Dunod, 2017).

Je voudrais ajouter deux petits compléments à cette étude succincte :

**Poe était un joyeux farceur** et il adorait les gags et les mystifications. On lui doit deux « vrai-faux reportages » qui ont mis les lecteurs de la presse de l'époque en émoi. *L'Aventure sans pareille d'un certain Hans Pfaall* retrace l'épopée d'un brave quidam de Rotterdam ayant mis au point un ballon pour aller explorer la lune ! Et puis, sous le même registre, ce sera *Le canard au ballon* qui relatera une improbable traversée de l'Atlantique. Ce qui frappe dans ces deux textes, c'est l'invraisemblable description technico-scientifique qu'il nous inflige pour essayer donner une forte cohérence aux aventures. On peut également citer quelque « bouffonneries comme *L'Ange du Bizarre* (1844) où une créature ridicule fait vivre au narrateur toute une série d'incidents qui ne devraient pas se produire, *Mystification* (1846) qui met en scène un duel, non pas au moyen d'épées, mais par échange de traités rarissimes sur l'art du combat ou encore *La découverte de Von Kempelen* (1849) où un alchimiste particulièrement compétent entraîne une grave crise financière sur les marchés de matière première.

En guise de conclusion, et pour boucler la boucle qui nous réunit ici, au Salon des Littératures Maudites, il faut bien sûr préciser que Poe lui-même était un **liber-maléficonaute**, un amateur de livres maudits, même imaginaires. Sans remplir comme Lovecraft des bibliothèques entières de ses « créations », on citera *Mad Trist* évoqué dans *La Chute de la Maison Usher*. Nous découvrons ici un étrange ouvrage, sorte de mélange entre le *Necronomicon* et le *Manuscrit Voynich* ! *Déborah Levy-Bertherat a consacré à cet ouvrage une intéressante étude dans Mad Trist* ou la citation subvertie dans *La* *chute de la maison Usher* de Poe (Presses Universitaires de Rennes, 2008). Nous en reprenons un extrait en annexe.

## UNE VIE

- **1807, naissance de son frère William Henry.**

- 1809 (19/1), naissance à Baltimore.

- 1810, décès de son père David (alcoolisme et tuberculose).

- 1810 (août), sa mère Elizabeth quitte New-York et s'installe à Richmond pour poursuivre sa carrière théâtrale.

- 1810 (décembre), naissance de sa sœur Rosalie.

- 1811 (8/12), décès de sa mère Elizabeth (tuberculose). Recueilli par John Allan, riche négociant en tabac, et sa femme Frances.

- 1812, baptisé sous le nom d'Edgar Allan Poe.

- 1815 – 1820, vit en Angleterre avec les Allan, son beau-père cherchant à créer une filiale à Londres.

- 1816, inscrit au pensionnat des Demoiselles Dubourg à Chelsea.

- 1817, inscrit dans une école réputée, «Manor House». Il en évoquera le décor dans *William Wilson* (1840). Pratique la boxe.

- 1820 (juin), revers financier des Allan et retour à Richmond.

- 1820 (août), sa tante Maria Clemm (née Poe) donne naissance à Virginia.

- 1820 (septembre), entre dans l'excellente école privée de Joseph H. Clarke.

- 1823, rentre à l'école de William Burke. Fait partie de la société «Thespienne», groupe de théâtre d'amateurs.

- 1823 (avril), tombe amoureux de Jane Sith Stanard, la mère d'un camarade de classe. Elle décédera d'une tumeur au cerveau l'année suivante. Il lui consacrera un poème en 1831.

- 1824, entre aux «Richmond Junior Volunters» et fera partie de la garde du corps du Général Lafayette lors de la tournée de ce dernier aux États-Unis.

- 1824, début du conflit ouvert entre Poe et son beau-père. Le premier reproche au second son infidélité vis-à-vis de Frances. Le second laisse entendre au premier que Rosalie n'est que sa demi-sœur, suite à l'inconduite de sa mère Elizabeth. Si le reproche de Poe est avéré, les allusions du beau-père sont sujettes à caution !

- 1825 (mars), John Allan hérite de la fortune importante de son oncle William Galt.

- 1826 (février à décembre), études à l'université de Virginie à Charlottesville, récemment crée par l'ex-président Thomas Jefferson. Il devra interrompre un cursus prometteur par manque de ressources financières, Allan lui ayant coupé les vivres. Poe, il est vrai, avait laissé quelques dettes de jeu…

- 1826, fiançailles avortées avec Elmira Royster, son amour de jeunesse, suite à l'opposition du père de la jeune fille. Il lui griffonnera quelques vers qui ont été retrouvés dans les archives de la maison Allan.

- 1827 (19/3) rupture avec Allan. Part à Boston puis s'engage cinq ans comme artilleur.

Tamerlan (wikipedia)

- 1827 (juin ou juillet), publication de **Tamerlan et autres poèmes.**
  Le poème évoque la vie d'un conquérant turque historiquement connu sous le nom de Tamerlan. Le nom est une version latinisée de Timur Lenk, seigneur de guerre du 14e siècle qui a fondé l'empire Timuride. Tamerlan ignore le jeune amour qu'il a pour une paysanne afin de se consacrer à la conquête du pouvoir. Sur son lit de mort, il regrettera cette décision. La paysanne s'appelle Ada dans la majeure partie de la version originale du poème de Poe, bien que ce nom soit supprimé et ajouté de nouveau dans ses nombreuses versions révisées. Le nom « Ada » fait probablement référence à Ada Lovelace, fille de Lord Byron, poète de renom que Poe admirait.
  Les thèmes principaux de *Tamerlane* sont l'indépendance et la fierté, ainsi que la perte et l'exil. Poe a peut-être écrit le poème sur la base de la propre perte de son premier amour, Sarah Elmira Royster ou de sa mère biologique.
  Dans les autres poèmes, on trouve notamment *Chanson* qui évoque encore Elmira et *Dreams*.

- 1829, mort de Frances Allan (28/2), nouvelle perte cruelle, Poe considérait Frances comme sa seconde « maman ». Retourne quelques mois à Richmond puis entrée à West Point muni de chaudes recommandations de l'armée.

- 1829 (décembre), publication de *Al Aaraaf* et de *Tamerlan et poèmes mineurs* (chez Hatch & Dunnindg à Baltimore). **Al Aaraaf** est un long poème, tiré à 250 exemplaires, à la lecture déconcertante. C'est un hymne à la beauté et une allusion obscure au purgatoire des musulmans, lieu de souffrance en l'attente de la jouissance céleste. Al Aaraaf est en quelque sorte la planète des artistes « amants de la beauté dont le devoir est de révéler aux hommes la véritable nature de Dieu ».

- 1830, écrit un petit poème touchant, *Seul*, dans lequel il déplore de ne pas être comme les autres.

- 1831, se fait expulser volontairement de West Point, Allan lui ayant à nouveau coupé les vivres.

- 1831 (avril), publie son troisième recueil, *Poèmes*, avec *Lettre à B*, ses réflexions sur la poésie, *Tamerlan*, *Al AAraaf*, *Stances à Hélène*, *Israfel*, *Lenore*, *La Dormeuse* (chez Elam Bliss). Un recueil qualifié de « misérable » par ses condisciples de West Point auprès desquels il avait lancé une souscription.

Petite pièce pleine de sensibilité, **Les Stances à Hélène**, à la gloire de la mère d'un de ses camarades, Jane Stith Stanard. La mort de celle-ci en 1824 avait en effet gravement affecté le poète.
*Ces stances ont en elle une grâce et une symétrie de dessin que peu de poètes atteignent dans leur vie, et sont aptes à montrer ce qu'on ne peut exprimer que par ces mots contradictoires d'expérience innée* : ainsi les juge le célèbre poète Russel Lowell.
Et encore : *Il y a tout autour comme une saveur d'ambroisie. « Et » nous nommons ces vers le plus remarquable des poèmes d'adolescence, que nous ayons lu. Nous n'en savons aucun qu'on puisse lui comparer pour la maturité d'idées et l'intelligence exquise de la langue et du maître. (Fable for critics,* 1848)

**Lenore** se présente comme l'éloge funèbre prononcé par Guy de Vere à l'occasion de l'inhumation de sa bien-aimée, partie dans la fleur de l'âge. Le poète laisse entendre la possibilité de retrouvailles dans un autre monde.

Le nom d'*Israfel* est emprunté au Coran ; cet ange a la voix la plus suave de toutes les créatures de Dieu. Il vit dans ce « paradis radieux et éternellement vert » que seul le vrai poète peut connaître et que la science ne saurait atteindre.

*La Dormeuse* met à nouveau en scène la bien-aimée qui dort en rêvant près de son caveau.

- 1831, quitte West Point faute de ressources, Allan lui ayant à nouveau coupé les vivres. Court passage à New York.

- 1831 (mars/avril), s'installe à Baltimore chez sa tante Maria Clemm avec son frère William Henry qui meurt le 1$^{er}$ août (alcoolisme et tuberculose). Sa nièce, Virginia, a 9 ans.

- 1832, aurait été hébergé par Alexandre Dumas à Paris. … La lettre de l'écrivain français relatant cette rencontre semble être un canular !!

- 1832, publication de 5 contes dans le *Philadelphia Saturday Courier*. (*Metzengerstein, Le Duc de l'Omelette, Un Événement à Jérusalem, Perte d'haleine, Bon-Bon*)

*Metzengerstein* est le premier conte du jeune écrivain, une fiction sur fond de métempsychose aux couleurs du gothique allemand. Nous sommes aux confins de la Hongrie, à la frontière avec la Transylvanie, dans une région où deux familles nourrissent l'une envers l'autre une haine ancestrale, les Berlifitzing et les Metzengerstein. Le jeune baron de M. perd très jeune ses parents dont il hérite et mène une vie de débauche. Mais il adore surtout se perdre en contemplation devant une tapisserie qui représente le comte de B, monté sur un cheval fougueux, en train de se faire poignarder la le baron de M. Un jour, le domaine des Berlifitzing prend feu, le comte décède et un cheval mystérieux s'échappe de ses écuries. Il est récupéré par le Baron qui tente difficilement de le maîtriser. Il partira avec sa monture dans la forêt en un galop effréné et reviendra alors que son château est la proie des flammes. Le cheval se précipitera dans le brasier et un nuage blanc aux formes de l'animal s'élèvera dans le ciel.

wikipedia

***Le duc de l'omelette*** est une bouffonnerie de faible intérêt. Le brave duc est un fin gourmet et, après avoir dégusté un ortolan, se retrouve en enfer. Peu content de son sort, il va affronter le diable lors d'une partie de cartes dont il sortira vainqueur.

***Un événement à Jérusalem*** fait partie de ces gags sympathiques dont Poe aime truffer son œuvre. Nous sommes dans Jérusalem assiégé par les Romains, et un groupe de juifs se rend en haut d'une tour pour descendre un panier de drogue aux occupants. Le commerce, c'est le commerce ! Et de remonter leur juste rétribution qu'ils espèrent être un agneau. Horreur, c'est un cochon !

***Bon Bon*** retrace l'aventure d'un vieux philosophe en train de mettre la touche finale à un manuscrit qui sera l'œuvre de sa vie. Il est interrompu dans son travail par l'irruption soudaine d'un personnage bizarre dont la tenue, bien que trop courte, n'est pas sans évoquer celle d'un religieux. Mais il s'agit du diable qui va expliquer à l'érudit comment il déguste les âmes toutes fraîches. Le philosophe lui offre à boire et force un peu sur la bouteille. À la fin de l'entretien, complètement ivre, il est prêt à signer avec l'éminence noire la cession de son âme. Mais le diable refuse, car il ne veut pas de l'essence vitale d'un alcoolique ! Nouvelle dénonciation de l'une des faiblesses du poète…

- 1833 (octobre), obtient le premier prix du concours du *Baltimore Saturday Visitor* pour *Le Manuscrit trouvé dans une bouteille.* Par contre son poème, *Le Colisée*, n'est pas retenu.

***Le Manuscrit trouvé dans une bouteille*** met en scène un jeune dilettante fortuné, passionné de philosophie allemande, et qui va s'embarquer pour croiser au large des Îles sous le Vent pour tuer le temps. Le navire de marchandises dans lequel il a embarqué est pris dans une violente tempête, et à la suite de sa collision avec un énorme vaisseau, le narrateur se retrouvera passager clandestin d'une mystérieuse embarcation dont l'équipage ne semble pas le voir. La nature se déchaîne de plus en plus violemment et le soleil disparaît des cieux. Le navire semble surfer sur les bords d'un gouffre liquide alors que des icebergs se multiplient. Voyant sa fin arriver, il rédigera un bref compte-rendu de son aventure qu'il placera dans une bouteille confiée aux flots.

Ce récit, qui annonce *Gordon Pym*, traduit la fascination de l'auteur pour les mystères du Pôle. Dans une note de bas de page, il écrit : *ce ne fut que bien des années plus tard (après la rédaction de ce texte) que j'eus connaissance des cartes de Mercator dans lesquelles on voit l'Océan se précipiter par quatre embouchures dans le gouffre polaire (au nord) et s'absorber dans les entrailles de la Terre ; le pôle lui-même y est figuré par un rocher noir, s'élevant à une prodigieuse hauteur.*

- *1834, décès de son père adoptif.*

- 1835 (août) à 1837 (janvier), travaille au *Southern Literary Messenger* dans lequel il publiera plusieurs contes (*Bérénice, Morella, Lionnerie, l'Aventure sans pareille d'un certain Hans Pfaall, Ombre, Le Roi Peste*). Il revient à Richemont où est le siège du journal.

**Bérénice** met en scène un sombre dilettante, Egæus, qui vit reclus dans la bibliothèque de son manoir. Il partage la résidence avec Bérénice, sa jolie cousine, qu'il doit épouser. Mais elle va tomber malade, passant de crises d'épilepsie à des phases de catalepsie profonde. Quant à lui, il souffre de monomanie aiguë, méditant de longues heures dans un état second sur des choses sans importance. Son dernier objet de contemplation

sera la dentition de sa cousine, chacune de ses dents semblant renfermer de profondes pensées. La jeune femme va mourir et sera enterrée de nuit au caveau du manoir. Mais on entendra, après l'inhumation, des hurlements horribles et les domestiques retrouveront le jeune châtelain prostré dans sa bibliothèque, les habits crottés, une bêche à ses pieds et un petit coffret en bois sur le guéridon à côté de lui. Cette boîte contient les 32 dents de Bérénice.
Ce conte typiquement gothique soulèvera l'horreur des lecteurs qui écrivirent au journal pour protester.

*Lionnerie* fait partie de ces contes gags nous présentant un homme dont le long nez suscite l'admiration, car il traduit science et sagesse. C'est du reste un expert en «nosologie», discipline dont il a fait le tour complet. Las, lors d'un duel, il endommagera le nez de son adversaire et sera rejeté par la société, car on ne s'attaque jamais à un appendice nasal.

*Morella* est une jolie petite fiction fantastique sur le thème qui est au cœur de l'œuvre du poète, celui de la mort de la femme aimée. Le narrateur assiste à la lente agonie de son bel amour, une femme très érudite qui passe l'essentiel de son temps à étudier les textes des grands philosophes allemands. Elle va mourir en donnant naissance à une petite fille à laquelle son mari ne devra jamais donner de nom, au risque de la faire mourir. La petite fille, en grandissant, ressemble de plus en plus à sa mère. Le narrateur est obligé de lui donner un nom le jour de son baptême, celui de Morella sa femme. La petite fille succombera immédiatement. Lors de l'enterrement, on retrouvera le tombeau de son épouse vide.
Ce conte ouvre la série de textes aux noms de femmes, histoires d'amour dépourvues de sensualité, mais

brillant d'une vapeur surnaturelle.

***L'Aventure sans pareille d'un certain Hans Pfaall.*** Une délicieuse pièce de rétrofiction dans laquelle le héros, Hans Pfaall, citoyen de Rotterdam, trouve un moyen ingénieux pour échapper aux foudres de ses créanciers. Il les associe à un projet qui va rapporter une fortune : construire un ballon pour aller sur la lune. Les préparatifs sont une petite perle de « science romantique », chaque détail étant analysé en profondeur pour mettre au point les parades indispensables à la survie dans l'espace : tente étanche recouvrant la nacelle, rétrocompresseur pour capter les parcelles d'oxygène dans l'espace... Et l'aventure de débuter, le navigateur n'oubliant pas de trucider au départ ses partenaires devenus trop envahissants. Nous aurons droit à de belles pages sur le survol du pôle Nord qui possède un gouffre en son centre et surtout sur l'exploration de la lune. Elle possède une atmosphère plus légère que celle de la Terre et surtout est habitée par un petit peuple aux formes ridicules. L'aventurier y passera 5 années avant l'envoyer un « lunaire » à Rotterdam porter un message aux autorités de la ville : vous me graciez pour le crime commis lors de mon départ et je vous fais bénéficier de ma science.
Le conte se termine par une interrogation lancinante : et si cette aventure n'était qu'un plaisant calembour ?

***Ombre*** met en scène 7 débauchés enfermés dans un palais alors que la peste est aux portes de l'édifice. Un huitième compagnon vient de décéder et une immense ombre blanche se profile à l'entrée de la pièce. À la question « qui es-tu ? » elle va répondre d'une voix horrible, faite de toutes les voix de ceux qui viennent de mourir.

*Le Roi Peste* met en scène deux matelots éméchés qui, les poches vides, entrent dans une taverne pour continuer d'étancher leur soif. Et de partir sans payer, poursuivis lar la tenancière furieuse. Leur course-poursuite les entraîne dans le quartier interdit, celui des pestiférés de Londres. Ils se réfugient dans la maison d'un croque-mort où ils sont accueillis par une clique de créatures monstrueuses qui passent leur temps à boire sous la présidence de leur chef, le Roi Peste. Les deux fuyards sont conviés à participer aux agapes, mais leur conduite grossière leur vaudra d'être expulsés. Il n'est pas difficile de voir ici une satire sur les méfaits de l'alcool !

- 1835 (22 septembre), épouse secrètement sa cousine Virginia Clemm qui le rejoint avec sa mère. Il sublimera leurs premiers ébats dans *Eleonora* (1842*)

Virginia (wikipedia)

- 1836 (16 mai), épouse officiellement sa cousine Virginia Clemm. Publie *Le Joueur d'échecs de Maelzer*. Défraye la chronique par ses critiques littéraires dans le *Messenger*.

- 1837 (février) à 1838 (janvier), quitte le journal de Richmond ; tente sans succès de trouver du travail à New York. Publie *Silence*.

- 1838 (janvier), s'installe à Philadelphie où il travaille en tant que journaliste pigiste.

- 1838, publie dans *L'American Museum of Science, Literature and the Arts* **Ligeia,** souvent considéré comme son meilleur conte... Le poète américain Richard Wilbur dira qu'avec ce texte, Poe « venait de recommencer la littérature ».
Le narrateur rencontre sur le bord du Rhin une jeune noble d'une grande beauté, Ligeia. Les pages que Poe consacre à décrire les charmes de Ligeia sont éblouissantes. On retrouve en toile de fond da démarche du poète à la recherche de la beauté qui ne peut être que d'origine divine. Il l'épouse et découvre avec passion son immense culture. Il deviendra son élève et elle l'assistera dans ses travaux de recherches métaphysiques le mettant *sur le chemin d'une sagesse trop précieuse et trop divine pour ne pas être interdite*. Mais elle tombe malade et meurt, laissant son époux désespéré. Il se remariera avec Lady Rowena de Trevanion avec laquelle il s'enfermera dans une abbaye anglaise, mais n'arrive pas à oublier Ligeia. Rowena est victime de phénomènes étranges dans une chambre qui semble hantée. Elle succombera d'angoisse. Lors de la veillée mortuaire, la défunte semble reprendre vie. Écartant le drap funéraire, le narrateur découvre

une femme grande aux yeux et aux longs cheveux noirs, Ligeia.

L'amour est ici poussé au-delà des limites, jusqu'au refus de la mort, jusqu'au vampirisme.

- 1838 (juillet), publie en un volume chez Harper et Frères *Les Aventures d'Arthur Gordon Pym de Nantucket,* un véritable texte culte auquel Jules Verne donnera une suite avec *Le Sphinx des Glaces* et qui inspirera le chef d'œuvre de Lovecraft, *Les Montagnes de la Folie.*
Cette œuvre, qui n'aura aucun succès du vivant de Poe, est présentée comme le récit réel des aventures du jeune Gordon Pym — son journal étant parvenu à l'écrivain —, dévoré dès son plus jeune âge par l'attrait de la mer. En compagnie de son camarade, Auguste Barnard, fils d'un baleinier, il fera une première fugue nocturne sur une frêle embarcation, expédition hasardeuse qui faillira mal tourner. Puis ce sera une équipée comme passager clandestin sur le *Grampus* du père Barnard, équipée qui virera à la catastrophe suite à une attaque de pirates. Les aventuriers seront récupérés après un naufrage par la *Janne Guy* et participeront à l'exploration par les marins, près des Kerguelen, de l'îlot de *Tsalal* où ils prendront contact avec une population indigène pour tenter de faire commerce. Les locaux poussent d'étranges cris — tekeli-li —, mais sont apparemment amicaux. Cette attitude n'est cependant qu'une ruse et ils tendront un piège à l'équipage. Réfugié avec un autre rescapé, Peters, Gordon Pym errera dans un dédale de rochers dont il fera le plan, relevant dans la foulée de mystérieuses inscriptions. Les deux compères finiront par trouver un canot pour d'enfuir et disparaîtront dans une brume vaporeuse dans laquelle se dessine une silhouette voilée

gigantesque dont la peau est blanche comme la neige.

La fin, abrupte, laisse évidemment le champ libre à de multiples interprétations.

Le récit est bien mené, solidement documenté sur le plan géographique et maritime, mais pêche par quelques contradictions et invraisemblances. Pourquoi par exemple le fidèle chien de Gordon, Tigre, qui l'avait suivi sur le *Grampus*, disparaît-il soudainement de l'histoire sans que sa mort ne soit signalée? Il n'en reste pas moins que l'ambiance de terreur est savamment rendue, basée sur l'alternance assez classique de phases de calme et de catastrophes, la suivante étant toujours plus atroce que la précédente. La faim de surcroît étoffera en arrière-plan les scènes d'épouvante avec comme point d'orgue une séance de cannibalisme difficilement supportable.

wikipedia

- 1839, rédige à des fins alimentaires un travail sur commande, un *Traité de conchyliologie.*

- 1839, **Le palais hanté** est un poème de 48 lignes, publié pour la première fois dans le numéro du mois d'avril 1839 du magazine *American Museum* de Nathan Brooks. Il a finalement été intégré à *La chute de la maison d'Usher** sous la forme d'une chanson écrite par Roderick Usher. Il nous décrit un palais magnifique habité par une race de seigneurs qui sera envahi par des forces obscures et livré à une foule hideuse. Une thématique que l'on retrouvera chez Lovecraft.

- 1839 (mai), publie dans le *Philadelphia Saturday Chronicle* **Le Diable dans le Beffroi** un charmant conte humoristique se déroulant dans une improbable ville hollandaise, noyée dans une vallée au-delà de laquelle il n'a rien. Toutes les maisons sont identiques et les habitants passent leur temps à cultiver des choux, à élever un cochon (indispensable pour la choucroute) et à regarder l'heure sur leurs multiples montres et horloges et sur le carillon du beffroi de l'hôtel de ville. La cité est régie par le maître de l'horloge qui passe des jours tranquilles dans le palais municipal, car la mécanique ne s'est jamais déréglée. Hélas, un jour, un inconnu fait son apparition en provenance des collines et va malmener le bourgmestre. Et l'heure de midi se mettant à sonner, les habitants consternés compteront 13 coups. L'auteur souhaite bien évidemment que cette petite ville retrouve rapidement sa quiétude !

- 1839 (juin) à 1840 (mai), travaille au *Burton's Gentleman Magazine* dans lequel seront publiés

> *La Chute de la Maison Usher, William Wilson, la Conversation d'Eiros avec Charmion, l'Homme des Foules.* Publie également dans le magazine *Le Journal de Julius Rodman*, roman inachevé sur fond de conquête de l'Ouest.

**La chute de la Maison Usher** est considérée comme l'une des nouvelles les plus célèbres de Poe. Elle est d'autant plus intéressante qu'elle introduit un schéma narratif qui sera par la suite abondamment utilisé, notamment par Lovecraft et ses « disciples » : le narrateur est contacté par l'une de ses vieilles connaissances (ami, parent éloigné) qui vit dans un vieux manoir isolé (avec une bibliothèque sulfureuse) et qui subit des phénomènes étranges qui affectent sa santé mentale. Ici c'est Roderick Usher qui fait appel à un ami pour l'aider à faire face à des troubles qui se manifestent par une hyperacuité des sens et une grande anxiété. Il vit dans une demeure mal entretenue qui exhale une sorte de parfum maudit dont il est prisonnier. Il partage sa vie avec sa sœur jumelle, Madeline, elle aussi gravement malade, tombant fréquemment dans des transes cataleptiques. Les deux amis passent leurs soirées ensemble, Roderick jouant de la musique et récitant des poèmes comme *Le Palais Hanté*. Le narrateur lui lit des romans pour tenter de le sortir de sa torpeur. Ils explorent ensemble une vieille bibliothèque riche en ouvrages maudits. Madeline décède et son frère décide de la conserver pendant 15 jours au caveau, avant de procéder aux obsèques. Les nuits sont alors rythmées par des bruits sinistres jusqu'à ce que la porte de la chambre où se sont réfugiés les deux amis s'ouvre, laissant passer Madeline dans son suaire taché de sang. Elle se précipite sur son frère. Les deux protagonistes meurent alors que le narrateur s'enfuit, laissant derrière lui le manoir en train de s'écrouler.

On retrouve bien sûr ici le thème de l'enterrée vivante cher au poète.

***William Wilson*** (octobre 1939) met en scène un personnage dont il est bien précisé que le patronyme n'est qu'un pseudo. Pensionnaire dans une école anglaise qui évoque le « Manor House » fréquenté par le poète, il décrit avec émotion le cadre d'une institution sévère, mais où il se sentait bien. Sa scolarité sera cependant perturbée par l'apparition d'un élève qui porte le même nom, et qui, malgré une voix plus fluette que la sienne, semble être son sosie. Les relations entre les deux garçons sont tendues, chacun essayant de prendre le pas sur l'autre. La situation deviendra tellement conflictuelle que le narrateur s'enfuit puis rentrera à l'université d'Eton. Doté de solides ressources financières par sa famille, il va mener une vie de débauche, abusant de l'alcool et du jeu. Lors d'une partie, et en trichant honteusement, il dépouille un de ses camarades qu'il conduit à la ruine. La porte s'ouvre, et son sosie apparaît, dénonçant en public ses tricheries. Fou de rage, le narrateur le provoque en duel et le frappe mortellement. Il se précipite sur sa dépouille qui est vide, et se voit dans la glace, seul et affreusement blessé.

Un bon texte sur le dédoublement de personnalité et sur la « petite musique intérieure » qui n'est rien d'autre que la conscience du poète.

***Conversation d'Eiros avec Charmion*** (décembre 1839) est une excellente petite nouvelle de science-fiction, décrivant l'approche d'une comète qui va détruire la terre. Comme toujours chez Poe, la montée de l'angoisse chez les humains est orchestrée de main de maître.

• 1839 (décembre), publication en volume des

*Histoires Extraordinaires (Tales of the Grotesque and Arabesque) chez Lea & Blanchard. Se fera « plumer » par un éditeur voyou.*

- 1840, se fait renvoyer par Burton. La rumeur sur son alcoolisme se fait de plus en plus forte. Essaie sans succès de lancer sa propre revue littéraire, *Penn Magazine*.

- 1841 (mars), recruté par George Graham qui fonde le *Graham's Gentleman's Magazine* succédant au *Burton's*. Poe y publiera *Le Double assassinat dans la rue Morgue, Une descente dans le Maleström* et *William Wilson*. Seront également publiés ses essais *Philosophie de la composition* et *Principe poétique*.

Le ***Double assassinat dans la Rue Morgue*** met en scène pour la première fois le détective Dupin dont Conan Doyle s'inspirera pour créer son personnage de Sherlock Holmes. Le texte s'ouvre sur une petite étude sur l'importance des facultés d'analyse de l'esprit humain et permet de comprendre les incroyables capacités du Chevalier Dupin. Si le détective londonien nous a toujours éblouis par ses talents d'observateur de la « matérialité », son confrère parisien fait plus fort encore à la seule lumière de son intelligence. En compagnie du « narrateur », nous allons participer à l'élucidation du crime d'une personne âgée, retrouvée décapitée dans le jardin de sa villa et de celui de sa fille, étouffée et mutilée dans la cheminée de sa chambre. Les fenêtres de cette dernière sont hermétiquement fermées, ainsi que la porte d'accès. Et nous n'avons comme indices que les déclarations des voisins, ayant entendu deux voix, l'une s'exprimant en français, l'autre dans un langage guttural non identifié. La chute est une petite perle…

- 1841 (mai), ***Descente dans le Maelstrom*** (*Graham' Magazine*) raconte l'effroyable aventure d'un pêcheur norvégien, dont l'embarcation sera happée par un maelstrom, le Mosktrau-men, qui se forme régulièrement au large des côtes. Il s'en sortira, complètement traumatisé en abandonnant son bateau et son frère, et en s'attachant à une barrique qui remontera à la surface une fois le phénomène calmé. Un conte typique de la « ratiocination » comme aimait qualifier Poe ce genre de fiction, c'est-à-dire un récit d'horreur ne faisant pas appel au surnaturel.

- 1841 (août), publication du ***Colloque de Monos et Una*** (*Graham's Magazine*)**,** réflexion philosophique qui, selon certains critiques, annonce *Eurêka**.

- 1841 (juin), publie dans *Graham* ***L'île de la fée*** qui préfigure ses chefs d'œuvres naturalistes comme *Le Domaine d'Arnheim* (1846). Le poète adore se promener seul dans la campagne pour goûter les charmes de la nature et rendre grâce à la Beauté. Il s'allonge un jour au bord d'une petite rivière au centre de laquelle se trouve un minuscule îlot. Et il y voit une petite fée qui en fait le tour en canot, passant de l'ombre à la lumière, et dont les traits accusent une tristesse croissante. Elle sera happée par l'obscurité de la nuit tombante et il ne la reverra plus.

- 1841 (4 septembre), publication dans *The Gift* de Éléonora. Une magnifique courte nouvelle qui évoque son amour de jeunesse pour Virginia, leurs effusions dans la Vallée du Gazon Diapré, sa maladie et son décès. Le poète est d'autant plus tourmenté qu'il lui avait promis fidélité jusqu'à sa

mort, engagement qu'il ne respectera pas, mais dont il sera relevé une nuit par une apparition mystique. Texte prophétique, puisque Virginia décèdera ultérieurement ? Texte ouvert par une belle réflexion sur le monde du rêve, vaste océan de « la lumière ineffable ». *Dans leurs brumeuses visions, (les rêveurs) attrapent des échappées de l'éternité et frissonnent, en se réveillant, de voir qu'ils ont été un instant au bord du grand secret.* On croirait lire du Lovecraft !
Publication du *Portrait ovale*

- 1842 (janvier), Virginia échappe de peu à la mort, suite à une crise d'hémoptysie (tuberculose).
  Écrit **Le Sphinx**. Poe y développe le thème très classique du peintre talentueux qui va faire le portrait de sa jeune et jolie femme. Au fur et à mesure de l'exécution, le modèle dépérit et décédera lors de la pose de la touche finale. Il est vrai que le résultat est plus que vivant !

- 1842 (Mai), Poe quitte le *Graham's* et tente de créer sa propre revue, *The Stylus*.

- *1842, rencontre avec Charles Dickens à Philadelphie. Longues discussions sur le problème des droits d'auteur, les écrivains anglais étant pillés aux États-Unis, ce qui amenait les éditeurs américains à délaisser les auteurs nationaux peu rentables. Nombreuses crises d'alcoolisme.*

- 1842 (novembre), échoue à obtenir un emploi dans l'administration des Douanes. Publie le **Mystère de Marie Roget** dans *The Ladies Compagnon*. La seconde aventure du Chevalier Dupin dans laquelle il va faire montre une nouvelle fois de ses talents de détective. Il s'agit du meurtre de la jeune et belle Marie Roget dont le corps a été retrouvé dans la

Seine. Elle travaillait chez un bijoutier qui devait l'épouser, mais s'était déjà signalée par une fugue inexpliquée. Dupin reprend tous les éléments de l'enquête officielle, en pointant du doigt les impasses de la méthode critique. Sa démonstration, pour brillante qu'elle soit, est longue et laborieuse. Il explique qu'il faut aller chercher dans le contexte de l'affaire, les éléments à la périphérie, pour trouver la brèche qui permettra de résoudre le problème. Il y parviendra bien sûr, au grand étonnement du lecteur.

- 1843 (janvier), collabore au *Pioneer*, revue de son ami Lowell. La revue ne durera que 3 mois.

- 1843, publication dans la presse du *Cœur Révélateur* (janvier, *le Pioneer*) et du *Chat Noir* (août, *The Sunday Evening Post*), ainsi que *Le Puits et le Pendule* (*The Gift*, fin d'année).

*Le cœur révélateur* est une belle pièce d'horreur naturelle (par opposition à surnaturelle). Le narrateur vit avec un vieil homme dans un manoir reculé, une cohabitation paisible même si le vieillard l'effraie avec «son œil bleu pale avec une taire dessus, un œil de vautour». Le projet de l'assassiner prend alors progressivement forme dans son esprit, et il fait plusieurs incursions nocturnes dans sa chambre, mais à chaque fois reporte son geste, car l'homme dort et son œil est fermé. Et puis une nuit, certainement à cause d'un bruit involontaire, il trouve le vieillard assis sur son lit, l'œil ouvert et le cœur battant violemment la chamade. Il le tue, le découpe en morceaux et l'enfouit sous le plancher de sa chambre. Réveillé par les hurlements de la victime, un voisin fait appel à la gendarmerie qui vient inspecter les lieux : rien à signaler. Mais le narrateur est paralysé par un battement sourd venant du plancher, que la maréchaussée ne remarque pourtant pas. Il devient fou et avoue son meurtre.

Une intéressante étude sur la monté de la folie, le principal protagoniste ne cessant de répéter, mais non, je ne suis pas fou, tout cela est logique. Encore une victime de *L'Ange du Bizarre*!

**Le Chat Noir est** une belle illustration de ce que Poe appelle « le démon de la perversité » *. C'est aux dires de beaucoup de critiques le conte le plus cruel de l'auteur. Le narrateur est un amoureux des animaux et possède un chat noir avec lequel il entretient une relation fusionnelle. Mais en raison de son intempérance, il va devenir particulièrement violent et ne supporte plus l'animal. Il va le battre, lui arracher un œil et finira par le pendre à un arbre. Sa maison prend feu et sur un mur en ruine, il découvre la vague silhouette d'un chat pendu. Quelque temps plus tard, il découvre dans une taverne un chat noir auquel il manque aussi un œil et qui possède une tache blanche sur la poitrine. Il l'adopte, mais très vite ne le supporte plus. Il l'empoigne et descend dans la cave avec une hache pour le tuer. Mais sa femme s'interpose et sera assassinée, avec le chat. Il entrepose les cadavres dans un mur qu'il rebouche avec beaucoup de soin. La police, alertée par la disparition de l'épouse lui rend visite. Il lui fait visiter les lieux ; rien à signaler, et la cave est parfaitement nettoyée. Mais des hurlements sortent du mur et le criminel sera rapidement confondu. Pourtant, il n'est pas fou déclare-t-il à la maréchaussée, « j'avais simplement muré le monstre dans la tombe ».

Ce texte est également intéressant par sa dénonciation vibrante de l'alcoolisme, *une maladie et un démon qui détruit également sa personnalité.*

*Le Puits et le Pendule* met en scène un prisonnier, condamné à mort par l'Inquisition espagnole. On ne connaît pas son crime. Il est enfermé dans le noir, dans une pièce carrée au milieu de laquelle se trouve un puits. Il évitera de peu la chute mortelle et se retrouvera ficelé sur un grabat. Au-dessus de lui oscille un pendule au bout duquel est fixée une lame acérée. Le mécanisme descend lentement vers de prisonnier qui arrivera à enduire ses liens des restes de sa pitance. Les rats se précipiteront et, rongeant les lanières, libéreront l'infortuné. C'est alors que les murs se mettent en branle, chauffés à blanc, pour écraser la victime. Celle-ci sera délivrée in extremis par l'arrivée d'une troupe française.

Cette nouvelle est remarquable par sa description de la montée de l'horreur dans l'esprit du prisonnier, un désespoir noir parfois zébré de lueurs d'espoir et soutenu par une conviction très forte en l'immortalité. Une restitution de l'angoisse d'autant plus violente que l'histoire ne fait appel à aucun élément surnaturel.

- 1843 (mars), reçu en grande pompe à Washington à l'instigation de son ami Frederik Thomas. Devait prononcer une conférence auprès des milieux de la Maison Blanche et lever des fonds pour lancer une nouvelle revue de son cru, *Stylus.* Tout sera gâché par son intempérance… L'image de Poe est maintenant définitivement brouillée.

- 1843 (juin), publication dans le *Dollars Newspaper* de Philadelphie du **Scarabée d'or** (The Golden Bug) qui recevra un prix de 100 $. C'est le texte le plus lu de Poe de son vivant. L'histoire se déroule sur l'île Sullivan en Caroline du Nord où Poe a résidé. William Legrand, fils de bonne famille ruiné, y vit en solitaire. Il mettra la main sur un magnifique scarabée d'or enveloppé dans un vieux parchemin. Et de nous livrer une magistrale leçon de décryptage dont l'issue finale sera la découverte d'un fabuleux trésor, celui du Cap'tain Kidd, un pirate célèbre. Fort du succès rencontré par ce texte, Poe lancera une brochure bon marché « par l'auteur du *Scarabée d'Or* » avec *Double Assassinat dans la rue Morgue*, *L'Homme qui était refait*. Cette publication n'aura jamais de second numéro.

- 1843 (novembre), première conférence sur la poésie américaine qui rencontrera un grand intérêt. Il multipliera cette prestation, rencontrant à chaque fois un beau succès.

- 1844 (avril), installation à Manhattan. Publie *Le Canard au Ballon* (avril) dans le New York Sun, *Souvenirs de M. Auguste Bedloe* et *La Lettre Volée*. La première nouvelle fait suite au hoax lancé dans le *New York Sun* du 13 avril sur une prétendue traversée de l'Atlantique en trous jours en ballon.

***Souvenirs de M. Auguste Bedloe*** *s'inscrit dans la série « magnétisme », discipline qui manifestement séduit l'auteur. Le personnage principal ne peut dormir qu'après une séance d'hypnose que lui délivre son médecin attitré et accompagne son petit déjeuner d'une bonne dose d'opium avant d'entreprendre sa promenade matinale. Il disparaître toute une journée, racontant à son retour avoir découvert des paysages merveilleux et une fabuleuse citée orientale directement tirée des Mille et une Nuits.* Des descriptions, pour corser le tout, qui semblent provenir des propres souvenirs de son praticien.

***La Lettre Volée*** fait partie des grands classiques dans laquelle le Chevalier Dupin fera montre une nouvelle fois de ses capacités extraordinaires d'analyse. Il démontera avec brio la logique suivie par le Préfet à la recherche de la fameuse lettre compromettante, démontrant qu'elle est imparable, mais qu'elle ne peut conduire à aucun résultat : l'enquêteur a oublié une chose fondamentale, se mettre à la place du voleur qui est de surcroît parfaitement identifié dès le début de l'affaire.

- 1844, entre avril et décembre, publie environ un conte par mois. En août, **Révélation Magnétique** *(Columbian)* s'inscrit dans la série de réflexions philosophiques de Poe sur la mort et l'au-delà. Un cas étrangement proche de *Vlademar* qui annonce le véritable feu d'artifice que sera *Eurêka*. Le narrateur plonge son ami Van Kirk, malade, et à sa demande, en hypnose, car il « sent quelque chose », mais n'arrive pas à la formuler en état de veille. La conversation va rouler sur Dieu, la création et « la matière inarticulée » *qui est au-delà de la matière physique, de la matière éthérée et qui est la substance de la Divinité et donc la Clef de l'Univers. En paix, le cobaye décédera à son réveil.*
C'est la première nouvelle qui sera traduite en français par Baudelaire.

- 1844, fournit une série de chroniques au *Columbia Spy sous le titre de* Faits et Gestes de Gotham.

- 1844 (octobre), publication de **L'Ange du Bizarre** dans *Colombium Magazine*. Un texte d'un humour assez lourd qui s'interroge sur toute une série d'incidents qui ne devraient jamais avoir eu lieu. Je narrateur reçoit la visite d'un petit monstre fait d'un montage d'objets hétéroclites et qui dans un charabia germanisant difficilement compréhensible lui explique qu'il est l'ange du bizarre. Le narrateur essaie de le chasser et pour se venger la créature lui fait vivre mille incidents qui le rendent fou. Ce n'est pas le meilleur conte de notre poète !

- 1844 (novembre), rentre au *New York Evening Mirror* de son ami Nathaniel Parker Willis. Travaille sur une *Histoire Critique de le Littérature Américaine* qui ne verra jamais le jour.

- 1845, ***Eulalie — À Song*** est un poème publié pour la première fois dans le numéro de juillet 1845 de *The American Review* et reproduit peu après dans le *Broadway Journal* du 9 août 1845. Il décrit l'influence bénéfique de la femme aimée sur l'âme du poète.

- 1845, publie dans le *Broadway Journal* ***Le masque de la Mort Rouge*** (un texte de 1842). Un grand classique, traîté avec une magnifique maîtrise. Alors que la mort rouge (la peste ?) décime la région, le Prince Prospero s'enferme dans une abbaye avec ses courtisans et mène grand train. Il décide un jour d'organiser un grand bal dans les sept pièces de l'abbaye, chacune décorée d'une couleur différente dont le noir pour la dernière. Les festivités sont rythmées par un énorme pendule qui fige sur place les invités lorsqu'elle sonne l'heure. À minuit, pendant le carillonnage, apparaît un personnage sinistre, dans la dernière chambre, portant le masque de la mort rouge. Le Prince se précipite sur lui, mais sera tué. Il en est de même pour les invités qui, lors de leur tentative de lynchage, découvriront que le costume de l'intrus est vide…
On notera pour l'anecdote que, dans les années 1930, un fervent lecteur de l'écrivain, new-yorkais, milliardaire et humoriste neurasthénique,

s'est donné le plaisir de reconstituer le palais conformément au texte.

Ce conte gothique a certainement inspiré Stanley Kubrick pour *Eyes Wide Shut* avec son magnifique bal masqué aux couleurs érotiques (1999).

- 1845 (29/1), publication du **Corbeau** en première page de l'*Evening Mirror* qui fera l'objet d'une bombe et aura un succès immédiat. Traduit en français notamment par Baudelaire et Mallarmé, ce poème met en scène un personnage solitaire qui se lamente de la perte de la femme aimée, Léonore. Le narrateur médite au début du récit *sur maint curieux volume d'une doctrine oubliée.* Traité l'occultisme ? Livre imaginaire comme le *Mad Trist* évoqué dans *La Chute de la Maison Usher* ? Il entend alors des tapotements et entre dans la pièce un corbeau qui s'installe et qui répond inlassablement aux questions du narrateur par *Jamais plus* ! Faible et fatigué au début du récit, il va alors éprouver violemment des sentiments de regret et de deuil avant de devenir enragé de ne pouvoir faire sortir l'oiseau. Il sombrera finalement dans la folie.

Pièce délicatement ciselée, elle illustre parfaitement ce que le poète se plaisait à répéter : *la mort d'une femme magnifique est incontestablement le sujet le plus poétique du monde, surtout lorsqu'elle est racontée de la bouche d'un amant endeuillé.* Allusion à la longue maladie de sa femme Virginia ? Quoi qu'il en soit, le succès rencontré sera pour partie gâché par une querelle avec une sommité des lettres de l'époque, le Professeur Longfellow, Poe l'accusant publiquement et sans véritable fondement de plagiat.

- 1845 (février), devient collaborateur au *Broadway Journal.*

- 1845 (avril-mai) fréquente les salons littéraires de New York et noue une « amitié amoureuse » *avec la poétesse Frances* Sargand Osgood. Leurs échanges prennent la forme de poèmes sentimentaux publiés dans le *Journal.*

- 1845 (avril), publication de **Petite discussion avec une Momie**. Ce n'est pas une conversation métaphysique au-delà de la mort, mais un gag un peu lourd. Le narrateur est appelé par son ami le Dr Ponnoner au City Museum afin d'examiner une momie qu'il a eu l'occasion de « déballer ». *Surprise, le corps ne présente pas les entailles habituelles pour extraite les viscères. Après lui avoir fait subir quelques chocs électriques, la momie se réveille et explique que sa tribu vivait plusieurs centaines d'années et qu'il n'était pas rare que l'on suspende la vie d'un érudit historien pour reprendre sa chronique ultérieurement. Du dialogue entre les savants et la momie, il ressort que ces derniers étaient très avancés sur le plan scientifique et que nous inventions font pâle figure. Il sera cependant collé lorsque l'un des participants lui demandera qui est l'auteur de la chanson de* Ponnoner. Vexé, il retournera dans un sommeil minéral alors que le narrateur, épuisé par une femme acariâtre, reviendra le lendemain au laboratoire pour se faire embaumer !

- 1845 (juin), *La Puissance de la Parole* (*Democatic Review*) met en scène Agathos et Oinos, représentant respectivement l'ivresse de la passion et la contemplation de l'Unité. À la fin de leur dialogue, dans l'espace cosmique, ils survolent une étoile où voisinent des fleurs verdoyantes et des volcans farouches. Or cette étoile n'est autre que « le fruit des paroles d'Agathos : *cette étrange étoile, il y a de cela trois siècles, c'est moi qui, les mains crispées et les yeux ruisselants au pied de m'a bien-aimée, l'ait proférée à la vie avec quelques phases passionnées. Ses brillantes fleurs sont les plus chers de tous les rêves non réalisés, et ses volcans forcenés sont les passions du plus tumultueux et du plus impur des cœurs.* Poe prophétise sur ses amours malheureux dont il ne restera plus que des cendres.

- 1845 (juillet), publie **Le Démon de la Perversité** dans le *Graham's Magazine*. Une fiction qui débute sous forme d'étude, comme Poe aime souvent le faire. Il se livre ici à une critique en règle de la phrénologie, qui veut que la fonction crée l'organe et que toutes les actions humaines aient un sens. Il évoque à l'appui de sa démonstration "le démon de la perversité" qui conduit l'individu à faire justement ce que la raison lui interdit de faire et en tire une grande jouissance. Le narrateur en a fait l'expérience en commettant "un crime parfait" dont il ne pourra jamais être accusé. Mais le petit démon va lui susurrer "et si tu te confessais ?". Suggestion qui va devenir une obsession et conduire le criminel à avouer. Et ce faisant, au fond de sa prison, il va se sentir "totalement libre".

- 1845 (15 juillet), publication par Baudelaire de *La Révélation Magnétique* dans *La Liberté de penser*.

- 1845 (août), l'éditeur Griswold publie une *Anthologie des prosateurs américains* avec *La chute de la maison Usher*.

- 1845 (octobre), prend le contrôle du *Broadway Journal*. Noue une autre relation amoureuse-épistolaire avec la poétesse Elisabeth Ellet. Une relation qui tournera mal en raison de la jalousie de cette dernière vis-à-vis de Frances. Poe en sortira ridiculisé.

- 1845 (octobre), est invité au Lyceum de Boston à donner une conférence à la suite de celle du sénateur Thomas Hart Benton, très connu pour ses exploits en Asie. Fera un véritable scandale, estimant qu'on ne lui avait laissé que des "miettes".

- 1845 (novembre) publication par Wiley & Putman de *The Raven and Others Poems* puis *Tales, by Edgar Poe.*

- 1845 (décembre), publication simultanée de ***La vérité sur le cas de Mr Valdemar*** dans *The American Review* et le *Broadway Journal.* Une nouvelle d'horreur pure, mettant en scène un magnétiseur voulant tenter une expérience d'hypnose sur un sujet à l'article de la mort. Son ami, Mr Valdemar, souffrant d'une phtisie en phase terminale, accepte de se prêter au jeu. Les premières déclarations du cobaye seront, "je dors, laissez-moi mourir"… puis "je suis mort". Valdemar sera laissé sept mois en transe hypnotique, avant d'être réveillé ». *Il hurlera d'une voix d'outre-tombe* « Mort », *avant de se décomposer, se transformant en une dégoûtante masse quasi-liquide dégageant une abominable odeur de putréfaction.*
Cette nouvelle déclenchera une polémique, certains lecteurs l'ayant reçue comme un reportage scientifique sur un cas réel !

- 1846 (3 janvier), dépôt de bilan du *Broadway Journal.* Les deux derniers contes publiés seront *Quatre bêtes en une* et *Mystification.*
***Mystification*** met en scène le Baron Ritzner von Yung, descendant d'une famille hongroise, qui va défrayer la chronique de l'université où il est résident. Il se dégage de lui un sentiment de solennité, de calme et de gravité, qualités qui inspirent une confiance qu'il va mettre au service de la mystification de ses camarades. Le point d'orgue sera de provoquer un de ses condisciples, passionné par la science du duel. Le combat ne se déroulera pas à l'épée, mais par l'échange de traités sur ces rixes, tous plus érudits les uns que les autres. Le

Baron gagnera haut la main en assénant à sa victime un ouvrage rarissime qu'elle ne connaissait pas : et pour cause, un livre codé qui une fois décrypté était un recueil de grossièretés !

- 1846 (mai), installation à Fordham.

- 1846, publication de *Le Sphinx*, *La Philosophie de la composition* (avril) et de *La Barrique d'Amontillado (novembre)*. Dans le premier texte, il décortique la façon dont il a imaginé et écrit *Le Corbeau*. On retrouvera les éléments essentiels de sa réflexion dans *Principe Poétique**.

Dans **Le Sphinx**, le narrateur, qui séjourne chez un vieil ami dans un manoir isolé, aperçoit une nuit un monstre énorme qui dévale la colline avoisinante. Il s'en ouvre à son hôte qui lui démontrera brillamment que ce n'est qu'une illusion de perception : rien d'autre qu'un gros insecte qui se promène sur une toile d'araignée sur la fenêtre.

**La Barrique d'Amontillado** est un bel exemple de « rationisation ». Un noble italien, Montrésor, décide de se venger d'une de ses relations, Fortunato, qui l'a gravement injurié. On ne sait du reste pas quel est l'objet du litige, mais, au vu des patronymes des deux comparses, on devine qu'il s'agit de jalousie sur fond d'argent. Lors d'une fête citadine bien arrosée, Montrésor entraîne chez lui Fortunato pour lui faire découvrir un nouveau cru qu'il vient de recevoir, de « l'Amontillado ». Fortunato se targue en effet d'être un grand *œnologue*. Il l'emmène dans ses caves et va le faire pénétrer dans un réduit où il l'enchaîne. Montrésor conclut en disant que pendant 50 ans, personne n'a découvert sa cache et prononce : *In requiem pace*!

- 1847 (30 janvier), décès de Virginia Clemm. Poe plonge dans la dépression et la misère.

- 1847 (décembre), publication de *Le Domaine d'Arnheim* et *Ulalume*.

*Ulalume* : Un petit bijou d'horreur gothique où le poète arpente avec Psyché la région de Weir, redouté pour ses goules qui hantent le marais d'Auber. Il y retrouvera la tombe où il avait déposé le corps de sa bien-aimée, Ulalume.

**Le Domaine d'Arnheim** est un délice à l'état pur. Cf supra

**Paysage, peinture et imaginiérie : le domaine d'Arnheim**

http://villa-morel.com - Marie-Pierre Bonniol - 04/06/11

La nouvelle *Le domaine d'Arnheim* (1847, texte original / texte français) est un texte d'Edgar Allan Poe où l'auteur se révèle cadreur, peintre, compositeur et concepteur. La nouvelle est courte et fait partie du recueil *Habitations imaginaires* (Allia, 2008) traduit et assemblé par Baudelaire.

Le texte est articulé en deux parties : d'abord une réflexion sur les jardin-paysages, avec l'introduction des notions d'artificiel et naturel, puis une description de jardin idyllique, le domaine d'Arnheim.

La nouvelle existe dans d'autres recueils plus courants ; ici elle côtoie un traité d'ameublement et une description de résidence, *Le cottage Landor*, dont Poe dira qu'il fait une *"peinture détaillée, telle qu'il l'a trouvée."*

Dans *Le domaine d'Arnheim*, Edgar Poe cadre et figure la nature. A courte vue, le jardin-paysage artificiel, créateur de *"miracles et de merveilles spéciales,"* relève non seulement d'une forme de beauté morale, mais présente également une rémanence de l'intention où, dans le paysage, *"le plus léger indice d'art est un témoignage de sollicitude et d'intérêt humain,"* comme une vieille balustrade couverte de mousse évoque ses anciens passants.

Marie Pierre Bonniol (DR)

*Le Cottage Landor* est en quelque sorte la suite de ce petit bijou, mettant en scène une personne (le narrateur) qui se perd dans la nature et découvre une vallée somptueuse entourée de rochers sublimes er nappée dans un brouillard fondant. Il se promène avec ravissement dans cette beauté supra-naturelle et arrive au cottage du résident de l'endroit, le cottage Landor. Une construction émouvante où la nature se fond dans l'architecture. Il est accueilli par une femme ravissante qui le subjugue (Annie) et le conduit au maître de maison. On n'en saura pas plus sur leur échange, qui manifestement n'est pas le sujet de ce texte.

Avec **Philosophie de l'Ameublement**, Poe clôt son cycle consacré à la beauté de l'environnement. Cette fois, il s'agit de l'aménagement de la maison, texte dans lequel il dénonce violemment toutes les fautes de goût liées *à l'aristocratie du dollar et au règne du « clinquant » qui n'a pour but que de tenter d'ébahir le voisin. Son inclinaison le porte vers le cottage anglais et il nous offre, en conclusion, une description de la « chambre-boudoir » idéale.* Une spendeur encore, toute en nuances et en douceur, avec, évidemment indispensables, *quelques tablettes, légères et gracieuses, dorées sur leur tranche et suspendues par des cordelettes de soie cramoisie à glands d'or, qui supportent deux ou trois cents volumes magnifiquement reliés.*

- 1848 (juillet), publication d'*Eurêka*.

- 1848 (9 février), donne une conférence à New York sur *Eureka* qui obtient un succès d'estime malgré la faible participation.

- 1848 (juillet), Putnam tire *Eurêka** en 500 exemplaires.

- 1848, tombe amoureux de Marie-Louise Shew qui fut l'infirmière de sa femme. Écrit pour elle *M.L.S* et *The Bells*, mais sera éconduit. Puis il tombera sous le charme de la poétesse Sarah Helen Whitman qui vivait, veuve, à Providence. Ce sera sa seconde «Hélène»! Parallèlement, il s'enflammera pour Nancy Heywood Richmont («Annie»), de Lowell. Elle est mariée et refusera de détruire sa famille. Les ragots qui courent sur lui, colportés par de poétesses jalouses, n'arrangent pas les choses.

- 1848 (5 novembre), tentative de suicide par absorption de Laudanum.

- 1848 (20 décembre), donne une conférence à Providence sur *Le Principe Poétique* devant 1800 personnes. La manifestation aura un grand succès.

- 1848 (23 décembre), rupture avec Sarah Helen Whitman qui avait accepté de l'épouser à condition qu'il cesse de boire.

- 1849. Publie *Mellonta Tauta, Hop Frog. Von Kepelen et sa découverte, Eldorado, le Paragrave aux « x »* et *Le Cottage Landor*.

- 1849 (avril), approché par *Oquawka Spectator* dirigé par un jeune admirateur pour transformer son journal local en revue littéraire. Accepte avec enthousiasme.

- *Hop Frog* est un règlement de comptes entre l'auteur et un groupe de poètes qui l'avaient violemment attaqué. Il met en scène un roi grossier, affublé d'un nain bouffon et grotesque qu'il maltraite odieusement. Il lui confie l'organisation d'une fête durant laquelle il veut surprendre ses nombreux invités. Le nain lui propose de déguiser le roi et ses sept ministres en orangs-outangs, de les enchaîner à la queue leu leu et de les lâcher dans la salle de bal à minuit. Ce qui sera réalisé, mais c'est un piège et les huit figurants périront par un jeu déclenché par le nain et sa discrète compagne qui, elle aussi, avait subi les outrages du roi.

- 1849, revient sur le père du fameux automate dans *La découverte de Von Kempelen*. Un gag comme Poe aimait en commettre. Le savant est maintenant un alchimiste particulièrement doué, transformant le plomb et le laiton en un or de plus tour. Et travaillant sur de grosses quantités, il va déclencher une crise du métal précieux sur les marchés financiers, ainsi qu'une flambée des cours des métaux vils. Cela mettra un terme définitif à «la fièvre d'or» qui s'était emparée de l'Amérique.

- 1849 (30 juin), part à Richmond via Philadelphie où il donne à nouveau, avec succès, sa conférence poétique. Envisage de se marier avec Sarah Elmira Shelton, son amour de jeunesse. La cérémonie est prévue le 17 octobre.

- 1849 (27 juillet), le *Richmond Wig* fait état de la célébrité grandissante de Poe en France.

- 1849 (17 août), nouvelle conférence à succès à Richmond.

- 1849 (31 août), est initié aux *Fils de la Tempérance.*

- 1849 (14 septembre), conférence à Norfolk.

- 1849 (24 septembre), conférence à Richmond.

- 1849 (3 octobre), arrivée à Baltimore en provenance de Richmond et en direction de Philadelphie. La ville est en pleine campagne électorale.

- 1849 (7 octobre), décès au Washington College Hospital de Baltimore après avoir été découvert inanimé dans la rue. Le communiqué officiel conclura à une congestion cérébrale.
On a beaucoup glosé sur les circonstances mystérieuses de son décès. Alexandre Mathis, auteur de romans noirs, y consacre un ouvrage chez Edite/ODS, *Edgar Poe, dernières heures mornes* (2009). Un ouvrage curieux, qui n'est pas vraiment une enquête policière, mais, et même s'il n'est pas écrit à la première personne, une sorte de vraie-fausse autobiographie des derniers jours du poète. Un récit bien écrit, truffé de citations, qui tente de nous faire pénétrer dans l'esprit d'un personnage à la dérive qui s'enfonce dans un délire dont on ne discerne pas clairement les causes : alcool, drogue… Le tout sur fond de campagne électorale à Baltimore où de sombres recruteurs forcent les pauvres hères à boire plus que de raison pour les contraindre à voter pour le candidat de leur choix. Le livre de Mathis est complété par toute une série d'annexes fort bien faites, notamment celle sur le cinéma et celle sur la bibliophilie.

- 1849 (9 octobre), publication d'*Annabel Lee* dans le *Daily Tribune.* Un court poème qui raconte l'histoire de deux jeunes amants vivant leur passion dans un Royaume au bord de la mer. Annabel sera foudroyée par le ciel, tuée par les anges jaloux de leur amour, et son compagnon poursuivra sa vie à se lamenter auprès de sa dépouille.

- *1850, publication chez Redfield des trois premiers volumes de ses œuvres complètes.*

- 1850 (31 août), publication du **Principe poétique** dans le *Southern Literary Messenger,* reprenant les nombreuses conférences d'Edgar Poe sur l'Art Poétique.

- 1875 (17 novembre), hommage officiel devant le bas-relief de son cénotaphe à Baltimore.

## ETUDES

- **Épouvante et Surnaturel en Littérature**, H.P. Lovecraft (1927, 10/18 1969). Lovecraft consacre plus de 10 pages à Edgar Poe dans son incontournable étude sur la littérature fantastique. Pour lui, il est le père de la nouvelle fantastique moderne. Poe comprit tout de suite le côté immatériel, inclassable, inhérent à la personnalité de l'artiste. Pour lui, la fonction de la littérature d'imagination devait être beaucoup plus d'exprimer que de juger. Les convictions artistiques de l'auteur apparaissent en outre renforcées par une attitude scientifique peu commune à l'époque. Il travailla grâce à une connaissance parfaite du subconscient humain, source de terreurs et d'effrois.

  On sent par ailleurs, dans cette mini-étude, se profiler ce qui sera, 10 ans plus tard, *Les Montagnes de la Folie : les rochers et les montagnes se présentent sous la forme de lettres égyptiennes de hauteur titanesque, lettres donnant la formule première de l'arcane terrestre.*

*Notes :*

1897, Lovecraft découvre Poe :

Cité à de nombreuses reprises par Lovecraft dans ses textes : *Celui qui chuchotait dans les ténèbres*, à deux reprises dans *Les montagnes hallucinées* (allusion à « l'inquiétant et énigmatique *Arthur Gordon Pym* »), *Le monstre sur le seuil*. Allusion à Poe dans le *brouillon abandonné pour* Le Cauchemar d'Innsmouth, où Lovecraft écrit « ces grotesques et ces arabesques », évocation des *Tales of the Grotesque & Arabesque*, de Poe parus en 1840, *La Maison Maudite* (Vers 1840,

Edgar Allan Poe avait coutume de venir lorsqu'il faisait une cour désespérée à cette excellente poétesse Mrs Whitman), à deux reprises dans *Le Cauchemar du Poe-Ete.*

Cf. également son texte *Sur les traces de Poe* (1934) et son poème : *Où Poe se promena jadis,* ainsi que le chapitre VII d'Épouvante & Surnaturel en littérature.

*Poète et critique par nature et suprême aboutissement, logicien et philosophe par goût et par pose, Poe n'était pas sans défauts ni sans affectation. Sa prétention à une profonde et obscure érudition, ses essais maladroits de faux humour forcé et laborieux, ses fréquents et mordants accès de préjugés critiques, tout cela, il faut le reconnaître et le lui pardonner. Au-dessus, au-delà, et réduisant ces petitesses à l'insignifiance, il y avait une vision magistrale de la terreur qui règne en nous et autour de nous.*

*Mon goût personnel pour Poe précéda la vague de popularité qui a commencé en 1909. Je vins à lui à l'âge de sept ans — c'était en 1897 — et j'ai imité ses récits en 1898.*

*Lorsque j'écris des histoires Edgar Allan Poe est mon modèle.*

*Si Poe n'a jamais dépeint un personnage humain dont on garde le souvenir, c'est parce que les êtres humains sont trop méprisables et médiocres pour mériter de survivre ainsi dans la mémoire. Poe a vu au-delà de la sphère anthropocentrique et a compris que les hommes ne sont que des marionnettes ; que les événements et les circonstances sont les seules choses vitales. Je crois que les œuvres de fiction de Poe sont plus importantes que ses vers. Les vers atteignent de merveilleux sommets, mais les histoires sont au-dessus de tous les sommets — ce sont des fragments de perfection cosmique au-delà de l'univers des dimensions. Comme critique, il est en tête de tous les autres Américains, et il ne s'est montré inférieur que dans l'humour.*

*Pour moi, Poe est au summum de l'art fantastique — il y avait en lui une vaste vision cosmique à laquelle aucun imitateur n'a été capable de mettre en parallèle quoi que ce fût. Il n'y a rien d'étonnant à ce que son œuvre soit totalement dépourvue de sensualité parce que son excitant dominant est situé complètement en dehors du domaine des relations humaines. Sa terreur était celle que l'atome éprouve véritablement en présence de l'infini — l'étonnement essentiellement intellectuel de celui qui contemple les gouffres tourbillonnants, absurdes et insondables englobant le monde entier et dont cependant ceux qui sont doués de sensualité n'ont absolument pas conscience.*

*L'histoire de Poe qui dépasse tout — et peut-être l'histoire la plus suprêmement étrange de tous les temps — c'est pour moi La Chute de la Maison Usher. Vient en second lieu Ligeia et, naturellement, Le Cas de M. Valdemar est plein d'anticipations à vous couper le souffle jusqu'à l'affreux cataclysme final. Le Manuscrit trouvé dans une bouteille et les dernières parties d'Arthur Gordon Pym ont un étrange et puissant rayonnement de mystère et d'expectative, et il y a dans Metzengerstein des touches dont Poe est à peu près le seul capable. Dans le royaume de la pure prose poétique sombre, joignant l'horreur et la beauté, rien ne saurait surpasser Le Masque de la Mort Rouge, Silence, Une fable et l'Ombre, une parabole.*

*Poe m'a probablement influencé plus que tout autre. Si je n'ai jamais été capable d'approcher cette sorte d'émotion, ce n'est que parce qu'il a lui-même ouvert la voie en créant une atmosphère globale et un style que le premier des hommes peut suivre avec une facilité relative.*

- **Un livre imaginaire : *Mad Trist* de Launcelot Canning,** *Déborah* Levy — *Mad Trist* ou la citation subvertie dans *La chute de la maison Usher* de Poe (Presses Universitaires de Rennes, 2008).

L'évocation de *Mad Trist*, « antique volume », fait suite à l'évocation de la bibliothèque de Roderick Usher, dont Poe énumère un certain nombre d'ouvrages, bien réels. Il s'amuse à glisser, auprès de titres authentiques, un intrus, brouillant la frontière admise entre fiction et réalité, et anticipant, en quelque sorte, sur les jeux *fictionnels* de Borges.

La bibliothèque de Usher est riche, fascinante, objet de lectures approfondies pratiquées par lui-même et par le narrateur : située dans la chambre de Usher, elle correspond à son intérêt passionné pour la spiritualité, l'idéalisme, les sciences occultes. Éclectique, elle mêle des ouvrages célèbres et des titres rares, allant de Gresset à Campanella, en passant par Machiavel, Swedenborg et Tieck, entre autres :

> « Le *Ververt* et la *Chartreuse*, de Gresset ; le *Belphégor*, de Machiavel ; *Les Merveilles du Ciel et* (...)

Poe n'avait pas lu tous ces ouvrages, il avait eu connaissance de certains d'entre eux par des revues ou des catalogues, mais était convaincu qu'ils avaient trait à l'influence de l'esprit sur la matière. On notera qu'une bibliothèque du même genre, avec d'autres titres, est mentionnée dans *Bérénice* (1835), récit assez proche de *The Fall of the House of Usher*. Au point culminant du récit, Poe insère une brève citation d'un livre lu par le héros, qui lui révèle son propre crime. Mais le passage, très bref, est tiré d'un ouvrage réel.

- Qui suis-je ? **Edgar Poe,** Jean Hautepierre, Pardès 2012. Une excellente synthèse signée par l'un des meilleurs connaisseurs actuels de Poe (Jean Hautepierre a notamment retraduit ses poèmes chez Publibook, 2008 et signé plusieurs études sur *Poe et l'ésotérisme,* cf infra). Outre une biographie détaillée, l'ouvrage attaque l'analyse de l'œuvre par grands thèmes (la mort, la catastrophe, le double, l'Orient, l'ésotérisme, la métaphysique...), mais cherche surtout à donner un sens global au travail de l'écrivain. Sera décortiquée la conception nouvelle de la poésie introduite par l'auteur du *Corbeau*, accordant une prééminence à la forme par rapport au fond, mais aussi recherchant la Beauté au-delà du monde terrestre. On appréciera aussi l'analyse de la révolution qu'apporte le poète dans le traitement du fantastique, procédant pour lui d'une tension potentiellement explosive entre l'imagination et la raison. On est proche de la démarche de Charles Fort ou de celle du réalisme fantastique. On flirte également avec le cheminement suivi par les grands génies des mathématiques (Cantor, Riemann, Lobatchevsky) et les pères de la relativité et du quantisme. On ne peut s'empêcher de penser encore à Lovecraft dont le poète de Baltimore fut une source d'inspiration importante.

Comme Lovecraft qui avait développé au cours de son œuvre une véritable « métaphysique du Néant », Poe s'attaquera au « Cosmicisme » dans *Eureka* (1848) au sujet duquel il écrira : *je dois mourir. Je n'ai plus le désir de vivre depuis que j'ai fait* Eurêka. Mais la métaphysique de Poe est fondamentalement différente celle du Prince Noir de Providence en ce sens qu'elle reste déiste et s'inscrit dans le courant des théologies quantiques qui feront irruption un siècle plus tard. Jean Hautepierre écrit : l'Univers est (chez Poe) comme né de la diffusion à travers l'espace d'une particule primordiale créée par Dieu. La gravitation, qui constitue la réaction à dette force de diffusion, triomphera finalement des globes gigantesques de matière agglomérée se précipiteront les uns sur les autres jusqu'à la reconstitution de la Matière Primordiale.... Chacun de ces mouvements d'expansion et de rétraction correspond aux *battements du Cœur Divin qui est le nôtre.* L'homme est une parcelle de l'Intelligence Cosmique.

- *On pourra consulter, pour mémoire,* **Le Déménagement Zodiacal** de Jean-Charles Pichon (ODS 2016) dans lequel l'auteur trace un parallèle entre sa propre vie est celle de Poe. Une analyse dans laquelle il insiste sur le caractère de « Machine » *du poème Eurêka.*

# LA DESCENDANCE D'ARTHUR GORDON PYM

Geoges Roux d'après la version originale du roman

Le premier à prendre la suite sera Jules Verne avec **Le Sphinx des Glaces** (1897) qui s'inscrit directement dans l'histoire, reprenant le récit d'un rescapé de la dernière expédition de Pym accréditant la relation de Poe. Une nouvelle mission est menée par la goélette *l'Halbrane* afin de rechercher d'éventuels survivants. Las, l'îlot de Tsalal est dévasté suite à un tremblement de terre et le vaisseau est littéralement soulevé par l'émergence d'un iceberg et se retrouve… à son sommet. Suit un (trop) long récit sur les difficultés de survivre dans cet enfer de glace et sur les inévitables tentatives de mutinerie que le désespoir ne manque pas d'engendrer. Car il y a un canot de secours, évidemment trop petit pour embarquer tous les survivants. L'iceberg, à la dérive, s'enfoncera dans un large chenal qui traverse le pôle.

Au final, les aventuriers découvriront la mystérieuse forme blanche évoquée dans le primo-récit qui est une sorte de Sphinx en glace et dotée d'une force d'attraction magnétique d'une incroyable puissance. Tous les objets métalliques sont arrachés et l'on retrouvera Arthur Gordon Pym collé sur la paroi, entraîné par son fusil qu'il serre encore entre ses mains !
Un roman décevant, qui donne une explication rationnelle à ce qui était chez Poe une ouverture
sur le mystère !

***

Lovecraft a 12 ans, et l'influence de son Maître transpire dans ses tous premiers récits : **Le Vaisseau Mystérieux** (1902, in H.P. Lovecraft; Juvelina, *The Mysterious Ship*, Necronomicon Press, 1984). Un petit texte découpé en chapitres comme un roman et que Lovecraft avait fait relier sous forme de booklet avec la mention « Royal Press 1902 ». **Il s'agit du récit du périple d'une mystérieuse frégate qui, à chaque fois qu'elle accoste, provoque la disparition d'un indigène. Ceux-ci se retrouvent cantonnés au pôle Nord où nous apprenons** qu'*il existe un vaste continent composé de terres volcaniques, dont une partie seulement est ouverte aux explorateurs. On l'appelle le « No-Mans Land ».* La critique érudite verra bien sûr dans ce petit texte les prémices des *Montagnes Hallucinées* et l'influence des *Aventures d'Arthur Gordon Pym*, l'auteur ayant découvert Poe à l'âge de 4 ans.

**Les Montagnes Hallucinées (ou Montagnes de la Folie)** (1931, *At the Mountains of Madness*,1936 in Astounding Stories) est un texte long, un véritable mini-roman et certainement l'un des chefs d'œuvre de Lovecraft dont la plume fantastique prend toute sa puissance. Il s'agit du récit de la mission d'exploration en Antarctique

(1930-1931) du Pr William Dyer, enseignant en géologie à l'Université de Miskatonic, assisté de Franck H. Pabodie, responsable du département ingénierie et concepteur d'un appareil de forage exceptionnel. Les moyens mis à la disposition par la Fondation Nataniel Derby Pickman sont très importants, deux navires (le Miskatonic et l'Arkham), quatre avions, deux autres universitaires (Lake du département de biologie et Atwood, physicien et météorologue) plus 16 assistants (étudiants et mécaniciens). Le reportage sera assuré par radio au bénéfice de *l'Arkham Advertiser* et de *l'Associated Press*. Il sera au départ très technique, l'auteur maîtrisant parfaitement les bases de la géologie et de la géographie du Pôle Sud.

Les premières descriptions font allusion aux tableaux de Nicolas Roerich, au plateau de Leng évoqué dans le *Necronomicon*, mais aussi aux *Aventures d'Arthur Gordon Pym* de Poe et à la première mission de l'Amiral Byrd. Quant aux forages, ils permettent de mettre à jour d'étranges ardoises mystérieusement striées par un organisme massif inconnu. La mission se scinde en deux groupes, celui de Lake partant explorer une région d'immenses montagnes. Les rapports de ce dernier sont de plus en plus extraordinaires : découverte de grottes, d'ossements, d'un immense réseau souterrain, toujours des ardoises avec leurs griffures. *Fowler fait une découverte de la plus haute importance dans les fragments de grès et de calcaire venant des minages. Plusieurs empreintes triangulaires striées, distinctes, comme celles de l'ardoise archéenne, prouvent que l'origine en a survécu plus de six cents millions d'années jusqu'à l'époque comanchienne sans plus de changements que des modifications morphologiques peu importantes et une certaine réduction de la taille moyenne. Les empreintes comanchiennes sont apparemment plus primitives, ou décadentes peut-être, que les plus anciennes.*

Et la moisson continue de s'enrichir (fragments de stéatite verte en forme d'étoile à 5 branches) et met à jour un énorme fossile en forme de tonneau. *Orrendorf et Watkins, travaillant en profondeur à la lumière, ont trouvé à 21 h 45 fossile monstrueux en forme de tonneau, de nature totalement inconnue ; probablement végétale sinon spécimen géant d'un radiolaire marin inconnu. Tissu évidemment conservé par les sels minéraux. Dur comme du cuir, mais étonnante souplesse par endroits. Marques de cassures aux extrémités et sur les côtés. Six pieds d'un bout à l'autre, trois pieds et demi de diamètre au milieu, s'effilant jusqu'à un pied à chaque extrémité. Rappelle un tonneau avec cinq arêtes en saillie comme des douves. Séparations latérales comme des tiges assez fines, à l'équateur, au milieu de ces saillies. Excroissances bizarres dans les sillons entre les arêtes. Crêtes ou ailes qui se replient ou se déplient comme des éventails. Tous très abîmés sauf un dont l'aile étendue a presque sept pieds d'envergure. L'aspect rappelle certains monstres du mythe primitif, spécialement les fabuleux Anciens dans le* Necronomicon.

D'autres spécimens seront trouvés et rapportés au camp de Lake pour étude. *Les spécimens complets offrent une ressemblance si troublante avec certains êtres du mythe primitif que l'idée de leur existence très ancienne hors de l'Antarctique devient inévitable. Dyer et Pabodie ont lu le* Necronomicon *et vu les peintures cauchemardesques de Clark Ashton Smith inspirées du texte ; ils comprendront quand je parle de ces Anciens qui passent pour avoir créé toute vie sur terre par plaisanterie ou par erreur. Les érudits ont toujours pensé que cette idée était née d'interprétations imaginaires morbides de très anciens radiolaires tropicaux. Et aussi de créatures du folklore préhistorique dont parlait Wilmarth — prolongements du culte de Cthulhu, etc.*

Et puis c'est le drame. Le contact radio est coupé avec la mission Lake, amenant la première, celle de Dyer, de se porter à son secours. Et le constat sera terrifiant :

le camp est dévasté, les membres sont affreusement déchiquetés, sauf l'un des étudiants qui a disparu. Quant aux «cadavres des tonneaux», huit se sont volatilisés les autres ayant été enterrés debout.

Dyer, accompagné de Danford, partent en avion pour une mission de reconnaissance afin de tenter de percer le mystère. Ils découvriront, derrière les montagnes, une cité cyclopéenne à priori désertée (Leng, Kaddath ?) qu'ils entreprendront de visiter. Et là, à la lecture de nombreuses peintures murales, les éléments du puzzle vont progressivement s'assembler et Lovecraft nous offrira une grandiose vision de synthèse du « Mythe ». Les Anciens sont venus, dans un passé immémorial, des étoiles. Ils ont colonisé la terre, aidés par des créatures de synthèse qu'ils ont mises au point, les shoggoths. Ils ont dû combattre d'autres créatures stellaires malfaisantes, les Grands Anciens, comme Cthulhu, et les ont cantonnés sous les mers ou dans l'espace. Ils ont dû aussi faire face à une révolte des shoggoths, un peu sur le thème de la révolte des robots ! Mais les bouleversements géologiques les ont contraints de se replier en Antarctique, puis au centre de la terre où ils survivent encore.

Cette présentation est d'autant plus intéressante qu'elle met un terme à toute idée de divinité chez les créatures de Lovecraft :

*Ils n'avaient pas même été sauvages – car qu'avaient-ils fait en vérité ? Cet affreux réveil dans le froid d'une époque inconnue – peut-être l'attaque de quadrupèdes velus aboyant follement et la défense abasourdie contre eux et des simiens blancs tout aussi frénétiques, avec leurs bizarres enveloppes et leur attirail... Pauvre Lake, pauvre Gedney... et pauvres Anciens ! Scientifiques jusqu'au bout – qu'ont-ils fait que nous n'aurions fait à leur place ? Dieu, quelle intelligence et quelle ténacité ! Quel affrontement de l'incroyable, tout comme ces frères et ancêtres sculptés avaient affronté des choses à peine moins croyables! Radiolaires, végétaux, monstres, frai d'étoiles — quoiqu'ils aient été, c'étaient des hommes!*

Le chef d'œuvre de François Baranger chez Bragelone

## • Les livres

*Je percevais aussi le retour d'un malaise devant les ressemblances avec les mythes archéens, et des correspondances troublantes entre ce royaume fatal et le tristement célèbre plateau de Leng dans les écrits primordiaux. Les mythologues ont situé Leng en Asie centrale; mais la mémoire de la race humaine — ou de ses prédécesseurs — est longue et il est bien possible que certains récits soient issus de contrées, de montagnes et de temples d'une horreur plus ancienne que l'Asie et qu'aucun monde humain connu. Quelques occultistes audacieux ont soupçonné une origine prépleistocène des* Manuscrits pnakotiques *fragmentaires et suggéré que les zélateurs de Tsathoggua étaient aussi étrangers à l'humanité que Tsathoggua lui-même. Leng, où qu'il ait pu nicher dans l'espace et le temps, n'était pas un lieu qui m'attirait, de près ou de loin; pas plus que je ne goûtais le voisinage d'un monde qui avait nourri les monstres ambigus archéens dont Lake avait parlé. Sur le moment, je regrettai d'avoir lu le détestable* Necronomicon, *et d'avoir tant discuté à l'université avec Wilmarth, le folkloriste si fâcheusement érudit.*

***

**The Tomb of the Old Ones,** Colin Wilson (1999, *The Antarktos Cycle*[3], Robert Price/Chaosium, 1999; Wildside Press, 2002). Cette dernière contribution lovecraftienne de Colin Wilson n'a pas été traduite en français, et c'est bien dommage car elle aurait de quoi ravir tous les « lovecraftomaniaques » de l'Hexagone ! Quand on sait que l'action se déroule en Antarctique, on comprendra aisément que nous sommes dans l'univers des *Montagnes de la Folie.* Il ne s'agit pas vraiment d'un pastiche, mais plutôt d'une suite, ma foi fort bien ficelée. L'arrière-grand-père du jeune universitaire héros du récit, Matthew Willoughby, avait reçu, en tant que Président de la Geographical Society

---

3    Recueil de nouvelles lovecraftiennes dont l'action se déroule au Pôle Sud. Sommaire :
- Introduction: *Lovecraft's Cosmic History* — by Robert M. Price
- *Antarktos* — by H.P. Lovecraft
- *The Narrative Of Arthur Gordon Pym Of Nantucket* — by Edgar Allen Poe
- *The Greatest* Adventure — by John Taine
- *At The Mountains Of Madness* — by H.P. Lovecraft
- *The Tomb Of The Old Ones* — by Colin Wilson
- *At The Mountains Of Murkiness* — by Arthur C. Clarke
- *The Thing From Another World* — by John W. Campbell Jr.
- *The Brooding City* — by John S. Glasby
- *The Dreaming City* — by Roger Johnson

of Winchester l'Amiral Bird. Lors d'un dîner privé avec l'orateur, celui-ci avait laissé entendre qu'il avait vu des choses étranges lors de ses missions au Pôle Sud. Cela marquera profondément son fils, le grand-père de Matthew, professeur de mathématiques à l'Université de Winconsin. Il sera conforté dans son intuition quant à l'existence d'une civilisation disparue sous les glaces par son ami le Pr Hapgood qui, dans ses ouvrages, développe la thèse d'un «glissement» de l'Atlantide qui aurait «échoué» au Pôle Sud. Il produira à l'appui de sa démonstration des cartes très anciennes semblant corroborer ses dires. On aura droit ici à un couplet sur les cartes de Piri Reis et sur une critique en règle du *Matin des Magiciens* et de Erich von Däniken qui voulaient y voir le travail «d'anciens astronautes». Ce sont en effet des documents authentiques basés sur des connaissances humaines perdues.

Le grand-père participera à une mission sur place en 1957, dans le cadre de l'Année Internationale de Géophysique et fera d'étranges rêves lui montrant des paysages fabuleux et des constructions cyclopéennes. Il en retirera le sentiment d'avoir localisé l'endroit de sa découverte onirique, aidé par les recherches effectuées par sonar qui montrent à l'évidence l'existence de structures imposantes sous la glace.

Les années passeront, et Matthew reprendra les recherches à son compte, d'autant qu'il est lui aussi hanté par des songes durant lesquels il semble être appelé par des créatures qui appellent à l'aide, les First Ones, leur délivrance pouvant apporter beaucoup de bienfaits à l'humanité. Le problème, de taille, est percer plusieurs kilomètres de glace pour atteindre le but. Il trouvera la solution grâce à un sujet psy, une jeune russe au prénom d'Inga, qu'il rencontrera chez un savant «fou» de son université, le Dr Trask. Elle est dotée de pouvoirs extraordinaires qui sont testés en laboratoire. On rejoint ici bien évidemment les pouvoirs inconnus de l'homme et le Facteur X. Inga est capable d'intervenir sur la structure de la matière et de modifier la composition du cristal d'un laser pour le rendre 100 fois plus puissant.

Une nouvelle mission sera montée à laquelle participent Matthew et le Dr Trask, qui seront rejoints par Inga. Le grand-père enverra à son petit-fils un ouvrage susceptible de l'intéresser, *H.P. Lovecraft, a Centenary Appreciation*. C'est ainsi qu'il découvrira *Les Montagnes de la Folie* de Lovecraft et un texte de Derleth sur l'histoire des Grands Anciens. Inga est très réticente quant à la poursuite des travaux, éprouvant la sensation d'un «mal» enfoui sous la glace. Les investigations continueront pourtant et nos savanturiers déboucheront dans une cavité où gisent de répugnantes créatures protoplasmiques. Matthew fera le lien avec le texte de Derleth et identifiera des shoggoths, faits prisonniers suite à leur révolte contre les Grands Anciens, eux-mêmes réfugiés dans les profondeurs de la terre. Les shoggoths se «réveilleront» et essaieront de capturer les chercheurs. Ils en sortiront cependant indemnes et le laser sera remis en service pour boucher définitivement le tunnel d'accès.

### *Livres imaginaires*

- *H.P. Lovecraft, a Centenary Appreciation*, Brown University Press, 1999; contient les nouvelles *Les Montagnes de la Folie* et *Dans l'Abîme du Temps* ainsi que des études de Fritz Leiber et August Derleth sur la mythologie des Grands Anciens.

***

**Les Enfants d'Erebus,** Jean-Luc Marcastel, trois tomes (J'Ai Lu, 2014)

Paris, 1935. Lorsqu'un inconnu débarque chez l'explorateur Armand de Carsac dans l'intention de voir un étrange obélisque, Jade, âgée de 16 ans, comprend que son père ne lui a pas tout dit de l'expédition antarctique, qui se solda par un échec cuisant quelques années auparavant. Quels secrets cache la mystérieuse relique ? Quelle est la motivation de ces redoutables poursuivants, prêts à tout pour se l'approprier ? Et surtout, surtout, qui sont les enfants d'Erebus ?

À Paris, Jade a échappé de justesse aux horreurs qui se cachent sous Montmartre. À présent, un million de questions se bousculent dans sa tête. Il est temps pour elle de rencontrer les membres de la confrérie des Chevaliers1 de Saint-Michel, adversaires acharnés des enfants d'Erebus. Au cœur des monts d'Auvergne, dans sa forteresse médiévale, leur guide, Géraud de Morton lui apportera-t-il les réponses ? Quelles vérités devra-t-elle encore affronter ? Et jusqu'où devra-t-elle aller ?

Les événements terribles qui se sont déroulés en Égypte ont marqué Jade et ébranlé ses certitudes. Peut-elle encore se fier aux Chevaliers de Saint-Michel pour vaincre les enfants d'Erebus ? Et a-t-elle le choix ? Jusqu'aux confins de l'Antarctique et de ses effroyables secrets, tous les moyens sont bons pour être victorieux.

***

On citera encore **L'Aimant, roman magnétique d'aventures maritimes** de Richard Gaitet (Intervalles, 2016) dont je reprends le quatrième de couverture : Gabriel est un jeune marin belge, facétieux, fort en gueule, mais maladroit. Il veut apprendre à naviguer, mais aussi à boire, à se battre et à aimer. Pour sa première traversée transatlantique, le voilà radio sur un cargo, d'Anvers à Buenos Aires. Hélas ! Une escale aux Açores lui révèle qu'une organisation secrète internationale vient de s'accaparer les ressources inespérées d'un recoin du pôle Sud, menaçant l'équilibre géomagnétique mondial… Saura-t-il conjurer la catastrophe ? Roman contemporain d'aventures maritimes, récit d'initiation tragi-comique aux accents surnaturels, L'Aimant poursuit l'histoire d'un titre méconnu de Jules Verne, Le Sphinx des glaces, qui reprenait déjà l'intrigue irrésolue de l'unique roman d'Edgar Allan Poe, Aventures d'Arthur Gordon Pym. La conclusion rocambolesque d'un mystère littéraire au long cours.

## LES PASTICHES

Les Saisons de l'Étrange font souvent de bonnes choses et le doublé de Brian Stableford (2019) vaut vraiment le détour. Je connais assez peu le pastiche poesque mais il est vrai que, par le biais du Chevalier Dupin, la déclinaison est facile. Le premier mini-roman, **Le Testament d'Erich Zann**, est du reste plus qu'un pastiche, mais un véritable cross-over entre les univers des écrivains de Providence et de Baltimore. 15 ans après le décès du mystérieux violoniste, son instrument et ses compositions sont l'objet de toutes sortes de convoitises pouvant aller jusqu'au meurtre. L'auteur étoffe de façon intéressante le personnage du musicien autrichien (allemand pour Lovecraft), élève de l'école de Tartini qui selon la légende aurait passé un pacte avec le diable. Son sublime *Il trillo del diavolo* serait le produit de cet accord. Un maître de musique qui fit cadeau à son élève Zann d'un Stradivarius que le fabricant italien considérait comme mal fini. Zann terminera une carrière mouvementée à Paris, rejoignant l'orchestre d'un théâtre de quartier, *L'Ambigu,* tout en se livrant la nuit à des exercices solitaires dans sa masure de la rue d'Auseil[4] ? En effet, la maîtrise de ce Stradivarius, jointe à de redoutables connaissances occultes, que l'on peut notamment trouver dans *Les Harmonies de l'Enfer* de l'abbé Apollonius (14e siècle), permettraient d'ouvrir certaines portes sur l'Ailleurs. L'occasion est toute trouvée pour Brian Stableford de nous livrer un véritable cours de Cosmologie Lovecraftienne,

---

4    L'auteur décrit la rue comme étant une rue non répertoriée mais que l'on désignait de la sorte. Elle était située au somment d'une mini-falaise surplombant la Bièvre, affluent de la Seine progressivement transformé en égout.

pointant du doigt le rôle clef joué par Nyarlatothep dans les univers extérieurs et insistant sur le caractère non dualiste de la Métaphysique du Néant : il n'y a pas de véritable séparation entre le bien et le mal et l'accès à l'illumination se confond souvent à une plongée dans l'horreur.

Les objectifs de l'équipe chargée de soutirer l'héritage de Zann (violon et partitions) sont pour le moins troubles, reflétant parfaitement l'ambiguïté que nous venons de souligner. Tout l'Art de Dupin sera de démêler les fils de cet écheveau, en essayant de garder une approche rationnelle, mais convaincu également que l'espace est loin d'être vide !

Second mini-roman, **La Fille de Valdemar** prolonge avec talent l'une des nouvelles importantes du canon poesque. Dupin et son inséparable faire valoir américain reçoivent à Paris la visite surprise d'une certaine Ewelina Hanska, maîtresse d'un Honoré de Balzac mal en point. Elle avait fait adresser par un médecin américain un colis précieux à nos deux compères, intermédiaires considérés comme de confiance. Hélas, le paquet n'est jamais arrivé. On comprend que la fille de feu Valdemar, magnétiseuse célèbre installée à Paris, attend ce paquet avec impatience tout comme la compagne de Balzac. Il s'agirait en effet des restes de Valdemar, sublimés par ce dernier, lors de la cérémonie du baiser au Gardien du Seuil[5], en une potion de longue vie. La jeune Vlademar espère ainsi pouvoir obtenir des résultats extraordinaires lors de ses consultations qui ne sont aujourd'hui que charlatanisme. Quant à Ewelina, elle est persuadée que ce produit pourra sauver le grand écrivain qui craint de ne pouvoir terminer *La Condition Humaine* avant de mourir.

---

5　　　D'après *Zanoni* de Bulwer Lytton. Cette cérémonie est le stade ultime de l'initiation.

Le Chevalier Dupin va nous offrir une nouvelle enquête aux frontières du rationalisme et de l'occultisme, sans jamais se prononcer sur la nature réelle de ses pistes. L'utilisation du process initiatique développé dans *Zanoni* est tout à fait originale et nous vaut de belles pages sur le trip cosmique subi à la fin du récit par le partenaire de Dupin. On ne serait pas complet, enfin, sans souligner la participation inquiétante du Comte de Saint Germain à l'obscure machination.

Deux bons récits qui restituent de façon sympathique l'atmosphère du milieu du XIX$^e$ siècle et qui interpellent le fidèle sherlockien que je suis. Car si Sherlock a balayé avec mépris son prédécesseur, le qualifiant de « médiocre », force est de constater les nombreuses similitudes qui existent entre les deux détectives. Dupin a pour faire valoir littéraire le correspondant à Paris de Poe (jamais nommé), Holmes le Dr Watson. Les « deux couples » cohabitent fréquemment et reçoivent des visites inopinées qui vont déclencher l'enquête. Dupin s'appuie sur « les gamins de Paris », Sherlock sur « les Irregulars de Londres ». On pourrait multiplier à l'envi les points de convergence que Stableford accentue malicieusement en faisant intervenir l'Inspecteur Lestrade dans le premier récit. Et au diable la chronologie, « ici on rêve ».

# EDGAR ALLAN POE ET L'ÉSOTÉRISME

## Jean Hautepierre

*Cette conférence est sur notre chaîne youtube*

**Jean Hautepierre est poète et auteur tragique. Son œuvre comporte quatre volets principaux : la tragédie en vers (*Néron, Tristan et Yseult, Le Prince de Carcosa, Le Roi en Jaune* et *Louis XIII*), l'épopée *Le Siège* (dont fait partie le roman *Le Meurtre de la Tour de Cristal*), les autres poésies, regroupées dans *Le Testament de la licorne* et *Les Idoles* (tous deux à paraître aux éditions Unicité), et la traduction poétique (Edgar Poe, Clark Ashton Smith).**

**La vie et l'œuvre d'Edgar Poe ont, pour un regard superficiel, peu à voir avec l'ésotérisme ; il est cependant dans son œuvre de multiples allusions à celui-ci. Jean Hautepierre les met en relief et, au-delà, souligne que la démarche littéraire et intellectuelle d'Edgar Poe, même quand il ne s'intéresse pas directement à l'ésotérisme, a un fondement ésotérique.**

### Quelques mots sur l'ésotérisme

J'ai accepté avec enthousiasme ce sujet qui m'a été proposé. Certes, j'ai déjà eu l'occasion d'évoquer, dans des articles, des conférences, et dans mon livre *Qui suis-je? Edgar Allan Poe,* divers aspects que l'on peut relier au thème de l'ésotérisme dans l'œuvre d'Edgar Poe. Mais le sujet *Edgar Allan Poe et l'ésotérisme,* dans les termes où il est formulé, me permet d'apporter un éclairage nouveau en essayant cette fois d'analyser en profondeur l'œuvre de Poe *en partant de la notion d'ésotérisme.* Je prétends donc moins aujourd'hui apporter des éléments nouveaux qu'un point de vue nouveau.

Puisque je pars de l'ésotérisme, il convient tout d'abord de tenter de définir celui-ci, même si une telle définition ne peut être que contestable. On peut définir l'ésotérisme comme une recherche ou une connaissance secrète, visant à dégager un sens caché sous l'apparence extérieure du monde qui nous entoure, ou sous l'apparence de certains symboles dont le non-initié ne perçoit que la signification purement immédiate.

L'ésotérisme se distingue nettement de la science. Certes, celle-ci vise à l'explication de ce qu'elle observe, et les lois qu'elle dégage sont souvent cachées au sein des phénomènes. Mais une fois ces lois découvertes, la science ne nous dit rien de leur signification profonde; telle n'est d'ailleurs pas sa mission. Ainsi, la gravitation fut la première des grandes forces de la physique à faire l'objet d'une théorie et de calculs mathématiques, dès la fin du XVIIᵉ siècle avec Newton. Cependant, sa nature profonde demeure absolument inconnue, contrairement à celle des trois autres forces, dites interactions élémentaires, que sont la force électromagnétique, la force nucléaire forte et la force nucléaire faible. Ce n'est pas par hasard que je cite cet exemple, puisque Edgar Poe a proposé dans son essai *Eurêka* une *explication* de ce qu'est la nature de la gravitation. Ainsi encore, il est troublant de constater que la valeur de la constante gravitationnelle (G = 6,70) est, *comme par hasard*, une valeur qui s'est avérée compatible avec la formation d'une multiplicité de galaxies. Si elle avait été différente, l'univers serait demeuré un gigantesque nuage de plasma ou, au contraire, se serait contracté peu de temps après le *big bang*, sans avoir eu le temps de se développer. La science ne fait que constater de tels faits, ce qui représente du reste un effort intellectuel admirable. L'ésotérisme s'interroge sur leur signification : il considère que le monde et les lois physiques qui le régissent, au-delà du pur fait matériel qu'ils posent, ont eux-mêmes un sens caché : ils délivrent un message par le biais des analogies et des symboles.

En outre, l'ésotérisme accepte certaines données qui n'ont aucune source rationnelle, comme en mathématiques, non plus qu'aucune source expérimentale. Il peut se référer à un symbolisme dont les origines sont inconnues ou se perdent dans la nuit des temps. Il en va ainsi des lames du tarot, de la signification des divers éléments de l'astrologie (signes, planètes, maisons), de la symbolique et des étapes de l'alchimie, de la Kabbale ou des trigrammes et des hexagrammes du Yi King. Et surtout, ce symbolisme n'est pas un symbolisme mort, une simple collection d'images et d'allégories : il est porteur de sens et fournit une clef d'interprétation du réel.

Cependant, l'ésotérisme n'est pas non plus une foi : s'il peut ainsi partir de données apparemment arbitraires, transmises par la Tradition, il ne part pas d'une Révélation, comme les trois religions dites du Livre. Les données qu'utilise l'ésotérisme ne fondent pas une théologie, et ces données n'ont perduré jusqu'à aujourd'hui que parce qu'elles s'avèrent pertinentes lorsqu'elles sont maniées par des personnes qui en ont l'aptitude. Je citerai à cet égard la loi de synchronicité, selon laquelle toutes les composantes du cosmos correspondent entre elles, loi qu'Edgar Poe évoque sur le mode plaisant dans les dernières pages d'*Aventure sans pareille d'un certain Hans Pfaall* : «J'ai beaucoup à dire sur (...) l'incompréhensible rapport qui unit chaque citoyen de la lune à un citoyen du globe terrestre». Cette loi a des conséquences pratiques importantes, puisque c'est elle qui constitue la principale justification théorique de la voyance, et en particulier de l'astrologie : puisque les événements que nous vivons ont une correspondance dans les astres, nous pouvons y lire notre avenir. Pourquoi? Non point pour cette raison que les astres nous influenceraient, mais pour cette raison que leurs mouvements sont en harmonie avec les destinées humaines : comme ils sont prévisibles, il est donc possible grâce à eux, dans une certaine mesure, de prévoir notre avenir. D'un point de vue plus essentiel, cette loi de synchronicité dit l'unité profonde entre la créature et son créateur, entre l'homme et Dieu ou les Dieux.

L'ésotérisme n'est pas non plus une philosophie, même si cette distinction va moins de soi que celles qui portent sur la science et sur la foi. C'est que, contrairement à la philosophie (tout au moins depuis Socrate, avec lequel la philosophie est devenue discursive), il ne se fonde pas uniquement sur la démonstration, mais aussi sur un enseignement traditionnel, comme le souligne un texte alchimique alexandrin[6] : «cette science et sagesse des choses les plus excellentes est issue du fond des âges — nul maître ne l'a produite, elle est autonome —, et elle est immatérielle.». Il y a bien raisonnement et usage de la raison. Seulement, celle-ci est remise à sa place, comme le remarque Pierre Riffard[7], «les ésotéristes n'ont jamais nié la raison, ils l'ont simplement située, c'est-à-dire classée comme une méthode pour un domaine.»; cf. également la note 11 *infra*.

Disons-le d'emblée, Poe n'est pas un auteur de l'ésotérisme; mais son œuvre contient des références ésotériques et, plus profondément encore, un soubassement ésotérique. Dans son essai *L'Art du conte*, il évoquait la notion de *courant souterrain* dans les termes suivants : «le sens suggéré est incorporé au sens clair, y formant un courant souterrain des plus profonds, ne se mêlant jamais au courant de surface contre notre gré, ne se montrant point à moins d'être appelé à la surface (…)». Cette notion de courant souterrain, même si elle n'a jamais été explicitée par Poe, est capitale pour déceler les grandes orientations qui parcourent son œuvre tout en n'ayant aucun caractère explicite. Elle constitue en elle-même une démarche d'inspiration ésotérique.

Poe n'est guère cité dans la littérature traitant de l'ésotérisme, sans doute parce que, longtemps, il a été considéré comme un auteur immature ayant écrit pour les jeunes, d'où l'absence de recherche de sens cachés dans son œuvre, malgré ce qu'en a affirmé Poe lui-même, comme on vient de le voir. Son œuvre a donc fait l'objet d'interprétations pouvant être érudites, mais demeurant superficielles quant au sens profond de celle-ci, ceci jusqu'à la seconde moitié du XX$^e$ siècle.

---

6     *Ibid.*, p. 314.
7     *L'ésotérisme*, éd. Robert Laffont, coll. Bouquins, p. 5.

## La vie d'un journaliste plus que d'un occultiste

La créativité d'Edgar Poe s'est déployée dans des domaines très divers, donnant une orientation nouvelle à la poésie de langue anglaise, mais aussi française, renouvelant radicalement le récit fantastique, créant le roman policier avec le personnage du chevalier-détective Dupin, développant une cosmologie de l'Univers dans *Eurêka,* étonnant essai philosophique et cosmologique encore méconnu… Sans doute cette multiplicité qui caractérise l'œuvre de Poe fut-elle, dès l'origine, une raison de son influence qui s'est prolongée jusqu'à nos jours sous les formes les plus diverses. Cela étant, dans une œuvre tellement multiforme, Poe n'aborde pas de manière *explicite* des thèmes ésotériques. Qu'en fut-il de l'ésotérisme dans sa vie ?

Edgar Poe, orphelin dès sa première enfance, a été recueilli par les Allan. S'étant brouillé très jeune avec son tuteur John Allan, il a dû, seul, faire face aux difficultés de la vie, exerçant diverses activités sans jamais sortir de la gêne : soldat et élève-officier, journaliste et entrepreneur de presse… La mort de sa jeune femme Virginia, qui était aussi sa cousine, lui porta un coup fatal, le poussant à certains excès alcooliques et marquant son œuvre de façon décisive. Sans qu'il soit forcément question d'ésotérisme, il y a dans la vie d'Edgar Poe deux épisodes mystérieux. Tout d'abord le plus connu, celui de sa mort en 1849 à l'âge de 40 ans, victime selon toute probabilité de rabatteurs électoraux qui l'ont enivré et drogué, afin de le forcer à voter plusieurs fois sous de fausses identités. Un mystère n'en continue pas moins à planer sur les circonstances de sa mort, donnant un bon prétexte aux fictions les plus insolites (cf. *The Raven,* film de James Mac Teigue; *L'ombre d'Edgar Poe,* de Matthew Pearl). Le second épisode est beaucoup moins connu, mais il est plus prometteur en termes d'ésotérisme, parce qu'il correspond à un large vide dans ce que nous connaissons du calendrier de l'écrivain. Poe prétendait avoir fait un voyage en Europe dans les années 1827 à 1829 pour combattre aux côtés de l'insurrection grecque. On sait très bien qu'il se trouvait alors aux États-Unis, et qu'il imagina tout cela pour dissimuler que, pendant cette période, il s'était engagé à l'armée comme simple soldat et non comme officier, ce dont il n'était pas fier. En revanche, la trace d'Edgar Poe semble se perdre pendant quelques mois de 1832. Il est troublant de remarquer que, selon une lettre découverte en 1929 et attribuée à Alexandre Dumas, *mais aujourd'hui disparue*, l'écrivain français aurait hébergé Edgar Poe lors d'un séjour de ce dernier à Paris en 1832. Les biographes de Poe tiennent en général cette version pour un canular, éventuellement monté par Dumas lui-même, puisque *l'inauthenticité de cette lettre n'a semble-t-il jamais été établie*. Les rares partisans de la thèse du séjour parisien soutiennent que Poe aurait fait partie d'un réseau d'agents secrets visant à promouvoir des révolutions libérales en Europe — d'où ses relations avec Dumas — et qu'il serait mort assassiné dix-sept ans plus tard en raison de ses activités secrètes : on revient donc au premier mystère biographique, celui de la mort, que cette hypothèse hautement invraisemblable a l'avantage d'expliquer. Si un tel voyage est hypothétique, mais pas absolument impossible, il est beaucoup plus probable que Poe a consacré son énergie à compléter la formation reçue lors de son unique semestre d'études à l'Université de Charlottesville ; c'est durant cette période, à Baltimore, qu'il a sans doute découvert différents ouvrages relatifs à l'ésotérisme. Cependant, on ne peut totalement exclure qu'il l'ait fait en Europe et, pourquoi pas ? au sein d'une société secrète européenne.

Voilà donc une vie qui, à part des épisodes incertains et des lectures, ne fut guère consacrée à l'ésotérisme, mais bien plutôt au journalisme et à la création littéraire. Je vais maintenant évoquer en quoi l'œuvre de Poe a, malgré tout, des liens avec l'ésotérisme. Je commencerai par ce qui s'y prête le mieux, à savoir les éléments qui, dans l'œuvre de Poe, évoquent l'ésotérisme, même si c'est de manière généralement voilée. Ensuite, j'exposerai en quoi cette œuvre, non seulement par ses sujets, mais aussi par la méthode intellectuelle qui est la sienne, se rapproche de l'ésotérisme.

### L'ésotérisme proprement dit dans l'œuvre poesque

L'usage par Edgar Poe de certains termes évocateurs de l'Orient pourrait, au-delà de la recherche du pittoresque, constituer l'introduction à une autre vision du monde, une allusion à l'ésotérisme, mieux conservé qu'en Occident parce qu'il est demeuré au cœur des religions orientales, et qui trouve un écho dans la cosmogonie d'*Eurêka*, dont je parlerai à la fin de ce propos. L'Aidenn, par exemple, terme arabe qui signifie *Paradis*, apparaît dans *Le Corbeau* et surtout dans *La conversation d'Eiros et Charmion*, pour indiquer le lieu où les deux protagonistes se trouvent après leur mort. On peut y voir la volonté de distinguer l'Aidenn — ce qui vient après la mort — de l'Eden — le Paradis perdu. Le poème de jeunesse *Al Aaraaf* évoque sans le nommer l'Aidenn, Poe précisant même dans une note que « pour les Arabes, Al Aaraaf est un lieu intermédiaire entre le Paradis et l'Enfer où les hommes ne subissent aucun châtiment, sans cependant parvenir à ce bonheur calme et sans trouble qu'ils supposent caractéristique de la joie céleste. » Edgar Poe mentionne d'autre part les noms de certains auteurs et ouvrages ésotériques, comme pour poser un indice signifiant qu'il veut aller au-delà du romantisme noir du roman gothique de son temps.

Au-delà de ces mentions assez explicites, les références voilées à l'ésotérisme sont beaucoup plus nombreuses dans l'œuvre de Poe. Certaines interprétations qui suivent peuvent donc être considérées comme quelque peu acrobatiques. Quoi qu'il en soit, Edgar Poe lui-même nous invite à une démarche interprétative avec la notion de courant souterrain, qui constitue un élément essentiel de son esthétique.

Typique de l'œuvre de Poe est ainsi la mention de l'arabesque. Il n'est pas habituel de mettre une majuscule à ce mot, fait d'autant plus remarquable qu'on le retrouve à la fois dans *Al Aaraaf* et dans le titre original des *Histoires extraordinaires (Tales of the Grotesque and Arabesque*[8]*)*. Poe semble indiquer ainsi qu'il l'emploie avec un sens caché. En effet, outre son sens le plus courant, l'arabesque est également une figure de danse qui, en ce qu'elle présente un corps disloqué, se rapproche de celle du Pendu dans le jeu de tarot. La figure du Pendu est considérée comme un symbole de responsabilité, de réflexion, d'impossibilité à agir, de purification par la souffrance et de renversement des valeurs communes (notions que l'on pourra rapporter à la personnalité même d'Edgar Poe), en ce qu'elle se présente sous un angle unique. En effet, le Pendu se trouve non seulement la tête en bas, mais il est aussi le seul arcane du tarot à se trouver dans cette position qui peut également, dans le domaine de l'occultisme, évoquer la Table d'émeraude : « Ce qui est en bas est

---

8    Comme le souligne Henri Justin (*Avec Poe jusqu'au bout de la prose*, p. 41), « la figure humaine y était débordée par le haut (arabesque) et par le bas (grotesque) : elle se disloquait dans le non-figuratif. »

comme ce qui est en haut, et ce qui est en haut est comme ce qui est en bas. » Cette figure intervient en particulier dans *Aventure sans pareille d'un certain Hans Pfaall*, où le susdit se trouve dans cette position, suspendu à un ballon qui marque le ciel de l'arabesque de sa trajectoire : ici se rejoignent les deux sens du mot, jusqu'à investir le ciel tout entier...

Odile Joguin a recensé dans l'œuvre de Poe de multiples allusions, trop nombreuses et trop cohérentes pour être fortuites, aux symboles gnostiques, maçonniques (on peut citer le rayon de la lune et le tourbillon d'*Une descente dans le Maelström*, qui forment un compas et une équerre) et alchimiques ou encore aux arcanes du tarot, à la géométrie sacrée et à l'arithmosophie. Barton Levi Saint-Armand mérite une mention particulière, en ce qu'il a mis en évidence avec une grande rigueur la nature d'allégories alchimiques du *Scarabée d'or* et de *La Chute de la maison Usher* : Usher *(l'huissier)* est donc celui qui introduit au Grand-Œuvre. Dans *Ligeia* **également (même si ce conte est probablement moins systématique à cet égard), la longue description de la chambre qui**

**intervient en l'exact milieu du récit évoque une chambre-athanor qui enveloppe** Rowena du souvenir et de la personne même de la défunte Ligeia, première épouse de son mari — **athanor d'où s'écoulera le poison qui tuera l'infortunée.** On mentionnera encore les recherches de Pierre Pascal qui, en de troublants commentaires à sa seconde traduction du *Corbeau*, met en relief de multiples correspondances entre les valeurs numériques des mots principaux du poème, le nombre de ses vers, de ses strophes et le nom même de son auteur.

En tout état de cause, quand de telles recherches ont un caractère systématique, elles laissent perplexe en ce qu'elles présentent des coïncidences trop nombreuses pour n'avoir pas été voulues, mais aussi en ce qu'elles font intervenir des considérations d'une complexité qui peut sembler excessive.

Quant au panthéisme de Poe, il n'est pas sans lien avec sa conception du paysage, qui évoque la relation entre macrocosme et microcosme : le monde forme un tout avec des interactions entre l'homme (dont il reflète souvent l'âme), Dieu et les autres entités ; ceci apparaît nettement dans *La Chute de la maison Usher* et surtout *Eléonora*, ainsi que des poèmes tels que *La Cité dans la mer* et *La Vallée de l'angoisse*. Les déclarations de M. Vankirk dans *Révélation magnétique* et la thématique d'*Eurêka*, sont proches d'auteurs gréco-latins qui, tels Héraclite (cf. en particulier son fragment 30 : « Ce monde, aucun des dieux, aucun des hommes ne l'a fait, mais toujours il a été, est et sera, feu toujours vivant, allumé selon la mesure, éteint selon la mesure ») ou Macrobe, développent une vision panthéiste présente du paganisme antique jusqu'au bouddhisme, et qui constitue l'un des fondements de la pensée ésotérique.

Les sciences parallèles interviennent elles aussi dans l'œuvre poesque : *Le Manuscrit trouvé dans une bouteille* (et, moins nettement, la fin de *Pym*) rejoint la théorie de la Terre creuse de John Cleve Symmes, contemporain de Poe qui envisageait une Terre ouverte à chacun de ses pôles et habitable à l'intérieur. *Une descente dans le Maelström*, récit à la thématique voisine, narre une descente interrompue que l'on pourrait aussi rapprocher du régime de l'étreinte dans la magie sexuelle tantrique : « le *bindu* [la semence] est sur le point de se déverser dans la femme, il faut le contraindre à redescendre au moyen d'un effort extrême... Le yogî qui de la sorte retient la semence vainc la mort, car de même que le *bindu* versé mène à la mort, de même le *bindu* retenu mène à la vie[9]. » Un tel rapprochement paraîtra bien hasardeux, et je suis trop critique à l'égard de la psychanalyse pour vouloir surinterpréter un texte. On n'y verra donc qu'un simple clin d'œil destiné à montrer que l'approche d'une œuvre sous l'angle de ses très éventuelles connotations sexuelles (ainsi du célèbre *Edgar Poe. Étude psychanalytique* de la princesse Marie Bonaparte, dont on a pu dire qu'elle assassinait Poe une seconde fois) peut aboutir à des conclusions radicalement différentes de celles que formule la psychanalyse.

L'interprétation des symboles est une clef de lecture extrêmement riche de l'œuvre de Poe. Ainsi, le recours à un scarabée dans *Le Scarabée d'or* pourrait n'être pas sans lien avec le symbole relevé par Plutarque (*Isis et Osiris,* 74) : « les Égyptiens voient en eux comme une image confuse, telle celle du soleil dans les gouttelettes

---

9        Citation du *Hathayogapradîpikâ* par Julius Evola (*La métaphysique du sexe,* éd. de l'Age d'Homme, p. 310).

d'eau, du pouvoir des dieux[10]. (...) Les scarabées (...), tous mâles, (...) répandent leur semence dans la boule de matière qu'ils façonnent et font rouler à reculons, de même que le soleil, semble-t-il, fait tourner le ciel dans le sens inverse de celui de sa propre course. » Le crâne, quant à lui, est une image de l'homme qui contient le microcosme (le scarabée, symbole d'immortalité et de résurrection), image du macrocosme (l'univers). Et le caractère superfétatoire et illusoire de l'utilisation du scarabée, que Legrand finalement dévoile, pourrait bien représenter un subtil (et occulte!) pied de nez de Poe à l'égard d'un ésotérisme qui peut se réduire à un simple entassement de symboles sans signification profonde, n'ayant pour fonction que de dresser un voile de fumée devant des réalités qui ne justifieraient pas un tel mystère...

Cependant... La valeur canularesque de récits tels que *Révélation magnétique* et de *La Vérité sur le cas de M. Valdemar* ne met pas en cause la sincérité des idées que Poe y développe par ailleurs. Dans plus d'une *Histoire*, il a mêlé le grotesque et l'arabesque (cf. le titre original des *Histoires extraordinaires*), la supercherie et les considérations les plus essentielles, l'aventure pour adolescents et les symboles alchimiques, le sens le plus immédiat masquant un courant souterrain... Il est un niveau supérieur de mystification sur lequel on peut ainsi s'interroger, en incluant dans ce domaine jusqu'à *La Genèse d'un poème* (*The Philosophy of composition*) et *Eurêka*. La question demeure ouverte pour le premier de ces textes où Poe, campé dans sa posture de poète calculateur, visait à démontrer que *Le Corbeau* est une construction intégralement rationnelle édifiée « avec

---

10    C'est le « nègre Jupiter » qui fait passer le scarabée par l'œil du crâne.

la rigoureuse logique d'un problème mathématique ». *Eurêka*, en revanche, ne saurait être un canular ainsi qu'on l'a parfois supposé, si l'on se réfère aux témoignages des proches de l'auteur, ainsi qu'à la lettre du 7 juillet 1849 de Poe à sa belle-mère Maria Clemm : « Je dois mourir. Je n'ai plus le désir de vivre depuis que j'ai fait *Eurêka*. »

Au sujet des aspects directement ésotériques de l'œuvre poesque, il faut citer encore une *Marginalia* (*De l'expression*), traduite par Paul Valéry, qui décrit de façon troublante les expériences vécues par Poe lorsqu'il se trouve « sur la lisière du sommeil » :

« (…) je me suis avancé assez loin pour (…) savoir me maintenir à (…) (ce point limite entre la veille et le sommeil), pour ne pas choir de ce *point frontière* dans le domaine du sommeil. Ce n'est pas que je puisse prolonger cet état (…), mais je puis à volonté rebondir de ce point dans l'état de veille (…) » Ce texte, de même que le début d'*Eléonora* (« Ceux qui rêvent éveillés ont connaissance de mille choses qui échappent à ceux qui ne rêvent qu'endormis »), n'est pas sans analogie avec les promenades de René Daumal durant son sommeil (*Nerval le nyctalope*), mais aussi les Livres des morts égyptien et tibétain… On peut le rapprocher aussi de la vision poesque très spécifique de la mort, qui constitue l'un des thèmes centraux de son œuvre : « Les frontières de la vie et de la mort ne peuvent être au mieux qu'indécises et vagues. Qui dira l'endroit où s'arrête l'une et où commence l'autre ? (...) Mais où donc, pendant ce temps, était l'âme ? » s'interroge-t-il ainsi dans *L'enterrement prématuré*.

La notion de courant souterrain permet à Edgar Poe d'insérer dans différents textes des notions relatives à l'ésotérisme. Mais au-delà des thèmes ésotériques au sens strict, nous allons voir comment on peut qualifier d'ésotérique l'approche adoptée par Edgar Poe dans les principaux volets de son œuvre, notamment, mais pas seulement, par le recours à ce courant souterrain.

## Vers une poésie de l'incantation

> *Ancien Corbeau, spectral et sombre,*
> *errant du Nocturne rivage –*
> *Quel Nom de Puissance est le tien*
> *aux bords Plutoniens de Nuit ?*
> Edgar Allan Poe[11]

Beaucoup de lecteurs connaissent Edgar Allan Poe essentiellement pour ses *Histoires extraordinaires*, et d'ailleurs le plus souvent pour une partie limitée d'entre elles. Contrairement à ce que l'on pense en général, les poèmes constituent pourtant un volet majeur de l'œuvre de Poe ; lui-même se considérait d'ailleurs essentiellement comme un poète. *La Genèse d'un poème* constitue un tournant dans la conception de la poésie, en ce qu'un poète y prétend avoir artificiellement construit un poème (idée qui ne correspond sans doute pas à la réalité de la composition du *Corbeau*), mais aussi en ce qu'il pose la prééminence et la préexistence de la forme — et de la forme sonore — par rapport au fond, l'ensemble étant lui-même subordonné à l'effet que l'on veut produire sur le lecteur. Le poète a *d'abord* choisi le refrain *Jamais plus (Nevermore)*, aux sonorités et au sens propices à *l'effet* recherché (soit la mélancolie), puis seulement le sujet du poème : « Quel sera le prétexte pour l'usage continu du mot unique

---

11    Extrait du *Corbeau*, publié dans ma traduction intégrale des poèmes d'Edgar Allan Poe (éd. Publibook, Paris, 2008).

*jamais plus* ?» Et c'est ici qu'apparaît clairement un aspect d'ordre ésotérique de la poésie d'Edgar Poe : le son en vient à créer le sens, formant une véritable incantation. Il est révélateur à cet égard que *Nevermore* soit prononcé par un être en principe inconscient de sa signification avant que, tel la *fancy*[12] qui s'empare de l'esprit du narrateur, le doute en vienne à s'insinuer au sujet de cette inconscience. Même si l'on peut soutenir que toute poésie est incantatoire en quelque manière, dans la mesure où elle contient toujours des sonorités volontairement expressives, la poésie d'Edgar Poe marque l'apparition dans la poésie contemporaine de l'incantation voulue et conçue comme telle. La poésie incantatoire correspond à la recherche d'un langage au-dessus du langage ; elle donne, comme l'a dit plus tard Mallarmé, «un sens plus pur aux mots de la tribu». Elle n'est pas non plus sans évoquer la doctrine hindoue des *matrka* (ou «petites mères»), les paroles de puissance. Avec la poésie incantatoire, nous sommes donc pleinement dans une démarche sinon ésotérique, du moins d'inspiration ésotérique.

### Edgar Poe, la science et le raisonnement philosophique

L'attitude d'Edgar Poe face à la science est aussi l'attitude d'un occultiste, ou du moins d'un auteur influencé par l'ésotérisme.

Dans le cadre de son métier de journaliste, il a écrit divers articles sur des nouveautés techniques, et certains de ses textes mentionnent avec enthousiasme

---

12      La *fancy*, considérée comme une imagination morbide et déréglée, se heurte dans toute l'œuvre de Poe à l'alliance de la raison et de la véritable imagination. Elle hante des personnages tels que Roderick Usher et les fous meurtriers des *Histoires extraordinaires*.

des inventions telles que la machine de Babbage (*Le joueur d'échecs de Maelzel*) ou le télescope de Lord Rosse (*Eurêka*). Cependant, il est révélateur que chacun de ses textes traitant de science appliquée se ramène à une mystification, montée par Poe (*Le Canard au ballon, Hans Pfaall, Von Kempelen et sa découverte*) ou démontée par lui (*Le joueur d'échecs de Maelzel*), que l'on peut interpréter comme une critique burlesque de la science et de la crédulité née de cette nouvelle religion. L'attitude de Poe face à la science est au fond celle d'un Grec, à la recherche des jeux de l'esprit ou de la connaissance pure. Les connaissances scientifiques ont également leur place dans la spéculation métaphysique, comme on le voit de la façon la plus éclatante avec *Eurêka*.

Dans *La méthode intellectuelle d'Edgar Poe*, Denis Marion soutient que la méthode invoquée par Poe dans nombre de ses récits et dans *Eurêka* serait une méthode en trompe-l'œil, qui se ramènerait en fait à l'intuition. Peut-être Poe n'a-t-il pas de méthode, mais il a une théorie esthétique et il développe d'autre part une réflexion sur le raisonnement scientifique et philosophique. Poe sera hostile toute sa vie à la philosophie spéculative (cf. son récit *Bon-Bon* et cette observation dans *Révélation magnétique* : « […] si l'homme doit être intellectuellement convaincu de sa propre immortalité, il ne le sera jamais par les pures abstractions […] [qui] peuvent être un amusement et une gymnastique, mais […] ne prennent pas possession de l'esprit. »). Il lui préférait les philosophies d'esprit scientifique, qui clarifient et classifient, et voua ainsi à Newton une admiration constante. Les premières pages d'*Eurêka* montrent que la critique de Poe englobe aussi bien la méthode déductive d'Aristote que la méthode inductive de Bacon. Selon lui, ces deux voies ne mènent qu'à un savoir partiel, alors qu'il faut accorder toute leur place à l'imagination et à l'intuition : la raison *seule*, sans l'imagination, se ramène au fond à la *fancy*[13]. *Eurêka*, ainsi, développe une volonté raisonnante aussi ambitieuse que celle du *Discours de la méthode*, sous cette réserve que Poe est pleinement conscient de l'imprudence, voire de l'usurpation consistant à recourir *exclusivement à la raison devant certains problèmes. On peut soutenir qu'il* se situe à la fois dans la ligne du rationalisme cartésien et en opposition à celui-ci; il est surprenant de ne trouver aucune mention relative à Descartes dans l'œuvre de Poe alors qu'elle semble souvent dialoguer avec le cartésianisme, qu'il s'agisse du rôle de la raison, des corps-machines avec *L'Homme qui était refait* et *Le Joueur d'échecs de Maelzel,* ou encore de la recherche des causes de la gravitation.

Une telle vision de la science, qui vise à utiliser le raisonnement scientifique dans toute sa rigueur, mais en l'alliant à l'imagination, afin d'accéder à des vérités que la science ne prétend pas atteindre, est clairement d'inspiration ésotérique, même si elle ne constitue pas une voie ésotérique en elle-même.

**Une alliance paroxystique entre l'imagination et la raison**

> *J'ouvris grand la fenêtre, alors,*
> *dans un envol rapide et fort,*
> *Parut un noble et grand Corbeau*
> *des saints jours de jadis;*
> *Il vint sans le moindre salut;*
> *n'hésita, ne s'arrêta plus;*
> *Mais, avec un air seigneurial, se*
> *percha par-dessus ma porte –*

---

13     Cf. note 7 *supra*.

> *Se percha sur Pallas, un buste au-*
> *dessus même de ma porte –*
> *Perché, il siégea, rien de plus.*
> Edgar Allan Poe[14]

Le Corbeau perché sur Pallas : au cœur de la démarche de Poe se trouve ainsi la conjonction entre une imagination débordante et le recours, lui aussi poussé jusqu'à l'extrême, à la puissance du raisonnement. La conjonction de l'un et de l'autre ne va évidemment pas sans tensions, tensions dont l'enjeu symbolique et crucial, pour les protagonistes de ses récits, consiste en leur basculement éventuel dans la folie. Ses personnages de fous se caractérisent par la *fancy*, qui prend la forme d'une incapacité à donner une interprétation rationnelle du monde qui les entoure, et qu'ils perçoivent comme hanté de forces surnaturelles et malfaisantes. Dans *Ligeia*, la difficulté de caractériser l'état de folie du narrateur fait osciller la nature même du récit entre le conte fantastique et l'interprétation délirante par un dément opiomane du meurtre qu'il a commis — cette seconde lecture étant la plus convaincante[15]. Dans *Le Scarabée d'or*, c'est en revanche la révélation du caractère rationnel de la démarche suivie par William Legrand qui, aux yeux du lecteur et des personnages du récit, fait basculer le personnage de la folie à la raison. Rien, sinon *Eurêka*, ne pourrait mieux symboliser cette double nature que sa *Genèse du poème*, dans laquelle il soutient avoir composé son poème le plus célèbre, *Le Corbeau*, de la même manière que l'on résout une équation.

Imagination débordante et raisonnement poussés

---

14    Cf. note 6 *supra*.
15    Cf. la contribution de Roy P. Basler à *Configuration critique d'Edgar Allan Poe.*

jusqu'à leur paroxysme, dans un même mouvement… ces qualificatifs sont caractéristiques de la démarche ésotérique, tout particulièrement dans le domaine de la divination. Ainsi, l'astrologie offre sans doute, parmi les sciences occultes, le meilleur exemple d'alliance entre l'imagination et la raison : le mouvement des astres, totalement prévisible car déterminé par la mécanique céleste, s'impose à l'astrologue. Ce mouvement lui désigne un champ des possibles, qui représente une contrainte relative aux événements susceptibles d'intervenir. Il revient ensuite à l'astrologue de déterminer au moyen de sa raison et de son imagination, en prenant en considération le contexte dans lequel une question lui a été posée, la forme concrète la plus plausible que peuvent prendre les événements dont les grandes lignes ne sont que dessinées par les astres sous la forme de schémas abstraits et impersonnels.

Edgar Poe ne conçoit pas la raison sans l'imagination et l'intuition : ainsi, le détective Dupin, qui résout les énigmes de *Double assassinat dans la rue Morgue* et de *La Lettre volée*, est à la fois mathématicien *et* poète. L'importance du raisonnement chez Poe, qu'il ne faut donc pas confondre avec un rationalisme obtus[16], est telle qu'après avoir tenté dans *La Genèse du poème* de démonter les ressorts de la création littéraire, il va jusqu'à proposer avec *Eurêka* une explication de la nature, de l'origine et du destin de l'Univers. Cette démarche rationnelle, appliquée à des questions qui semblent bien au-delà de l'intelligence humaine, pourrait trouver

---

16      « Il ne faudrait cependant pas se mettre à faire de l'anti-rationalisme, sous prétexte de magie. Il va de soi que l'ordre rationnel est tout à fait pertinent dans son propre domaine. Quitte à raisonner, autant le faire convenablement. Le problème ne vient pas de la raison mais uniquement du fait que nous croyons qu'il s'agit du seul domaine licite de l'expérience humaine. » (Jean-Luc Colnot, *L'Art obscur*, éd. de l'Œil du Sphinx, Paris, 2001, note 11, p. 125).

un symbole dans le voyage des *Aventures d'Arthur Gordon Pym* qui, lorsqu'il se transforme en expédition scientifique, aboutit à la confrontation avec l'inconnu… Une telle démarche est caractéristique de l'ésotérisme, qui commence sa quête là où la science achève la sienne.

Le sommet de l'Etna, évoqué au début d'*Eurêka*, symbolise cette démarche : «celui qui du sommet de l'Etna promène à loisir ses yeux autour de lui, est principalement affecté par l'*étendue* et par la *diversité* du tableau. Ce ne serait qu'en pirouettant rapidement sur son talon qu'il pourrait se flatter de saisir le panorama dans sa sublime *unité*.» (*Eurêka*, I). Ce lieu est celui à partir duquel il serait possible d'accéder à la pleine compréhension du monde. Que Poe recommande de tourner sur soi au sommet de l'Etna n'est pas une simple bouffonnerie. Cet impossible sommet d'un volcan, mortel pour celui qui s'y trouverait, est une voie qu'emprunta Empédocle, à la fois vers le ciel et vers le centre de la Terre, voie à laquelle fait pendant la pointe du Maelström que le narrateur d'*Une descente dans le Maelström* ne pourra pas voir, puisqu'il a survécu : dans tous les cas, il s'agit de «quelque incommunicable secret dont la connaissance implique la mort», comme l'écrit Edgar Poe lui-même à la fin de *Manuscrit trouvé dans une bouteille*. Aux vivants, il reste l'alliance de l'Imagination et de la Raison, l'expression de la Vérité par la Poésie… ou l'ésotérisme — et ces voies ne sont pas des impasses. Il est tentant, de ce point de vue, de rapprocher *Une descente dans le Maelström* et le Livre des Morts tibétain : dans les deux cas, il est question d'une progression qui va jusqu'aux limites de la mort ; si elle ne permet pas d'atteindre à la connaissance absolue, elle permet en tout cas d'atteindre et de délivrer certaines connaissances qui rapprochent l'être de la connaissance absolue.

## *Eurêka* et l'inspiration cosmique

C'est avec une humilité non affectée, — c'est même avec un sentiment d'effroi, — que j'écris la phrase d'ouverture de cet ouvrage; car de tous les sujets imaginables, celui que j'offre au lecteur est le plus solennel, le plus vaste, le plus difficile, le plus auguste.

*Eurêka* décrit l'Univers comme né de la diffusion à travers l'espace d'une Particule primordiale créée par Dieu. Après une phase d'expansion de l'Univers, la Gravitation, qui constitue la réaction à cette force de diffusion, triomphera finalement, et des globes gigantesques de matière agglomérée se précipiteront les uns sur les autres jusqu'à la reconstitution de la Matière primordiale : « ce dernier globe, fait de tous les globes, disparaîtra instantanément et (...) Dieu seul restera, tout entier, suprême résidu des choses. » Un nouveau cycle pourra recommencer à l'origine d'un nouvel Univers, chacun de ces mouvements d'expansion et de rétraction correspondant aux « battements du Cœur Divin, qui est le nôtre. » Car pour Poe, « l'absolue impossibilité pour une âme de se sentir inférieure à une autre » implique que « chaque âme est, partiellement, son propre Dieu » et que « la concentration de cette matière et de cet Esprit pourra seule reconstituer le Dieu *purement* Spirituel et Individuel. » Dans *Eurêka*, la fin cataclysmique de l'Univers conduit à l'Unité perdue, qui sera aussi un recommencement de l'Univers. Selon Poe, «l'Univers est une intrigue de Dieu» **ponctuée par l'expansion et par la contraction.**

Au-delà de sa conclusion panthéiste, on peut juger contestable la vision cosmologique développée dans *Eurêka* – mais elle se signale par son originalité, son ingéniosité et sa profondeur, Poe faisant appel pour l'étayer à des notions scientifiques, dont en particulier la théorie cosmologique de Laplace. Ses intuitions rejoignent d'ailleurs les découvertes de la science moderne : les forces d'Attraction et de Répulsion, qu'il distingue et définit à l'exclusion de tout autre principe, s'apparentent à la matière et à l'énergie, soit les deux termes de la principale équation relativiste. Poe apparaît également comme un précurseur lorsqu'il décrit l'effet «papillon» et lorsqu'il donne, devançant les scientifiques professionnels, la première (et double) explication du paradoxe d'Olbers[17], ou lorsqu'il affirme la possibilité du *big-bang*. Surtout, il propose une interprétation convaincante de la gravitation : en la considérant comme une force de réaction à l'impulsion initiale qui créa l'Univers, il justifie son expression mathématique par le fait que la force d'expansion de l'Univers, force de diffusion comparable à un faisceau de lumière, diminue comme cette dernière avec le carré de la distance; la gravitation *universelle*, qui tend à ramener tous les atomes vers le centre de l'impulsion

---

17    Contradiction apparente entre le fait que le ciel est noir la nuit et l'existence d'un nombre infini d'étoiles. Poe évoque la possibilité d'un éloignement trop grand de la plupart des astres pour que leur lumière nous parvienne, mais privilégie l'hypothèse d'un nombre fini d'étoiles au sein d'un espace infini. Ce caractère fini de l'Univers stellaire évoque de façon significative le resserrement de l'espace dans son œuvre.

initiale, constituerait la force exactement contraire, d'où une expression mathématique semblable. Rappelons que la science du XXIe siècle ignore toujours la *cause* de la gravitation — à la différence de l'électricité ou du magnétisme, forces pourtant plus mystérieuses *en apparence*.

Il existe des convergences entre *Eurêka* et la cosmogonie hindoue, comme l'a relevé **dès 1860,** dans *Edgar Poe et ses critiques*, Sarah Helen Whitman, une amie d'Edgar Poe. Fort logiquement donc, on ne peut qu'observer une proximité entre *Eurêka* et certaines notions exposées par René Guénon à partir de la doctrine hindoue dans *Les états multiples de l'Etre*, qu'il s'agisse de la Particule primordiale chez Poe et du Zéro métaphysique dont toute chose procède chez Guénon, ou de « *la plus grande somme possible de rapports* » (*Eurêka*, X) chez Poe et de l'Existence universelle, ensemble de ce qui est manifesté, inclus dans la Possibilité universelle, chez Guénon.

On a pu soutenir de manière assez convaincante, comme René Dubois dans son ouvrage *Edgar A. Poe et le bouddhisme,* qu'*Eurêka* est le centre de l'œuvre de Poe, la clef de voûte posée pour ainsi dire au terme de celle-ci et à partir de laquelle se situeraient, chacune à une place bien spécifique, l'ensemble de ses réalisations. Il est manifeste en tout cas que des thèmes récurrents, voire obsessionnels, apparaissent à la confrontation des contes et des poèmes de Poe entre eux, et de l'ensemble de son œuvre avec *Eurêka* : tel Hans Pfaall qui, lors de son aventure sans pareille, voit les secrets de la terre et du ciel venir vers lui et son ballon au gré de son ascension, le lecteur de Poe, en élargissant sa connaissance des différentes facettes de ce pur diamant qu'est son œuvre, découvrira un auteur à l'unité d'autant plus frappante qu'elle s'irradie en de multiples sens. Car s'il n'a très probablement pas pratiqué l'ésotérisme lui-même, Poe s'est intéressé à celui-ci sous diverses formes, a été influencé par lui et, surtout, a développé une démarché littéraire analogue à la démarche ésotérique.

## Conclusion

En conséquence, peut-on inférer de ces aspects fondamentaux de l'œuvre d'Edgar Poe, aspects divers, mais qui tous semblent converger vers un point unique, celui du gouffre final d'*Eurêka*, que son auteur fut un franc-maçon, un alchimiste, un adepte des arts divinatoires ou de la magie sexuelle? S'il est permis d'en douter fortement, il n'en demeure pas moins que cette œuvre est indissolublement liée à l'ésotérisme, par son contenu comme par la méthode employée par Poe. Une autre citation de Julius Evola, dans *Le Mystère du Graal* cette fois, peut inciter à la réflexion en évoquant la possibilité que certains auteurs «aient conservé ou transmis, ou fait agir, un contenu supérieur que l'œil expérimenté saura toujours reconnaître et dont certains auteurs seraient peut-être les premiers à s'étonner, s'il leur était clairement indiqué.» De cela, Edgar Poe se serait-il vraiment étonné? Au regard de son œuvre, certainement pas.

Jean Hautepierre

## BIBLIOGRAPHIE

### Œuvres de Poe, biographies, documents et ouvrages collectifs


*Collected works of Edgar Allan Poe* (édition critique en trois tomes, avec d'importants commentaires de Thomas Ollive MABBOTT), The Belknap Press of Harvard University Press, Cambridge (Massachusetts) et Londres, 1969 et 1978.

*Edgar Allan Poe, Contes – essais – poèmes* (avec d'importants commentaires de Claude RICHARD), éditions Robert Laffont, Paris, 1989.

*Poèmes d'Edgar Allan Poe*, traduction intégrale de Jean HAUTEPIERRE, éditions Publibook, Paris, 2008.

*Douze poèmes d'Edgar Poe*, vers français de Jean CADAS, éditions Anagrammes, Perros-Guirec, 2009.

Dwight THOMAS et David K. JACKSON. *The Poe Log (a documentary life of Edgar Allan Poe 1809–1849)*, G. K. Hall & Co, Boston, 1987.

Harry Lee POE. *Edgar Allan Poe, An illustrated companion to his Tell-Tale stories, éditions* Metro Books, New-York, 2008.

Arthur Hobson QUINN. *Edgar Allan Poe, a critical biography*, Appleton-Century-Crofts, New-York, 1941.

Georges WALTER. *Enquête sur Edgar Allan Poe,* éditions Phébus, Paris, 1998.

Jean HAUTEPIERRE. *Qui suis-je ? Edgar Allan Poe,* éditions Pardès, Grez-sur-Loing, 2012.

Site Internet de l'*Edgar Allan Poe Society of Baltimore*: www.eapoe.org.

*Configuration critique d'Edgar Allan Poe* (textes réunis et présentés par Claude RICHARD), éditions Minard, Paris, 1969.

Cahier de l'Herne consacré à Edgar Poe, éditions de l'Herne, Paris, 1998.

## L'ésotérisme — la démarche intellectuelle et esthétique d'Edgar Poe

René DUBOIS. *Edgar A. Poe et le bouddhisme,* éditions Messene, Paris, 1997.

Maryse DUCREU-PETIT. *Edgar Allan Poe ou le livre des bords,* Presses universitaires de Lille, Lille, 1995.

René GUÉNON, *Les états multiples de l'Etre,* Véga, Paris, 2009 (réédition).

Odile JOGUIN. *Itinéraire initiatique d'Edgar Poe,* éditions e-dite, Paris, 2002.

Henri JUSTIN. *Poe dans le champ du vertige,* éditions Klincksieck, Paris, 1991.
*Avec Poe jusqu'au bout de la prose,* éditions Gallimard, Paris, 2009.

Denis MARION. *La méthode intellectuelle d'Edgar Poe,* Les éditions de Minuit, Paris, 1952.

Pierre PASCAL. *Le Corbeau, nouvellement traduit en vers équivalents et décrypté avec des commentaires arithmétiques, géométriques & alchimiques,* éditions Arktos, Carmagnola (Italie), 1977.

Eveline PINTO. *Edgar Poe et l'art d'inventer,* éditions Klincksieck, Paris, 1983.

Claude RICHARD. *Edgar Allan Poe journaliste et critique,* éditions Klincksieck, Paris, 1978.

Barton Levi SAINT-ARMAND. *Poe's "Sober Mystification": The Uses of Alchemy in the "Gold-Bug",* Poe Studies, Vol. 4, n ° 1, 1971.
*Usher unveiled: Poe and the Metaphysic of Gnosticism,* Poe Studies, Vol. 5, n ° 1, 1972 (traduction de Jean CADAS disponible chez le traducteur).

# POE ET FREUD : DU « CHAT NOIR » À UN AU-DELÀ DE LA PSYCHANALYSE

## Henri Justin

*Cette conférence est sur notre chaîne youtube*

Henri Justin a cultivé une longue familiarité avec Edgar Allan Poe, consacrant à l'exploration de son œuvre deux livres (chez Klincksieck et Gallimard) et une vingtaine d'articles. Il a aussi réalisé la traduction raisonnée de douze contes (chez Classiques Garnier) et du poème « The Raven » (en revue). Il étudie maintenant une série de réécritures sous le titre provisoire de Shakespeare par Poe : réinscrire le tragique.

En écrivant « The Black Cat », Poe se laisse déborder par le fantasme. Son narrateur, d'ailleurs, annonce une histoire domestique (« homely ») et sauvage (« wild ») et appelle de ses vœux l'intelligence plus sereine qui saura un jour donner à son récit sa logique. Cela sonne comme un appel à Freud et à sa théorisation du « unheimliche » — du sauvage au cœur de l'intime. Curieusement d'ailleurs, Freud, dans « L'Inquiétante Familiarité », semble lui répondre quand il avoue ne pas avoir été lui-même victime du « unheimliche » depuis longtemps. Le conte est d'une violence extrême, irréductible à ce qui est sans doute la formule matricielle des contes : la lutte complice des contraires. Henri Justin se propose ainsi de décrire cette expérience littéraire unique où la Raison engendre les monstres. D'autant que Freud lui-même, dans l'autoportrait où il retrace son parcours de chercheur, en vient à une formule dont il dit bien qu'au-delà de la psychanalyse, elle définit le champ de l'esthétique : c'est le duel de deux forces « opposées et convergentes ».

Photo de séance (ODS)

Quand j'ai été invité à venir parler ici — parler de Poe,
— j'ai tout de suite pensé au « *Black Cat* » — « Le Chat
noir ». Parce que j'y voyais une exception. Pour moi,
c'était le seul conte de Poe où le fantastique résiste à
l'analyse. Avec ce chat démoniaque, divinité des enfers,
et dont le cri final glace la moelle des os, je pouvais me
présenter au salon des littératures maudites !

Et puis, j'avais aussi en tête l'étonnant premier
paragraphe du conte, où le narrateur nous dit en
substance : « Je vais vous raconter une histoire incroyable.
Elle se déroule dans un cadre familier... et pourtant,
c'est une histoire de fous ! Moi-même, je n'y comprends
rien. Mais demain je meurs, alors aujourd'hui je vais
juste vous raconter cette histoire telle quelle, pour
me soulager. Peut-être qu'un jour quelqu'un de plus
logique que moi pourra la reconstruire. »

*Peut-être qu'un jour quelqu'un de plus logique que moi
pourra la reconstruire !* — Voilà une claire invitation
à désamorcer le fantastique (sinon l'horreur) par la
découverte d'une *raison*. Nous avons donc du travail !

Et ce travail nous mènera jusqu'à Freud — mais pas celui auquel vous pensez. Un Freud tardif qui regarde au-delà de la psychanalyse.

*

Commençons donc par suivre les événements tels qu'ils sont présentés par le narrateur.

Attention : ce narrateur va occuper toute la scène. Tout le texte va être commandé par son « je », jusqu'à la dernière ligne. Mais pour autant, ce texte n'est pas une confession pure et simple puisque le narrateur lui-même espère qu'un jour quelqu'un saura le reconstruire.

Ce texte, je vais donc le labourer, en passant plusieurs fois, à diverses profondeurs. Cela vous donnera aussi l'occasion d'entrer progressivement dans l'histoire. (Je citerai ma traduction ; elle fait partie d'un recueil bilingue de contes de Poe, aujourd'hui épuisé.)[18]

Ce qui apparaît à première lecture, ce sont d'incroyables discontinuités.

« Dès ma prime enfance », commence le narrateur, « j'ai eu une tendresse particulière pour les animaux » — premier paragraphe.

« Je me mariai tôt » — deuxième paragraphe. Mon épouse partageait ce goût et nous eûmes donc « des oiseaux, des poissons rouges, un chien superbe, des lapins, un petit singe, et un chat » — un chat noir très remarquable. « Pluton — c'était le nom du chat — était mon préféré. » « *C'était le nom du chat* » — je sens là comme une première fissure — comme si personne ne lui avait donné ce nom, comme s'il était né avec. Pluton, le souverain des Enfers ! Mais encore rien de grave...

---

18    Edgar Poe, *The Black Cat and Other Short Stories/ Le Chat noir et autres contes*, traduction nouvelle et notes par Henri Justin (LGF, "Le Livre de Poche bilingue », Paris, 1991).

Paragraphe 4 : « Notre amitié se prolongea ainsi pendant plusieurs années » — amitié entre le narrateur et le chat, évidemment. (L'épouse, elle, ne bénéficie que d'une présence indirecte.)

Et voici le premier saut narratif. Au fil de ces quelques années, le caractère du narrateur s'altère « sous l'action du Démon de l'Intempérance. » Comprenons : le narrateur s'est mis à boire — le jeune époux est devenu alcoolique — sans que, de cet effet navrant, soit donné la moindre cause. Le recours au Démon tient lieu d'explication.

Le narrateur en vient vite, alors, aux violences physiques... et sur son épouse et sur ses animaux. Épouse et animaux, en fait, constituent un ensemble affectif. Survient alors une brusque accélération de l'action : un soir, le narrateur rentre ivre à la maison ; le contact avec le chat se passe mal, et l'ivrogne est pris d'une méchanceté furieuse : « Je tirai de la poche de mon gilet un canif, l'ouvris, empoignai la pauvre bête à la gorge et, avec une froide détermination, j'excisai un de ses yeux de son orbite ! »

Geste injustifié, auquel rien ne nous préparait. Scène insupportable aussi, par sa cruauté sans filtre (nous sommes un peu « sonnés » par l'abrupte escalade dramatique) — et puis, scène troublante — troublante par son irréalisme, car enfin, essayez d'attraper votre chat à la gorge d'une main et voyez si vous réussissez à l'énucléer de l'autre !

Mais bon... Les choses rentrent plus ou moins dans la normale, à ceci près que le chat est maintenant borgne, et qu'il fuit son maître.

Alors s'empare du narrateur — deuxième saut narratif — ce qu'il appelle « l'esprit de *PERVERSENESS* » — « *the spirit of PERVERSENESS.* »

Saut narratif, puisqu'au « Démon » de l'alcoolisme est

substituée une seconde cause de violence, soudain sortie du chapeau : *PERVERSENESS*. Je vais continuer à employer le terme anglais parce qu'il pose un problème de traduction. « *To be perverse* », c'est simplement être *contrariant*. Gardons donc ici la belle définition de *PERVERSENESS* qui nous est offerte :

« C'était cette insondable soif qu'a l'âme de contrarier son propre mouvement — de faire violence à sa propre nature. »

Contradiction intime, fondamentale. Poe l'aura travaillée tout au long de sa carrière de conteur. Même le narrateur, d'ailleurs, ne l'appelle pas un « démon », mais « *l'esprit* de *PERVERSENESS* ».

N'empêche que cet « esprit » remplace l'alcoolisme dans son discours et lui permet de déculpabiliser l'acte qui va suivre ou, au moins, de lui donner un semblant de raison : « Un matin, de sang-froid, je glissai un nœud coulant au cou [de la bête] et la pendis à la basse branche d'un arbre — la pendis, les larmes sur les joues et le plus amer remords au cœur — la pendis parce que je savais qu'elle m'avait aimé et parce que je sentais qu'elle ne m'avait donné aucune raison de lui en vouloir [...] »

Scène inoubliable, évidemment, scène sidérante – et dont le lecteur sort brutalement par un nouveau saut narratif – le troisième : la nuit suivante, un incendie! Le narrateur et son épouse réussissent à s'échapper ; la maison est la proie des flammes. Et le narrateur de préciser, comme un rappel : « Je n'aurai pas la faiblesse de chercher à établir un lien de cause à effet entre le désastre et l'atrocité [entendons, entre l'incendie et la pendaison du chat]. Mais je détaille une chaîne de faits. » Nouvelle invitation, vous le sentez bien, à lire entre les lignes. Mais nous en sommes à notre première lecture.

Le lendemain, prodige : de la maison, une cloison intérieure est restée debout et... sur son plâtre frais, apparaît aux regards des curieux la silhouette en bas-relief d'un gigantesque *chat*, la corde autour du cou ! Cette fois, nous voici plongés dans l'imaginaire pur — ou dans le fantastique — fantastique expliqué quand le narrateur se lance dans une rationalisation extrêmement contournée — voire totalement invraisemblable, et dont je vous fais grâce ! Fantastique *mal* expliqué !

Le narrateur, lui, reste prisonnier de «l'image obsédante» du chat – «*the phantasm of the cat*», «le phantasme» au sens daté d'image obsédante, d'hallucination. Et bientôt il voit ce chat se *réincarner* en un second chat, identique au premier, exception faite d'une tache blanche qu'il a sur la poitrine. C'est le quatrième et dernier saut narratif : ce chat-démon va nous mener jusqu'au dénouement. Il sera dans la scène finale – oh combien !

Le narrateur permet donc à ce «clone» sorti de nulle part de l'accompagner à la maison (tiens, il a à nouveau une maison...) et l'animal devient vite le favori de son épouse. À partir de là s'installe un crescendo infernal. La tendresse de l'animal à son égard, le narrateur la trouve irritante, et même répugnante. Et inversement : «Avec mon aversion pour ce chat, cependant, paraissait croître son amour pour moi.» On entre ici dans *un engrenage des contraires* qui ne va plus nous lâcher.

Si le narrateur ne tue pas ce chat, c'est qu'il en est terrorisé ! – terrorisé par l'assiduité ambiguë de l'animal et par le fait que la tache blanche prend de plus en plus la forme d'une *potence* ! (Comme si le chat annonçait au narrateur sa pendaison à venir...)

Un jour — avant-dernier acte — alors que le narrateur descend à la cave, accompagné de son épouse, le chat se met dans ses jambes. Rendu furieux, il lève sur l'animal la hache qu'il tenait à la main, mais (comme il l'écrit) «le coup fut arrêté par la main de mon épouse.» Alors, pris contre elle d'une rage démoniaque, il «lui plonge la hache dans le cerveau » — «*I buried the axe in her brain*»! «Je lui plongeai la hache dans le cerveau!» Aussitôt calmé, il envisage diverses façons de se débarrasser du corps et choisit l'emmurement. Il y a dans la cave une fausse cheminée (c'est la fondation de la cheminée qui traverse les étages) et justement le plâtre qui recouvre les briques est resté frais (tiens! encore un endroit où le plâtre est frais!) Donc pas de problème. Sitôt dit, sitôt fait! Le narrateur est parfaitement content de soi! Il porte autour de lui «un regard de triomphe» et se dit, plutôt bizarrement : «Ici, du moins, mon travail n'a pas été vain.»

«*Ici, du moins, mon travail n'a pas été vain*» : le lecteur est perplexe.

Et puis, où est le chat? Le narrateur veut s'en débarrasser. L'animal reste introuvable. Il ne reparaît pas de la nuit. Quel soulagement! Pour la première fois depuis longtemps, l'homme dort paisiblement! Deux-trois jours passent. Les investigations des autorités ont été faciles à déjouer : le narrateur respire!

Le quatrième jour, nouvelle perquisition, «très inattendue», commente le narrateur. C'est le dernier acte. Avec un changement de régime narratif : jusqu'ici le seul témoin était l'épouse, maintenant assassinée. Désormais, il y a la police. Le narrateur nous avait bien dit qu'il s'en tiendrait, sans la comprendre, à la réalité des faits. Mais maintenant, il y est contraint. Il y a des témoins.

Et moi, je suis contraint d'avouer que je dois beaucoup à une collègue américaine, Susan Amper, qui a franchement lu «*The Black Cat*» comme un conte policier, avec le lecteur dans le rôle du détective. Sa conclusion est que *le narrateur nous ment*![19] Je vais

---

19    Susan Amper, « Untold Story : The Lying Narrator in 'The Black Cat'," *Studies in Short Fiction*, 29/4 (Fall 1992), p. 475-485.

continuer à m'inspirer de ce travail et pousser le raisonnement plus loin, je veux dire, jusqu'à Poe lui-même, jusqu'à l'écrivain.

Mais d'abord, maintenant que le narrateur est fiable, poussons jusqu'au *protagoniste* qu'il a été. Car avant de narrer son histoire, il l'a vécue. Comment l'a-t-il vécue ? Dans ce dernier acte, raconté fidèlement, nous pouvons le savoir.

Donc, nouvelle perquisition. On descend, bien sûr, à la cave. Rien à signaler, les agents de police sont prêts à remonter. Crime parfait ! — et *c'est alors que le protagoniste triomphant... est submergé par la conscience de sa puissance* : « La jubilation que j'avais au cœur était trop forte pour être réprimée. Je brûlais de prononcer ne serait-ce qu'un mot en guise de triomphe. »

L'homme se lance donc dans l'éloge de la qualité des murs, puis, comme il tient une canne à la main, il en donne de grands coups dans le briquetage achevé trois jours plus tôt. Que la canne soit ici un instrument phallique, cela est rendu évident par le tour que prend la phrase : « dans la pure ivresse de la bravade, je donnai, d'une canne que je tenais à la main, des coups lourds sur cette partie précise du briquetage derrière laquelle se tenait le cadavre de l'épouse de mon cœur. »

« L'épouse de mon cœur » ! c'est bien la première fois que l'épouse a droit à une telle distinction ! Le diagnostic, ici, est clair : le lecteur sait qu'il assiste au *triomphe* d'un *impuissant.* Triomphe éphémère, bientôt suivi de la défaite définitive — triomphe *suicidaire*, en fait, mais qui place le protagoniste au cœur du drame de la puissance et de l'impuissance. Dans cette scène décisive, il ruine l'instant de son triomphe en voulant le porter à un excès de jouissance !

La « chute » est spectaculaire. Aux coups de canne, répond « une voix de dedans la tombe » — « *a voice from within the tomb* » — c'est le cri du chat - « mi d'horreur,

mi de triomphe » - première culmination du conte. Pour le protagoniste, la voix est délatrice : il défaille. La police abat le mur de briques. Apparaît le corps, « en état de décomposition avancée » et, assis sur sa tête, le chat, « gueule rouge grande ouverte et œil unique en feu ! »
Je reviendrai sur ces deux manifestations où je vois deux emblèmes de l'art de Poe. Le narrateur, lui, conclut par une explication qui semble superflue : « J'avais muré le monstre dedans la tombe ! »
Fin de notre première lecture...

La cheminée (source, le conférencier)

*

... Mais elle repart en boomerang.
Le narrateur vient de nous dire que le cadavre était apparu, aux yeux des « spectateurs », donc des témoins, « en état de décomposition avancée ». Or, selon lui, cette ultime perquisition avait eu lieu « le troisième jour après l'assassinat ». La contradiction est flagrante — et c'est sur elle que pivote la lecture de Susan Amper : il faut bien que le meurtre ait eu lieu beaucoup plus

tôt ! Le narrateur a donc truqué les faits. Et la raison saute aux yeux : s'il reconnaît volontiers le meurtre, et même *l'horreur* du meurtre, il n'en reconnaît pas la *responsabilité*. Il dit avoir agi sous l'emprise de forces démoniaques : celles de l'alcool, celles du chat infernal (plus celles de l'esprit de *PERVERSENESS*, qui a un statut à part). Il adapte donc le scénario.

Mais inversement, nous le comprenons maintenant, ce rôle passif qu'il se donne blesse son orgueil d'impuissant. De même que, comme protagoniste, il n'a pas résisté à la jouissance de frôler les aveux (par ses coups de canne), de même, comme narrateur, il n'a pas résisté à la tentation de semer les indices de sa pleine responsabilité. Ce meurtre, en effet, est le seul gage de sa puissance. Il en revendique donc secrètement la pleine conscience, et, pris dans cette double contrainte, il parle contre lui-même.

D'où ces notations qui paraissent bizarres à première lecture (elles sont plus nombreuses que je ne l'ai laissé paraître dans mon exposé).

D'où aussi son appel au lecteur, dès le premier paragraphe : le narrateur ment pour masquer sa responsabilité, mais il brûle d'être démasqué.

Il faudrait ici faire le récit récapitulatif des faits tels qu'ils paraissent, maintenant, s'être déroulés. Je m'en tiendrai à quelques points saillants, sans les justifier :

1. Quand le narrateur dit qu'il a pendu Pluton, le chat noir, c'est en fait son épouse qu'il a pendue — ou peut-être étranglée avec une corde.
2. L'image en bas-relief apparue sur une cloison de sa maison à la suite de l'incendie n'est celle d'un chat « gigantesque » que parce que ce n'est pas celle d'un chat. Elle a été formée par le corps de son épouse qu'il avait noyé dans le plâtre et que le feu, en travaillant le plâtre, a rendu visible !

3. Quant à cet incendie, l'homme, peu satisfait de cet « emplâtrement », peut l'avoir allumé lui-même pour détruire toute trace du meurtre.

4. Et puis, plus profondément, ce demi-emmurement, suivi de ce feu qui l'exhibe au lieu de l'engloutir, peuvent être compris comme deux actes manqués. Ils révèlent autant qu'ils cachent. Et c'est là ce que l'homme souhaitait inconsciemment. Nous le connaissons bien maintenant, ce psychisme divisé contre lui-même.

5. Le chat, lui, bien que borgne, est toujours vivant — et il n'a donc pas à se réincarner. C'est lui qui, dans cette longue et prodigieuse séquence, joue le rôle de l'épouse en recherche d'intimité physique avec son époux.

Peut-être certains d'entre vous s'amuseront-ils à lire, ou relire, « Le Chat noir » (et peut-être « *The Black Cat* ») pour y découvrir cet autre Edgar Allan Poe, intelligence lucide qui exploite fantasmes et genres populaires pour construire une structure psychique qu'il nous faut ici continuer à explorer.

Tendresse pour les animaux domestiques « *From my infancy* », c'est-à-dire depuis l'âge d'un ou deux ans, avant l'accession à la parole, ce qui ouvre le champ de la psychanalyse.

Puis mariage précoce, et le narrateur commence à occulter la relation conjugale derrière la relation au chat.

Puis alcoolisme, qui ne peut être dû qu'à l'échec du couple : d'ailleurs l'homme devient un mari violent. Il nous le dit, sans précisions. Il met en scène avec éclat, par contre, l'énucléation du chat. Il s'y propulse dans une dramaturgie de toute-puissance (« j'empoignai la pauvre bête à la gorge »). Il domine le chat comme un tyran de mélodrame.

Puis il étrangle son épouse. La conclusion logique s'impose : Ce rêve de toute-puissance, aux effets violents, compense une faiblesse inavouable : une impuissance affective, et sans doute sexuelle.

Après le meurtre de l'épouse, dont il faut croire que l'homme n'est pas, ou peu, soupçonné,[20] le chat, privé de sa maîtresse, est pris pour son maître d'une tendresse nouvelle. Il se trouve ainsi *relayer* l'épouse aimante — et l'homme commence à le haïr. Mais sans comprendre : « C'était exactement le contraire de ce à quoi je m'attendais ; mais — sans que je ne sache ni comment ni pourquoi — son évidente tendresse à mon égard était plutôt écœurante et irritante. » Le drame du couple va maintenant pouvoir se rejouer a posteriori, sans tabou : « Avec mon aversion pour ce chat, cependant, paraissait croître son amour pour moi. » La logique des contraires devient patente. Et le chat de bondir sur ses genoux, « le couvrant de ses caresses répugnantes ». Et de se mettre dans ses jambes, de se hisser jusqu'à sa poitrine. L'homme est maintenant saisi par « l'épouvante », et il commente : « Cette épouvante n'était pas exactement liée à une menace physique — et pourtant je serais bien en peine de la définir autrement. » À nous lecteurs d'être plus perspicaces. C'est bien, de fait, une violence physique que rejoue le chat — la violence physique du désir sexuel.

La suprême image est celle de l'incube nocturne qui fait de l'homme une figure féminine accablée par le petit gnome appelé « cauche-mar » : « je sortais en

---

20     « Quelques questions hâtives avaient été posées, mais elles avaient reçu leur réponse toute prête. Une fouille, même, avait été entreprise – mais rien, bien sûr, ne devait être découvert » : ces lignes, insérées dans le cadre du supposé assassinat final, pourraient s'appliquer à une enquête sur la disparition de la femme après l'incendie (p. 261).

sursaut de rêves pétris d'indicibles frayeurs, » écrit le narrateur, «pour découvrir le souffle chaud de la *chose* sur mon visage et son poids immense — Cauche-mar incarné que je n'avais point le pouvoir de renverser — éternellement posé sur mon cœur ! »

Ainsi, le coup de hache aura été la répétition (manquée) sur le chat — et pour la même raison — de l'étranglement (réussi) de l'épouse. Il y a quelque logique à ce que le coup tombe à nouveau sur elle, ou plutôt, alors, sur le cadavre que l'homme transporte dans sa nouvelle cave. Il va y procéder à un vrai emmurement — et pourra dire : «Ici, du moins, mon travail n'a pas été vain. »

Mais de même que le narrateur révèle par cette phrase, et d'autres, qu'il a tué son épouse bien plus tôt et en pleine conscience, de même ce nouveau et beau travail de maçon va être rendu «vain» par ses coups de canne. Narrateur et protagoniste sont le même homme pris dans les engrenages de la puissance et de l'impuissance —  jusqu'à la contradiction de soi (*perverseness*).

Marie Bonaparte (source, le conférencier)

*

Nous voici au milieu de notre enquête. Il est temps de nous demander si derrière ce personnage se profile l'homme Edgar Poe, ou, à l'américaine, *Edgar Allan Poe*. Pas l'écrivain tout de suite, juste l'homme, si c'est possible. Ce n'est pas la pente naturelle de ma recherche, mais si je veux arriver jusqu'à Freud, je vais devoir passer par Marie Bonaparte et donc par la case « psy ».

S'il y a une thèse que je partage avec Marie Bonaparte, c'est celle de l'impuissance de Poe. Je dirai « impuissance affective » pour rester vague, car, bien sûr, nous n'avons aucun témoignage direct — seulement des indices fournis par les documents biographiques. Par les thèmes de l'œuvre aussi, mais à partir de quand un thème est-il une confession ?

Ce qui paraît évident, c'est que cette difficulté que l'on devine chez Poe à atteindre à l'amour adulte prenait sa source dans sa petite enfance (« *infancy* », toujours). Il n'a pas trois ans quand il voit dépérir, puis mourir de tuberculose, sa mère, déjà seule, mais jeune encore — et comédienne à succès. Héroïne tragique, géante à ses yeux. Ses avatars font de dramatiques apparitions dans les contes dits « conjugaux », bien avant « *The Black Cat* ».[21] Ils s'y substituent à la fiancée ou à l'épouse, fermant ainsi l'accès du narrateur-protagoniste à l'amour. À la fin du « Chat noir », nous allons la retrouver, la géante mythique.

Mais dans ce conte au cadre « domestique », c'est l'ensemble de la situation qui est exceptionnellement proche, à certains égards, de celle de l'auteur. Après tout, Poe était marié (sans enfants), le ménage avait un chat (et avait eu un chat noir dans le passé, un chat

---

21    Voir surtout « *Berenice* » (1835) et « *Ligeia* » (1838). « *The Black Cat* » est relativement tardif (1843).

noir dont l'intelligence avait inspiré à Poe un article, déjà[22]). Et puis, on sait que Poe maîtrisait mal son rapport à l'alcool. Enfin, si vous allez à Philadelphie et que vous visitez la maison où la famille Poe vivait alors, vous serez invité à descendre à la cave ! Et là, en vous retournant, vous la verrez, fidèle à la description du conte, la fausse cheminée qui sert de niche à la fulgurante apparition finale. J'en ai eu la chair de poule — puis, de retour à l'accueil, j'ai acheté la carte postale...

On comprend que Poe doive se distancier de son personnage par tous les moyens :

- par l'introduction du mensonge, qui permet de virer dans le fantastique ;
- par la pure et très consciente exagération dramatique (après tout, Poe ne fut jamais soupçonné de violences conjugales !)
- enfin et surtout, par le travail de structuration littéraire, par cette montée vers la coïncidence des contraires, coïncidence qui mobilise et fascine l'intelligence du lecteur. Chacun de nous peut y reconnaître son impuissance ontologique, entre vie et mort. C'est précisément cette conversion d'une impuissance névrotique individuelle en notre impuissance à tous et à chacun qui constitue le génie de Poe. Chose que Marie Bonaparte ne voit pas, alors même qu'elle fait du « Chat noir » un conte majeur.

Alors, Marie Bonaparte ! Il faut en dire un mot. Princesse Bonaparte par son père, immensément riche

---

22 « Instinct vs Reason – A Black Cat », *Collected Works of Edgar Allan Poe* (The Belknap Press of Harvard Univ. Press, 1978), vol. 2, p.477-480. L'article fut publié en 1840.

par sa mère, Princesse de Grèce par son mariage, admiratrice de Freud, elle le convainc de la prendre en analyse en 1928. Elle devient son disciple, puis elle fonde la *Société psychanalytique de Paris*.

En 1933, elle publie *Edgar Poe, étude psychanalytique*. C'est un pavé de 900 pages, toujours réédité, un monument dans son genre. Mais je n'ai pas pu me retrancher derrière la lecture qui y est proposée, tout simplement parce qu'elle présente des défauts majeurs.

D'abord, Marie Bonaparte pratique la psychanalyse appliquée — c'est-à-dire qu'elle part d'un corps de doctrine, la théorie psychanalytique classique, et qu'elle *l'applique* au texte de Poe. Nos réactions et interrogations de lecteurs passent au bulldozer d'un appareil conceptuel en lequel Marie Bonaparte voit une science constituée. C'est tout le travail de l'écrivain qui s'en trouve nié. Bonaparte confond sans état d'âme Edgar Poe avec son narrateur. Elle l'appelle d'ailleurs le plus souvent « le pauvre Eddy ». Il est couché, même pas sur le divan, mais sur le papier. Il est *l'analysé* !

Et puis, Marie Bonaparte a un esprit, non seulement rationaliste (je n'ai rien contre la raison), mais positiviste. Elle ne sent pas les *vertiges* de la raison. Et bien sûr, elle est incapable d'accueillir la coïncidence des contraires.

Ainsi du concept de *Perverseness*. Poe, par son narrateur, écrit : « c'était cette insondable soif qu'a l'âme [...] de faire violence à sa propre nature. » Je conçois que l'on résiste, que le concept paraisse impensable, ou tout simplement faux. Mais qu'on lui garde son irréductibilité ! Marie Bonaparte, elle, ne peut pas citer la phrase (dans la traduction de Baudelaire) sans en désamorcer la violence contradictorielle. Elle écrit :
« "C'est ce désir ardent, insondable de l'âme [...] de

violenter sa propre nature" (sous-entendu sa nature morale par sa nature instinctive) [...] »[23]
Vous voyez comment Bonaparte est amenée à distinguer dans l'âme deux niveaux, celui de l'instinct et celui de la morale, pour éviter le choc frontal. Cela lui permet de faire rentrer la phrase dans ses schémas, mais ce n'est plus la phrase de Poe. Marie Bonaparte connaît très bien le texte de Poe ; elle retourne parfois à l'original ; elle peut donc nous aider à le travailler — mais elle ne le respecte pas.

Sa relation à Freud a dû être compliquée. Elle dit dans une note qu'à l'occasion du « Chat noir » dont elle discutait avec lui, elle l'a conduit à parfaire sa lecture du mythe d'Œdipe.[24] Il est touchant d'imaginer Marie Bonaparte s'entretenant du « Chat noir » avec le maître. Mais la bibliothèque de Freud, celle du moins qui l'a suivi à Londres (où Marie Bonaparte avait encouragé et aidé l'homme âgé et menacé à s'exiler, en 1938) — cette bibliothèque ne contient pas d'œuvres de Poe. En fait, je n'ai pas connaissance de texte où Freud s'exprime sur Poe, qu'il devait peu connaître.

Par contre, il connaît bien son « amie et élève » et il a accepté d'introduire par un court avant-propos son étude sur Edgar Poe. C'est un petit texte consensuel, mais en son milieu, Freud a glissé une réserve qui dit bien la limite du genre : « De telles recherches ne prétendent pas expliquer le génie des créateurs. » Tout est dit !

*

Il nous reste donc à cerner le génie de Poe, et si Freud est de la partie, ce sera tant mieux ! Retour pour cela au premier paragraphe du conte, dont voici l'essentiel :

---

23    *Edgar Poe, étude psychanalytique* (Denoël et Steele, Paris, 1933), p. 577 (vol. 2). L'étude du « Chat noir » occupe les pages 570 à 600.
24    Note 1, page 587.

« Pour le récit on ne peut plus extravagant, et on ne peut plus familial pourtant, que je m'apprête à mettre en mots, je n'attends ni ne sollicite créance. [...] Mais demain je meurs et aujourd'hui je voudrais me soulager l'âme. Mon dessein immédiat est de placer devant le monde, sans détour, une suite de simples événements domestiques. [...] Je ne tenterai pas de les interpréter. Plus tard, qui sait ? Peut-être se trouvera-t-il [...] quelque intelligence plus sereine, plus logique et beaucoup moins impressionnable que la mienne pour ne distinguer, dans ces événements que je détaille avec effroi, qu'une toute ordinaire et très naturelle succession de causes et d'effets. »

Comme tout le texte, ce premier paragraphe est écrit par le narrateur de sa propre histoire — et nous savons maintenant qu'il ment. Il va truquer les événements pour noyer sa responsabilité. Mais nous avons compris que, divisé contre lui-même, il rêve d'être démasqué pour revêtir tout l'éclat de sa puissance – meurtrière, en l'occurrence. D'où l'appel à l'intelligence du lecteur, appel qui a mis cent cinquante ans à être entendu (comme le note, non sans fierté, Susan Amper en conclusion de son article) et qui fait du « Chat noir » (selon elle) « le meilleur récit policier d'Edgar Poe ». Je nuancerais, mais l'important est dans l'appel à l'intelligence détectrice du lecteur.

Quant à Poe, l'écrivain, l'artiste, il a *créé* ce narrateur poussé à dire sans dire, à faire une confession à double fond — consciente et plus ou moins inconsciente. Il lance donc d'entrée de jeu un défi au lecteur, l'invitant à exhumer le texte sous le texte. C'est qu'il a besoin, lui aussi, de la collaboration du lecteur... pour son propre triomphe, *littéraire* celui-là. Et aujourd'hui il est bien difficile de ne pas voir dans l'appel à une intelligence plus sereine et plus logique que celle du narrateur — aussi logique et subtile que celle de Poe soi-même, peut-être — une perche lancée... au fondateur de la psychanalyse !

Marie Bonaparte ne s'y trompe pas ; elle réagit au quart de tour ! Ou plutôt si, elle s'y trompe, mais à moitié seulement. Elle commente : « On dirait qu'Edgar Poe a pressenti ici l'avènement lointain de la psychanalyse, laquelle seule nous a mis enfin en mesure de réduire à une "succession" de causes et d'effets, issus justement de causes "domestiques", les terribles fantasmes hantant son âme et son art. »[25] Ce qui m'étonne, c'est que Bonaparte n'ait pas été plus précise. Poe fait appel, ou lance un défi, à une « intelligence » future. Il ne pressent pas l'avènement de la psychanalyse, mais la venue de Sigmund Freud ! Cela est si vrai que Poe a lancé son récit sous les auspices du « sauvage » (ou ici de « l'extravagant » - « *wild* » dans l'original) et du « familier », du « domestique » - « *homely* » dans l'original. Promesse d'un récit à la fois « *wild* » et « *homely* » — soit en allemand, et en écho : « *wild* » et « *heimlich* ». Marie Bonaparte peut-elle ne pas penser à l'essai de Freud intitulé « *Das Unheimliche* » alors qu'elle-même l'a traduit, sous le titre « L'Inquiétante Étrangeté », précisément l'année où elle publiait son étude sur Edgar Poe !

À nous d'ouvrir le dossier.[26] Ce qui a fasciné Freud (et l'a lancé dans cette étude), c'est le fait que l'adjectif « *heimlich* » ait dérivé du sens de « familier, domestique, et donc rassurant »... à celui de « secret, clandestin »... et de là à « inquiétant », qui se dit par

---

25    La phrase, maladroite, est citée telle quelle (*op. cit.*, p. 571).
26    Cette étude de Freud a maintenant été l'objet de plusieurs traductions en français. Je la citerai dans l'édition bilingue *Das Unheimliche und andere Texte/ L'inquiétante étrangeté et autres textes*, trad. Fernand Cambon 1985 à partir de celle de Bertrand Féron (Gallimard, Folio bilingue, 2001). Le double texte occupe les pages 25 à 139.

ailleurs «*un*heimlich». Autrement dit, «*heimlich*» a dérivé jusqu'à son contraire, révélant que la conscience humaine est à double fond !

Freud ouvre son étude sur des relevés lexicaux, dont celui-ci (p. 37) :

*Heimlich*, adjectif

    a) (sens vieilli) faisant partie de la maison, de la famille [on reconnaît le «*homely*» de Poe] ;

    b) (en parlant d'animaux) apprivoisé, qui s'attache intimement à l'homme ! Antonyme : *sauvage* ! [dans l'original : «*wild*» – on reconnaît le «*wild*» de Poe !]

Voici donc, dans les premières pages de l'étude de Freud, le couple antonymique «*heimlich/wild*» — soit en anglais «*homely/wild*» — couple dont Poe caractérise son récit dès la première ligne du conte : «*the most wild, yet most homely narrative*» : le récit le plus sauvage, le plus extravagant, et pourtant le plus domestique, le plus familier. Trouver le sauvage sous le domestique : Poe et Freud, même combat !

Et ce n'est pas tout !

Poe appelle de ses vœux «une intelligence [...] beaucoup moins impressionnable que la [sienne]» – et Freud semble lui répondre dès sa troisième page, quand il prévient qu'il n'est lui-même guère sujet à cette «inquiétante étrangeté». Il écrit : «Il y a longtemps que [l'auteur de cette étude] n'a rien vécu ni rencontré qui eut suscité en lui une impression d'inquiétante étrangeté ; il faut qu'il se mette préalablement en condition» (p. 31). Et pour se mettre en condition, Freud se plonge... dans la littérature ! En l'occurrence, dans «Le Marchand de Sable» d'Hoffmann — et il se laisse entraîner, l'intelligence aux aguets, vers ce sentiment — ce qui lui permet de creuser, chemin faisant, la question qui l'occupe alors, celle du refoulement. C'est parce que l'intime a un sous-sol mal éclairé où le sujet relègue ce qu'il ne veut pas voir au rez-de-chaussée que de familier et rassurant (« *heimlich* ») l'intime peut devenir secret, puis finir par donner le frisson — bref, être synonyme de son contraire, *unheimlich*, « inquiétant, sinistre ». Mais Freud ne se soucie pas ici de l'expérience infantile ni des possibles troubles psychiques d'Ernst Theodor Wilhem Hoffmann. Il est attentif au *texte* et à ses *effets* (« *Wirkungen* ») sur sa sensibilité de lecteur — *Wirkungen*, c'est-à-dire le *travail* du texte sur le lecteur. Ainsi, cette étude qui semble si bien répondre à l'appel de Poe, ce n'est pas une étude psychanalytique, mais un petit essai de critique littéraire. Freud dit : un essai d'« esthétique », en précisant qu'il faut bien voir, dans *l'esthétique*, l'étude de ce que l'homme *ressent* au contact d'une *œuvre d'art*. D'ailleurs, dans une remarquable coda, il insiste sur la différence de nature qui sépare les expériences de la vie réelle des expériences littéraires. Il montre en particulier qu'en littérature un même motif peut avoir des effets différents selon le point de vue choisi, et selon le genre. Freud savait aller au-delà de la psychanalyse !

L'essai sur l'inquiétante étrangeté date de 1919. La Première Guerre mondiale avait bouleversé les consciences. L'année suivante, Freud publie *Au-delà du Principe de plaisir*, titre qui pointe vers la « pulsion de mort », nouvelle dans sa pensée. Le livre est d'une lecture ardue. Mais Freud y revient cinq ans plus tard dans une présentation de sa vie de chercheur, qui, elle, est beaucoup plus abordable.[27]

---

27    Elle prendra le nom de *Selbstdarstellung*, titre qui sera diversement traduit en français. Je le citerai dans la traduction de Fernand Cambon, *Sigmund Freud présenté par lui-même* (Gallimard, « Folio », 1984). Citations

Il confie alors : « Dans les travaux de mes dernières années [...], j'ai laissé libre cours à une tendance longtemps réfrénée à la spéculation. » Et le voilà qui met dans le même camp toutes les fonctions libidinales dont il avait organisé le duel jusque là — le même camp, c'est-à-dire celui de l'Éros — et qu'il place en face la « pulsion de mort ou de destruction ». Il conçoit ce nouveau dualisme sur un plan extrêmement général, comme « une sorte d'élasticité du vivant ». Et il a cette phrase qui m'a sauté à la figure quand je l'ai lue pour la première fois. Elle ne m'a pas frappé comme une nouveauté, mais comme une nouvelle version d'une vieille vérité dont j'ai fait parfois l'expérience profonde et fugace et qui m'inspire toujours. Freud écrit : « C'est le travail convergent et antagoniste de l'Éros et de la pulsion de mort qui produit pour nous l'image de la vie. »

Je répète : « le travail convergent et antagoniste ». Soit dans l'original : « *Zusammen- und Gegeneinanderwirken* ». Dans la première version française de cet opuscule, celle de... Marie Bonaparte, on peut lire : « Du travail, de concert ou en opposition, de l'Éros et de l'Instinct de mort résultent l'image de la vie. »[28] Relisons : « de concert *ou* en opposition » — pourquoi « ou » ? L'original dit bien « *und* » et « *und* » signifie « et ». Mais on ne traduit jamais que ce que l'on peut concevoir et Marie Bonaparte, nous l'avons déjà vu, se montre incapable de concevoir le choc frontal et complice des contraires. Elle ne peut pas écrire : « de concert *et* en opposition ». Sauf erreur de ma part, il a fallu attendre 1984 pour que ce « *und* » soit traduit par « et » en français.[29]

<u>Chez Freud lui-même, d'ailleurs, cette phrase reste la</u>

suivantes, p. 96-97.

28     Sigmund Freud, « Ma vie et la psychanalyse », trad. M. Bonaparte 1928, dans *Ma Vie et la psychanalyse, suivi de Psychanalyse et Médicine* (Gallimard, « idées », 1950).

29     Par Fernand Cambon, dans *Sigmund Freud présenté par lui-même* (*op. cit.*).

fulgurance d'un instant. Mais en pleine conscience, puisqu'il écrit bien que ce travail paradoxal « produit pour nous *l'image* de la vie » — « *das Bild des Lebens* ». Puis-je ajouter : l'image de la vie, mort comprise ; l'image du mystère de la vie ? En tout cas, Freud l'a bien vu : cette lutte complice des contraires produit une image (*Bild*) — autant dire qu'elle ressortit à l'esthétique, ou, pour nous, à la critique littéraire. Elle me paraît extrêmement féconde, provocante. Freud, lui, semble un peu pris au dépourvu par l'éclosion de sa formule ; il ajoute : « La question de savoir si cette construction s'avérera utilisable est laissée ouverte [...] ; elle va bien au-delà de [la psychanalyse]. »[30]

Instant de grâce !

Freud ne va pas s'y maintenir. Tentant de pousser sa réflexion vers « la création littéraire et artistique en général », il pense n'avoir rien à dire de sa spécificité — le travail de l'artiste, la beauté formelle. Il ne voit pas que cette *beauté* et ce *travail* sont tous deux contenus dans sa fulgurante formule. En écrivant « convergent et antagoniste », Freud a un instant rejoint la longue tradition de l'impossible et nécessaire coïncidence des contraires qui, visée par l'artiste, lui permet de bander son arche au-dessus de la simple prose.

*

---

30    Citation plus complète : « Elle a été, il est vrai, induite par l'effort de fixer quelques-unes des représentations théoriques les plus importantes de la psychanalyse, mais elle va bien au-delà de celle-ci » (trad. Cambon, *op. cit.*, p. 97).

Il ne nous reste plus qu'à percevoir la signature de
l'écrivain, en fin de texte évidemment, dans le cri
du chat et dans l'apparition encadrée par la fausse
cheminée. Nous allons repartir de la dernière ligne du
conte, et remonter.

« J'avais muré le monstre dedans la tombe ! »
L'explication paraît un peu superflue — on avait
compris —, mais le vocable « monstre » (« *monster* »)
interpelle. Pour le narrateur, le « monstre », c'est
l'ennemi mortel qui l'envoie à la potence — mais au
sens strict, le « monstre », c'est l'être que l'on *montre*
dans les foires parce que son aspect blesse et attire le
regard. L'être que l'on montre en tant qu'il devrait
rester caché.

Ici, c'est le chat, sans doute. Mais sous la plume de
l'artiste, c'est cette apparition fabuleuse constituée
du cadavre en état de décomposition et du chat
horriblement vivant qui le couronne. Cette figure
monstrueuse invite à la monstration. Encadrée par la
fausse cheminée, elle est statue dans sa niche. Elle est
blason. Cadavre de la femme surmonté d'une boule
de vie fulminante, le chat ! Les deux forment une seule
figure dans son cadre. Relisons :

«Faisant corps, le mur tomba d'un bloc. Le cadavre, déjà largement décomposé, et maculé de sang séché, se tenait là, rigide, sous les yeux des spectateurs. Sur sa tête, la gueule rouge grande ouverte et l'œil unique en feu, était assise la bête abominable [...]» C'est une statue de chair. Mi-nécrosée, mi-révoltée. Mort portant la vie — et vie hurlant à la mort. Soudure vibrante d'Éros et de Thanatos!

Voilà donc, sur un mode outrancier et grotesque, un emblème de l'art — un emblème du grand art, en son cœur secret.

Remontons enfin jusqu'à la manifestation *auditive* de cet emblème : le cri du chat! C'est d'abord un «vagissement [...] discontinu, comme des sanglots d'enfant» (quelle invitation à entendre ici la voix la plus secrète de l'artiste!) Puis le cri s'enfle, mi-hurlement mi-gémissement — une stridence «mi d'horreur, mi de triomphe» — un cri dans lequel s'entend et la torture des damnés et l'exultation des démons qui les damnent!

Poe s'était voulu poète, mais il manquait de souffle. Il s'est donc tourné vers le conte — «le court récit en prose», forme dans laquelle il pouvait exploiter directement ses fantasmes et revisiter les traditions populaires —, mais toujours pour élaborer et faire travailler une configuration imaginaire qui est au cœur du poétique, et finalement de la littérature. C'est une configuration double, faite d'antagonismes solidaires. Elle est au-delà de la thérapie (comme le glissement de Freud au-delà du principe de plaisir le montre) et en-deçà du salut chrétien (comme Poe le sait[31] et comme

---

31    A propos de la pendaison (du chat ? ou de son épouse), le narrateur se situe très subtilement dans l'économie du salut chrétien : « – la pendis [la bête] *parce que* je savais que ce faisant je commettais un péché – un péché mortel qui mettrait en danger mon âme immortelle au point de la placer – si c'était là chose possible – même hors de la portée de l'infinie miséricorde du Dieu Très Miséricordieux et Très Redoutable. »

on pourrait le voir, par exemple, chez Pascal). L'art fait
face à la mort inévitable et l'enrôle comme contre-force
pour atteindre, en ses sommets, à sa vibrante mise en
coïncidence avec la vie.

Lisons le passage, ou plutôt la phrase (car il n'y a qu'une
seule phrase) in-extenso :

« A peine la réverbération de mes coups eut-elle sombré
dans le silence que me répondit une voix de dedans la
tombe ! - un vagissement sourd d'abord, entrecoupé,
comme des sanglots d'enfant, et puis rapidement cela
s'enfla en un long cri perçant, puissant et continu,
quelque chose de tout à fait aberrant et inhumain —
un hurlement - une stridence éplorée, éperdue, mi
d'horreur mi de triomphe, comme seule des gorges de
l'enfer elle eût pu monter, lancée conjointement par les
damnés sous la torture et les démons qui exultent au
spectacle de la damnation. »

Extraordinaire dramatisation d'un cri de chat, et cri
double de l'artiste qui fait penser aux paroles du poète :

« Je suis la plaie et le couteau !

Je suis le soufflet et la joue !

Je suis les membres et la roue,

Et la victime et le bourreau. »[32]

---

32     Charles Baudelaire, « L'héautontimorouménos.

# RETRADUIRE POE

## Thierry Gillyboeuf

*Cette conférence est sur notre chaîne youtube*

Entomologiste de formation, Thierry Gillybœuf est traducteur de l'anglais et de l'italien, et l'auteur de quelques essais littéraires. Grand amateur de la littérature américaine du XIXe siècle, il se fait le passeur d'auteurs comme Henry David Thoreau, Ralph Waldo Emerson, Nathaniel Hawthorne, Walt Whitman ou bien Herman Melville. Avec l'écrivain Christian Garcin, il a entrepris la traduction de toute l'œuvre fictionnelle en prose d'Edgar Allan Poe. Les deux premiers tomes de ses contes et histoires ont déja paru aux éditions Phébus ; le troisième paraîtra à l'automne prochain, et un quatrième tome ras — semblant les deux romans de Poe est prévu.

Pourquoi retraduire Poe ? Et surtout, comment envisager cette traduction après Baudelaire ? C'est l'un des enjeux qui ont présidé à cet audacieux chantier. Mais il ne s'agissait pas d'aller contre le grand poète français. Baudelaire fut un traducteur rigoureux, mais la langue a évolué en 170 ans, et le rapport à la traduction et au texte également. En outre, si toutes les nouvelles de Poe avaient été traduites, Baudelaire n'en a traduit que les deux tiers. Il y avait donc la volonté de proposer une traduction intégrale de Poe par un même traducteur, bicéphale et quadrumane en l'occurrence. Et en organisant les volumes de façon chronologique, cette nouvelle approche de l'écrivain américain permet de battre en brèche l'image d'Épinal qui l'entoure, et de faire ressortir des pans méconnus de sa personnalité, son sens de la parodie et du grotesque, sa très grande érudition, et son inscription dans son temps.

Derrière le titre de mon intervention, dont je ne me souviens plus si c'est moi qui l'ai choisi ou s'il s'agit d'une sorte de commun accord tacite avec les organisateurs de ce salon de la littérature fantastique qui met Edgar Allan Poe, l'un des plus grands maîtres du genre, à l'honneur – derrière ce titre, donc, je vois, sous-jacentes, deux questions : *pourquoi* retraduire Poe ? Et *comment* oser retraduire Poe après Baudelaire ?

Je vais répondre aux deux — je fais les questions et les réponses, comme un homme politique confirmé ! La question n'est pas pourquoi retraduire Poe, mais pourquoi retraduire ? Et reformulée ainsi, la réponse coule de source. Le poète américain Ezra Pound disait que chaque génération devrait retraduire ses classiques. C'est peut-être un peu excessif, si l'on considère qu'une génération humaine équivaut à environ 25-30 ans. Disons que, tous les 50-60 ans, il n'est pas inutile de retraduire. Parce que la langue est un organisme vivant, en perpétuelle évolution. On ne parle ou n'écrit évidemment pas aujourd'hui comme on parlait ou écrivait il y a 150 ans. Certains mots, certaines tournures, sont tombés en désuétude.

Je le déplore, mais c'est ainsi, c'est l'usage courant qui décide de la vie ou de la mort d'un vocable. La langue en forge aussi de nouveaux qui viennent en supplanter d'autres. Certains mots changent carrément de sens. Prenez l'adjectif *glauque*. Littré en donnait la définition suivante, il y a plus d'un siècle : *Qui est de couleur vert de mer*. Autrement dit, du temps de Baudelaire, le *glauque* était une jolie couleur, une sorte de vert blanchâtre ou bleuâtre. Mais en un demi-siècle, son sens a changé du tout au tout, sans doute parce que, dans l'esprit commun, on a fini par associer ce beau glauque à la couleur des eaux stagnantes. Et donc, si on prend le cas du *Capitaine Fracasse* de Théophile Gautier, en 1863, exact contemporain de Baudelaire donc, on trouve ceci : *Une robe de vert glauque, de cette nuance que les blondes les plus sûres de leur teint peuvent seules affronter.* Soixante ans plus tard, en 1925, dans *Raboliot* de Maurice Genevoix, on est déjà passé à autre chose : *Quand on était dans la maison, la lumière était* [...] *immobile et stagnante, d'un glauque aussi glacial et morne que celui d'un abîme marin.* Qui sait aujourd'hui qu'une lisière désignait, toujours selon Littré, des *cordons attachés à la robe d'un enfant pour le soutenir quand il marche.* Un dernier exemple encore, avec un mot encore plus courant, *crépuscule*. Du temps de Baudelaire, cela désignait la lumière qui précède le lever du soleil, et non celle qui reste après son coucher. Donc, si en lisant Poe dans la traduction de Baudelaire, on lit que l'action se passe au crépuscule, on pense être entre chien et loup, alors qu'on est à potron-minet. Enfin, la dernière raison pour laquelle il faut retraduire régulièrement, outre le fait qu'il n'existe pas de traduction parfaite, puisque comme l'a dit Georges Mounin, dans son essai sur la traduction : *Tous les arguments contre la traduction se résument en un seul : elle n'est pas l'original* – la dernière raison, c'est que le rapport à l'acte même de traduire, au texte, n'a cessé de changer, et il n'y a plus rien de commun entre la façon que l'on avait de traduire il y a 150 ans et aujourd'hui. Depuis quelques décennies, il y a une réflexion nourrie sur la traduction, dont Umberto Eco donne sans doute la meilleure définition : *dire* presque *la même chose*.

Cela constitue-t-il des arguments suffisants pour convaincre qu'une nouvelle traduction de Poe était nécessaire ? Le fait même de se poser cette question met le doigt sur le cas unique de Poe en France. Il ne viendrait à l'idée de personne de contester de la nécessité ou non d'une nouvelle traduction de la *Divine Comédie* ou de *Don Quichotte*. Ni de *Tom Sawyer*, de *Moby Dick* ou de cet autre maître du fantastique et grand admirateur de Poe, Lovecraft, comme l'a fait François Bon il y a quelques années. Et même des auteurs plus récents, comme Virginia Woolf, Francis Scott Fitzgerald ou George Orwell, on les retraduit. Alors pourquoi pas Poe ?

C'est exactement la question que nous nous sommes posée, avec Christian Garcin, quand nous avons fait le constat que tous les classiques avaient été retraduits au moins une fois si ce n'est plusieurs, sauf Poe. Et cela tient au fait que son traducteur, même s'il ne fut pas le premier, même s'il ne fut pas le seul, est Charles Baudelaire. Et personne n'osait s'attaquer à cette statue du Commandeur. Cela paraîtrait présomptueux de passer après l'auteur des *Fleurs du Mal*. Mais nous avons osé, sans nous dire que nous ferions mieux que lui, mais que nous ferions différemment.

Car on a affaire ici à un cas quasi-unique en littérature où il est impossible de parler de Poe, en France, sans immédiatement évoquer Baudelaire. Ils sont à ce point indissociables qu'on a été tenté de croire, parfois, que l'écrivain américain était une invention du poète français. Et l'on ne s'étonne même pas que *les récits de Poe traduits par Baudelaire f* [asse] *nt partie du patrimoine littéraire français*. D'ailleurs, certaines éditions des Œuvres complètes du second incluent les traductions qu'il a faites des histoires fantastiques ou grotesques du premier. Et même dans la prestigieuse collection de la Pléiade, le seul volume dédié à Poe, publié en 1951, ne reprend que les traductions baudelairiennes canoniques, ce que le préfacier Yves-Gérard Le Dantec justifie ainsi : *Bien que ce volume ne fasse pas partie des Œuvres de Baudelaire dans la Bibliothèque de la Pléiade, c'est encore un texte baudelairien que nous donnons ici, en publiant une édition des œuvres d'Edgar Allan Poe*. En France, nous avons un peu la manie de nous approprier quelques grands auteurs étrangers… Tout cela vient accréditer l'idée solidement arrimée d'un Edgar Allan Poe sublimé en français par sa baudelairisation.

Quand nous avons entrepris ce travail, qui nous a occupés peut-être quatre années — le premier volume ayant paru il y a un an, le deuxième au printemps, et le troisième sortant cet automne; nous comptons enchaîner en proposant un quatrième volume regroupant les deux romans de Poe, *Les Aventures d'Arthur Gordon Pym*, et un curieux western inachevé, *Julius Rotman* — nous avions sans doute en tête l'idée d'une nécessaire débaudelairisation, pour restituer Poe tel qu'en lui-même. Mais nous sommes allés de surprise en surprise.

Comme tout le monde, nous avions lu Poe à l'adolescence, dans la traduction de Baudelaire. Je pense que c'est le cas de pratiquement chacun d'entre nous. Au passage, pour être tout à fait honnête, je dois vous dire que, pas plus pour Christian que pour moi, Poe ne comptait parmi nos auteurs de chevet. Certes, nos lectures juvéniles (quelques nouvelles, au mieux un recueil entier) nous avaient laissé un souvenir marqué, en particulier des nouvelles comme « Le Chat noir », « Le scarabée d'or » ou « La fosse et le pendule ». Mais pendant plus de trente ans, nous n'y étions pratiquement jamais revenus. Il y a deux ans et demi, alors que nous avions attaqué un peu auparavant ce vaste chantier de traduction, nous avons entrepris ensemble, Christian et moi, une sorte de *road-trip* littéraire pendant deux semaines sur la Côte Est des États-Unis. Nous sommes ainsi allés sur les traces d'un certain nombre d'auteurs qui nous sont chers : Melville, Thoreau, Hawthorne, Lovecraft, Emily Dickinson, E.E. Cummings, Jack Kerouac. Et Edgar Alan Poe. Nous sommes même allés, pour ce dernier, dans quatre endroits qui portent la marque de sa présence. Comme s'il fallait que nous nous imprégnassions. Nous sommes d'abord allés à Baltimore, sur sa tombe.

La Tombe (Dreamstime ©)

Un monument en quadrilatère, comme le socle d'une statue, mais sans statue, avec un portrait de l'écrivain en médaillon, et une erreur d'un jour sur sa date de naissance. Mais ce n'est pas la tombe où il avait été enterré initialement. Mort de façon mystérieuse et anonyme, il fut enterré à un endroit sans qu'aucune stèle ni pierre tombale ne précise son nom. Noyée dans les herbes sauvages, menaçant de disparaître, la tombe fut déplacée à son emplacement actuel une trentaine d'années plus tard, mais à l'emplacement d'origine figure une stèle ornée d'un Corbeau sculpté et de la mention *Never More*. Puis, nous sommes allés visiter le petit cottage de Fordham, en bardeaux blancs au milieu d'un grand carrefour du Bronx, où l'on s'attend à tout instant à voir débouler à toutes berzingues la Ford Gran Torino rouge zébrée de blanc de Starsky et Hutch. Bon, là encore, le *cottage* a été déplacé de son lieu d'origine. Quand Poe s'y est installé avec sa jeune épouse, Virginia, sa cousine de treize ans sa cadette qu'il avait épousée à treize ans, et sa belle-mère (qui était donc sa tante), en 1846, le Bronx, c'était encore la campagne, et le choix s'était porté précisément sur cet endroit en raison de la consomption de Virginia. Mais celle-ci devait mourir dans la petite chambre au rez-de-chaussée de ce *cottage*, à peine assez grande pour y contenir son lit, qui y est encore conservé ainsi que le rare mobilier du ménage. Un jeune homme, casquette à l'envers et tenue du Bronx, nous en fit une visite guidée passionnante et passionnée. Plus anecdotiquement, le soir-même, nous sommes allés au restaurant Il Buco, qui semble avoir été une taverne du temps de Poe. C'est dans la cave de cet établissement, sombre, éclairée par des lustres, avec des tonneaux et des bouteilles alignés le long des murs de briques, une grande table de bois (on se croirait dans *Games of Thrones*) où l'on peut dîner, que Poe aurait trouvé l'inspiration et écrit cette terrible nouvelle d'emmurement, « Le tonneau d'Amontillado ». Une plaque de bronze vient l'attester, ce qui permet au restaurant aujourd'hui de proposer aux afficionados de Poe en pèlerinage une assiette d'une demi-douzaine de raviolis façon nouvelle cuisine à des prix prohibitifs. Enfin, nous sommes allés à l'Athenæum de Providence, non loin de là où est né et a vécu Lovecraft. D'ailleurs, dans cette magnifique bibliothèque publique, règne un buste de l'auteur anguleux de *Ctuhlhu*, qui venait là, régulièrement, lire les journaux dans un confortable fauteuil au sous-sol, où Poe lui-même venait s'installer soixante-dix ou quatre-vingts ans plus tôt, quand il faisait la cour à Sarah Helen Whitman.

Comme je l'ai dit, ce premier contact avec l'univers de Poe s'est fait par le truchement de Baudelaire. Et nous avions été biberonnés à cette idée reçue selon laquelle Baudelaire avait «amélioré» le style de Poe, avait rehaussé sa langue qui serait plate ou pauvre. Des critiques et des lecteurs aussi fins et brillants que le Belge Simon Leys, pourtant parfaitement bilingue, souscrivait encore à ce poncif il y a vingt ans. Or, force nous a été de constater que Baudelaire a été un traducteur extrêmement rigoureux, méticuleux, et fidèle au texte de Poe. Il n'y a pas eu de baudelairisation de la langue de l'écrivain américain, qui était classique et précise, celle d'un authentique styliste. Il faut savoir que l'on considère, aujourd'hui encore, certains passages de ses nouvelles comme des sommets de la prose américaine ; citons le cas du début de «La chute de la Maison Usher», dont un critique américain a pu dire qu'il était *inégalé dans la prose anglaise ancienne ou moderne*. Et son contemporain et compatriote Walt Whitman, né dix ans après Poe, le véritable père de la poésie américaine, l'auteur de *Feuilles d'herbe*, disait de son aîné qu'il était l'un des *feux électriques de la littérature américaine*. Première de nos surprises : Baudelaire n'a donc pas «sur-baudelairisé» Poe. Il ne l'a pas noyé de son ombre, empêchant ainsi le lecteur français de se faire une idée de ce qu'est réellement la teneur de sa prose, celle-ci ayant été phagocytée, triturée, métamorphosée par la langue baudelairienne. Rien de plus faux. Baudelaire ne s'est pas le moins du monde éloigné du texte de Poe : il fut au contraire un traducteur extrêmement fidèle, scrupuleux, beaucoup plus que les autres traducteurs qui se sont chargés, après lui, des nouvelles qu'il n'avait pas traduites. Il colle de très près au texte de Poe, et si sa traduction est belle, c'est parce qu'il s'agit d'une belle langue anglaise traduite par un grand poète français, et non parce que celui-ci se serait éloigné de l'original pour proposer une œuvre marquée presque exclusivement de son sceau. Au demeurant, la traduction de Baudelaire, aussi remarquable soit-elle, n'est pas exempte d'erreurs, de contresens, d'obscurités et de lourdeurs absentes de l'original. Parfois ce sont de simples détails : dans «Manuscrit trouvé dans une bouteille», le vent *fraîchit* au lieu d'*augmenter*; dans «Morella», des yeux sont *limpides* au lieu d'être *vitreux*; dans «Parmi les lions», le sixième *ciel* devient le sixième *siècle*; dans «Ombre», les gens sont *heureux* au lieu d'être *nerveux*, et *cruellement* éveillés au lieu de l'être *parfaitement*; dans «Ligeia», une *obstination* devient *perversité*, et un corps, au lieu de *solide*, est qualifié d'*audacieux*, etc. D'autres fois, ce sont des contresens dus à de faux amis : une traduction mot à mot de «*I feel for you*», par exemple, qui, au lieu de «je compatis», devient «je sens pour toi», ce qui ne veut pas dire grand-chose, il faut bien l'admettre; une intervention *empressée* («*officious*») devient *officieuse*; le *comportement* («*habits*») de William Wilson devient son *costume*, etc. D'autres fois encore, ce sont d'assez obscures formulations : ici, des *demi-congés périodiques* au lieu de *demi-journées de repos*; là, un *petit médecin* qualifié d'*homme médical*; ailleurs, le soleil est qualifié de *seigneur médiatisé*, une joyeuse excitation devient un *délice âcre*, le brouhaha une *commotion*, et un interlocuteur un *interrupteur*... Il serait fastidieux et vain de dresser l'inventaire-réquisitoire des erreurs, voire des lourdeurs de la traduction de Baudelaire, dues pour l'essentiel — du moins pour ces dernières — à un état de la langue qui a évolué depuis 1860. C'est peu dire que toute traduction est sujette à révisions, et celle de Baudelaire, toute canonique qu'elle ait été considérée jusqu'à aujourd'hui, n'échappe pas à la règle.

L'histoire de l'arrivée de Poe en France semble emprunter à ce sens du grotesque et de la mystification qui caractérise certaines de ses nouvelles. Les premiers récits de Poe parus en français ne sont pas des traductions à proprement parler, mais des «adaptations», qui constituent un genre littéraire à part, dont on ne prend même pas la peine de préciser la source et l'auteur auquel ont été faits ces emprunts. C'est ainsi que paraît en deux livraisons, les 3 et 4 décembre 1844, donc du vivant de Poe (qui est mort le 7 octobre 1849, pour mémoire), dans un journal royaliste fondé au lendemain de la Révolution française, *La Quotidienne*, une libre adaptation ou «*loose translation*» de «William Wilson» (1839), intitulée «James Dixon, ou la funeste ressemblance». Dans le même organe, les 11, 12 et 13 juin, paraît le premier véritable récit policier français, «Un meurtre sans exemple dans les fastes de la Justice, histoire trouvée dans les papiers d'un Américain», qui n'est rien de moins qu'un «démarquage» et une «version passablement défigurée» des «Meurtres de la rue Morgue» (1843) de Poe, que d'aucuns considèrent comme «le premier récit policier de l'histoire de la littérature». Pour des raisons qui échappent à toute logique, la rue Morgue devient la rue de l'Ouest, Dupin s'appelle H. Bernier et n'habite plus boulevard Saint-

Germain mais rue de Clichy. Et tous les développements discursifs qui ne servent pas directement l'intrigue sont supprimés — les dix premières pages sont ainsi caviardées — pour renforcer le caractère macabre de cette histoire dont l'horreur ainsi rehaussée est censée répondre aux goûts du jour. Aucun nom d'auteur ne les signe, à l'exception de deux initiales, G.B., qui ne sont évidemment pas celles de Poe, pas une seule fois mentionné, mais celles de Gustave Brunet (1805-1896), polygraphe auteur d'ouvrages de bibliophilie plus ou moins fantaisistes, d'études sur les langues vernaculaires du Sud-Ouest et d'essais religieux allant des *Curiosités théologiques* au *Dictionnaire des apocryphes*. Sous le pseudonyme de Philomneste Junior, il est surtout l'auteur d'un essai bibliographique sur la littérature excentrique qui a fait date, les *Fous littéraires* (1880). Entre ces deux « adaptations » de Brunet, va paraître « Une Lettre volée » (1844) dans *Le Magasin pittoresque* d'août 1845, brochure illustrée façon *Penny Magazine*, dont la traduction n'est pas signée et dans laquelle le nom de Poe ne figure toujours pas. Une fois encore, bien que l'action se déroule à Paris dans la version originale, les noms sont changés sans que l'intrigue y gagne : Dupin est cette fois rebaptisé Armand Verdier et habite désormais rue Saint-Honoré.

C'est trois mois plus tard, le nom de Poe apparaît pour la première fois en France. En effet, *La Revue britannique* propose dans son numéro de novembre 1845 « Le Scarabée d'or », précédé de cette notice : « *Les Contes de M. E. Poe, Américain, dont nous avons voulu donner une idée aux lecteurs de la* Revue Britannique *ont été imprimés en un volume après avoir paru successivement dans un* Magazine *des* États-Unis ». C'est la première occurrence du nom de Poe chez nous. Cette véritable première traduction de Poe en français passe plus ou moins inaperçue, sauf pour l'un des collaborateurs de la *Revue Britannique*, un certain Paul-Émile Daurand-Forgues (1813-1883), ancien avocat qui a renoncé au barreau et grand ami de Stendhal. Parfaitement bilingue, signant des initiales O. N. pour «Old Nick», l'un des sobriquets du diable chrétien dans les fables médiévales, c'est un ardent défenseur de la littérature anglo-américaine. Dans le numéro de septembre 1846, il donne «Une Descente au Maelström», traduction signée O.N. et précédée de cette note du rédacteur : «*Cet article est de M. Edgar Poe, auteur américain dont nous avons publié le* Scarabée d'or». Le mois suivant, dans *Le Commerce*, O.N. propose «Une sanglante énigme», nouvelle adaptation de «Meurtres de la rue Morgue», ramenée à sa portion congrue, puisqu'elle ne fait que quatre pages, qu'il est juste précisé que l'histoire appartient à un «feuilletoniste américain» et que l'action est cette fois transplantée à Baltimore… où Poe mourra trois ans plus tard, presque jour pour jour. Cela pourrait n'être qu'un épisode supplémentaire dans la réception masquée de Poe en France, n'était le fait que c'est par cette énième «*loose translation*» que le scandale arrive – mais un scandale propice puisqu'il permettra de faire connaître enfin le nom de l'écrivain américain en France et d'attirer l'attention sur lui de ses deux premiers véritables passeurs, Isabelle Meunier et, par elle, Charles Baudelaire. Comme l'écrira Remy de Gourmont, «*il y a presque toujours au début des grandes renommées littéraires, même les mieux justifiées, un scandale, un procès, un bruit extérieur à l'œuvre*».

Le 14 octobre, deux jours après la parution d'«Une sanglante énigme», *La Presse*, qui avait un compte à régler avec Daurand-Forgues, crie au plagiat, en soulignant que la nouvelle parue dans *Le Commerce* est «à quelques mots près, entièrement prise et textuellement copiée» du feuilleton paru dans *La Quotidienne* en juin - Old Nick, que Baudelaire taxait de « pirate » et d'« écumeur des lettres », ayant pris la précaution de modifier les noms des personnages et de transposer l'action de Paris à Baltimore. Daurand-Forgues rétorque aussitôt dans *Le National*, le 15 octobre, en démontrant que si plagiat il y a eu, il n'est pas de son fait, mais bel et bien de « G.B. » qui avait publié sa propre adaptation dans *La Quotidienne*, alors que lui n'a fait que puiser dans « *les* Contes *d'E. Poe, littérateur américain* » la matière de son propre conte. Le même jour, comme pour mieux enfoncer le clou et étayer sa défense, il publie un long essai dans la *Revue des Deux-Mondes*, intitulé « Études sur le Roman anglais et américain (les contes d'Edgar A. Poe) », qui constitue la première étude en français consacrée à Poe qu'il décrit comme un « *chercheur de problèmes à résoudre* ». Le différend ira jusqu'au procès.

Sans doute est-ce le bruit fait autour de cette affaire qui attira l'attention d'une jeune Anglaise de Brighton, mariée à un publiciste français. Le 27 janvier 1847, trois mois seulement après que la polémique avait éclaté, elle donne dans le journal fouriériste *La Démocratie pacifique*, « Le Chat noir », première de ses cinq traductions, qu'elle signe Isabelle Meunier, avant d'offrir quatre jours plus tard, la première traduction authentique et intégrale de la nouvelle par laquelle le scandale était arrivé, qu'elle intitule « L'Assassinat de la Rue Morgue ».

Or, c'est la lecture de cette première traduction par Isabelle Meunier qui va être déterminante pour Baudelaire, comme il l'avoue à Théophile Thoré, dans une lettre de 1864 : « *Savez-vous pourquoi j'ai si patiemment traduit Poe ? Parce qu'il me ressemblait. La première fois que j'ai ouvert un livre de lui, j'ai vu, avec épouvante et ravissement, non seulement des sujets rêvés par moi, mais des phrases, pensées par moi, et écrites par lui, vingt ans auparavant.* » La première traduction de Poe par Baudelaire, « Révélation magnétique », paraît le 15 juillet 1848 dans *La Liberté de Penser*. Suivront quarante-trois autres nouvelles et plusieurs articles. Deuxième surprise : Baudelaire n'a pas été le *découvreur* de Poe, même s'il ne viendrait à personne l'idée de contester que la renommée que ce dernier a acquise dans cette patrie littéraire d'adoption doit évidemment tout au premier.

Dans une lettre à sa mère, du 27 mars 1852, dans laquelle il lui joint sa traduction du « Corbeau » et où il lui explique qu'il travaille toute la nuit à ses traductions pour éviter les « insupportables tracasseries » de Jeanne Duval, il écrit : « *J'ai trouvé un auteur américain qui a excité en moi une incroyable sympathie, et j'ai écrit deux articles sur sa vie et ses ouvrages. C'est écrit avec ardeur ; mais tu y découvriras sans doute quelques signes d'une très extraordinaire surexcitation. C'est la conséquence de la vie douloureuse et folle que je mène* », avant de lui demander : « *Comprends-tu maintenant pourquoi, au milieu de l'affreuse solitude qui m'environne, j'ai si bien compris le génie d'Edgar Poe et pourquoi j'ai si admirablement écrit sa vie et traduit son œuvre ?* ». Et c'est là, la troisième surprise : dût notre orgueil national en pâtir, ce n'est pas tant Baudelaire qui a tiré Poe à lui que l'inverse. Il suffit pour s'en convaincre de se rappeler que *Les Fleurs du Mal* ont paru pour la première fois en 1857, dix ans après sa découverte du « Chat noir » dans la traduction d'Isabelle Meunier.

Alors pourquoi cette idée reçue qui a la peau dure d'un Poe création baudelairienne ? Parce qu'il y a bien une baudelairisation de l'écrivain américain, involontaire et de bonne foi. Je m'explique. Il y a d'abord le choix des nouvelles qu'il a traduites qui va conforter la légende d'un maître du fantastique noir et lugubre aux obsessions macabres ; si bien que celles qu'il a écartées seront longtemps tenues, parfois injustement, pour négligeables ou de seconde catégorie. Cette image d'Épinal dans laquelle la postérité a figé Poe comme un insecte pris dans l'ambre a relégué au second plan, quand elle ne l'a pas totalement occulté, le trait principal de la plupart de ses histoires : un sens aigu du grotesque très ancré dans un contexte littéraire et politique, nombre de ses charges, plus ou moins déguisées, visant ses contemporains, qu'ils soient écrivains ou politiciens. Par conséquent, s'il y a bien eu *baudelarisation* de Poe, ce n'est pas tant dans la version française qu'en a donnée Baudelaire, scrupuleusement fidèle au texte original, que dans le portrait qu'il en a dessiné à travers le choix des histoires : celui d'un écrivain d'un fantastique noir, presque macabre, dont les obsessions auraient été, de son propre aveu, calquées sur celles du poète français : « *Je trouvai, croyez-moi si vous voulez, des poèmes et des nouvelles dont j'avais eu la pensée, mais vague et confuse, mal ordonnée, et que Poe avait su combiner et mener à la perfection...* »

En toute bonne foi, Baudelaire va forger la légende du poète maudit, de l'ivrogne et opiomane qui colle à la peau de Poe. Mais rien n'est plus éloigné de la réalité, au risque de casser un mythe séduisant. Poe n'a jamais touché à aucune drogue. En outre, il ne supportait littéralement pas l'alcool. C'est-à-dire que sa constitution physique ne lui permettait pas de tenir l'alcool, et au bout de deux ou trois verres il était ivre mort. George Bernard Shaw dira : « *Edgar Poe a bu autant d'alcool dans toute sa vie qu'un Américain moderne qui a réussi en absorbe en six mois.* » Bien entendu, il y a la fin de Poe qui vient battre en brèche ce que je viens d'affirmer. *Il fut retrouvé hagard, délirant dans le caniveau devant une taverne de Baltimore où régnait une grande agitation en cette soirée d'élection. Poe, le dandy, était vêtu d'habits miteux qui n'étaient pas les siens. Il fut conduit à l'hôpital, où il devait mourir quatre jours plus tard sans retrouver la raison. On pense qu'il fut victime d'une pratique appelée le cooping*, où des agents électoraux saoulaient de pauvres hères qu'ils faisaient ensuite voter de bureau en bureau, pour leur candidat, en leur faisant changer de tenue à chaque fois. Mais même si l'on veut à tout prix faire de Poe un alcoolique et un opiomane, contrairement à Baudelaire, il était totalement incapable d'écrire sous l'emprise des paradis artificiels. Il perdait tous ses moyens. Ses histoires sont précises, organisées, scrupuleusement référencées, et toujours à considérer en fonction de la vie politique, littéraire et éditoriale de l'époque à laquelle elles ont été écrites, parce qu'à la *fancy*, la fantaisie qui est une rêverie aléatoire et gratuite, il préfère l'imagination, qui relève d'une profonde intuition fondée sur la connaissance objective des faits, et peut permettre d'accéder à la vérité.

On comprend que Baudelaire se soit attaché à cette image fausse de Poe. En le dépeignant ainsi, il réalisait une sorte de plaidoyer *pro domo*. Pourquoi a-t-il fait cela, me direz-vous ? Tout simplement parce que, pour rédiger son premier portrait de Poe, Baudelaire a puisé dans une source et pas n'importe laquelle. Et c'est là l'autre singularité qui fait de Poe un cas doublement unique de la littérature. Car l'auteur du *Chat noir*, à l'instar de Mozart, avait son Salieri en la personne d'un curieux personnage, le révérend Rufus Wilmot Griswold, l'homme qui détestait Edgar Allan Poe !

On est là dans une histoire qui me fascine tant elle relève d'une forme de pathologie qui s'est manifestée à travers une tenace haine littéraire. Les deux hommes se connaissent de longue date. Ils sont de la même génération, Griswold étant le cadet de six ans de

Poe. Ils se sont rencontrés au printemps 1841 dans la rédaction du *Daily Standard*, journal auquel tous deux collaboraient. Leur relation est d'abord cordiale et courtoise. Poe envoie quelques poèmes pour la première anthologie de la poésie américaine réalisée par Griswold. Et c'est là que ça commence à grincer, car même s'il y figure avec trois poèmes, Poe écrit d'abord un compte rendu que Griswold lui paye et s'emploie à faire publier. Globalement élogieux, l'article émet cependant de sérieuses réserves sur le choix ou l'omission de certains auteurs, et Poe disait en privé qu'il ne trouvait guère de qualité et d'intérêt à cette anthologie. Ensuite, Griswold succède quelques mois plus tard comme rédacteur en chef du *Graham's Magazine*, où il bénéficie de davantage de marge de manœuvre et d'émoluments plus importants que Poe pour le même poste. On est en 1843, et dans une série de conférences sur les poètes d'Amérique, Poe s'en prend directement à Griswold avec beaucoup de véhémence. Enfin, tous deux font les yeux doux à la même femme, une poétesse de second ordre, Frances Sargent Osgood. Quand Poe meurt, Griswold, pour des raisons que je n'ai pas encore complètement élucidées, publie sous le pseudonyme de Ludwig, une nécrologie assassine, reprise par les autres journaux, qui prête à Poe tous les vices : débauche, alcool, drogue, etc. Dans le même temps, il affirme que ce dernier lui a demandé, peu de temps avant de mourir, d'être son exécuteur testamentaire. Les rares amis de Poe — car comme il avait la dent dure, il s'était mis beaucoup de monde à dos — prennent sa défense. Et Griswold, au lieu de faire profil bas, en remettra une couche. Un an après la mort de Poe, il édite le premier volume de ses *Œuvres*, qu'il fait précéder d'une longue préface présentée comme une biographie, dans laquelle il surenchérit sur ce qu'il avait écrit dans la notice nécrologique, en ne craignant pas de falsifier les faits et les documents, y compris les lettres qu'il a reçues de Poe. Et il en rajoute : Poe aurait tenté de séduire la femme de John Allan, celui qui l'avait adopté après la disparition de son père et la mort précoce de sa mère. Il déclare qu'il a été expulsé de l'Université de Virginie et qu'il était fou. Il croit ainsi en parachever la mise à mort littéraire... mais il va, à son corps défendant, contribuer à susciter l'intérêt du public pour cet écrivain de mauvaise vie, qui n'a guère rencontré le succès de son vivant. On peut être redevable à ce cher Griswold qui en voulant mettre à mort Poe, tout en l'éditant, lui a pratiquement conféré l'immortalité ! Georges Walter, auteur d'une passionnante biographie de Poe, explique cet assassinat posthume ainsi : « *Puisque tout incline à croire que l'auteur du "Corbeau", par son génie et son charme ténébreux, porta ombrage à Griswold, plus que Mozart au Salieri de la légende, on serait tenté de réduire leur relation au roman-feuilleton d'une rivalité. En se donnant la satisfaction d'une revanche, le révérend avait un dessein plus méthodique. [...] Critique, éditeur d'anthologies [...], Griswold façonnait l'opinion du jour et celle de l'avenir. Or Edgar n'avait-il pas, de son vivant, la prétention d'être l'arbitre des lettres américaines [...] ? Le révérend allait lui montrer qui était le plus fort. On est donc tenté de chercher à cet acharnement étrange, un motif encore plus ambitieux : dans cette entreprise de démolition que Griswold n'a pu improviser, tout se passe comme si le danger n'était pas celui qu'il dénonce. Ni la pauvreté ni l'alcoolisme ne font peur. Il en est autrement de l'originalité absolue dont Baudelaire eut l'intuition immédiate. Ici, l'œuvre d'Edgar Poe, par sa seule existence, et comme si elle avait sécrété un virus très subtil, anéantissait de vastes pans de bibliothèques, soudain réduites au rôle ornemental d'un mobilier d'époque. Elle n'entrait pas dans les rayons.* » Quoi qu'il en soit, c'est *bel et bien* de Griswold que Baudelaire s'est inspiré « *pour façonner le personnage du poète maudit qu'il voulait voir en Edgar Poe* ». Et c'est cette image que l'on doit à la vendetta de ce Iago littéraire qui est parvenue jusqu'à nous.

J'espère vous avoir convaincu que, à plus d'un titre, une nouvelle traduction des récits d'Edgar Allan Poe s'imposait comme une nécessité. Longtemps considérée comme intouchable, celle qu'avait donnée Baudelaire, malgré ses indéniables qualités, n'en comportait pas moins quelques défauts qui relevaient d'erreurs, de lourdeurs ou bien d'un vieillissement de la langue et de la façon de traduire. Par ailleurs, en choisissant de ne traduire, pendant dix-sept ans, que les deux tiers des histoires « fantastiques » ou « grotesques » de l'écrivain américain, Baudelaire a involontairement plongé dans l'ombre celles qu'il a écartées ou négligées, qui s'en sont trouvées implicitement dépréciées ou ignorées. Il a, par ailleurs, esquissé un portrait faussé de Poe, auteur maudit, macabre et gothique, porté aux excès, nourri d'une part à l'identification de Baudelaire avec lui et les obsessions qu'il lui prête et dans lesquelles il se reconnaît, d'autre part à la légende noire et noircie qu'a entretenue sitôt après sa mort le redoutable révérend Griswold, légende tenace malgré les dénégations et les précieuses corrections apportées par des amis du défunt. La présentation chronologique et non plus — parfois arbitrairement — thématique de ces nouvelles constituera sans doute une révélation ou une découverte pour nombre de lecteurs, en ce qu'elle tend à diluer le fantastique lugubre que l'on prête volontiers à Poe, pour mieux faire ressortir son sens aigu du grotesque. Venir après l'auteur du *Spleen de Paris* aurait pu relever d'une gageure risquée s'il s'était uniquement agi de « débaudelairiser » Poe à tout prix. Mais à aucun moment, notre façon d'aborder ce travail ne s'est inscrite dans cette démarche. Pour toutes les raisons exposées ci-dessus, il était nécessaire de montrer l'auteur américain *tel qu'en lui-même*, en n'offrant pas une organisation des récits selon un ordre ou des affinités qui ne sont pas le fait de l'auteur, et en proposant l'intégralité des proses fictionnelles de Poe restituées par une seule et même voix, bicéphale. D'ordinaire, quand nous intervenons en duo autour de celui qu'entre nous, nous appelons affectueusement Eddy — comme Schmol, l'ancien chanteur des Chaussettes Noires — nous terminons en montrant justement nos chaussettes ! Je vous remercie.

# INGO DOUGLAS SWANN
## (1933–2013)
### ou
### la vision à distance (*remote viewing*)

## Claude ARZ

Claude Arz (ODS)

Fils d'un guérisseur breton, Écrivain voyageur, universitaire, sociologue spécialiste des légendes et de la France mystérieuse, auteur de nombreux guides sur la France mystérieuse, Claude Arz sillonne la France et l 'Europe à la recherche de l'étrange étrangeté dont parlait André Breton. C'est ainsi que dans les années 2000, il a plongé avec frénésie dans cette France parallèle, guidé par le désir de démasquer au coin d'une petite route forestière le chef-d'œuvre frénétique, le château de la Belle au Bois Dormant ou du comte Dracula qui aurait grandi à l'abri de la lumière et des médias.

Dans les années 2010, il a publié Voyage dans la France Mystérieuse (Le Pré aux-Clercs), un voyage ludique dans l'univers des énigmes ésotériques et des croyances

françaises contemporaines, un voyage dans les labyrinthes étranges de la culture populaire française en compagnie de créatures surnaturelles qui ont hanté pendant des siècles l'imaginaire des Français. Une grande enquête dans un passé légendaire englouti à jamais dans l'épaisseur du temps. Une invitation aussi à découvrir une autre France, plus secrète, moins connue, quelquefois envoûtante, adossée aux énigmatiques légendes urbaines...
Par ailleurs, il a écrit de nombreux ouvrages notamment : La France insolite, Mystères et légendes de nos campagnes (2008), Hauts lieux — croyances et légendes de la France mystérieuse (2013). En 2011, il a obtenu le prix du Cercle de la Mer pour Croyances et légendes de la mer (prix Armor en 2010).
Aujourd'hui, Claude Arz s'est transformé en troll des légendes urbaines et raconte des histoires fantastiques chez BTLV sous le nom de « l'enchanteur »...

Ingo Swann a été pendant dix ans le formateur des voyants de la CIA et des services de renseignements de la Défense américaine dans le cadre du projet Star Gate. Il fut l'un des plus brillants remote-viewer américain, la vision à distance étant une technique utilisée lors de protocoles de parapsychologie qui a été conçue et utilisée afin d'étudier les perceptions extra-sensorielles. En pleine guerre froide, en 1975, il est contacté par une organisation ultra secrète. Celle-ci lui propose de faire de la « visualisation à distance » sur des cordonnées précises de la Lune. Ingo Swann va déclarer y voir des structures artificielles. On y apprend de sa part, que ces structures ne sont manifestement pas humaines. Devant un tel résultat, la même organisation secrète le contactera à nouveau pour utiliser ses dons psychiques dans la surveillance des Extra — terrestres... Convaincu de la réalité de la vie extra — terrestre, Ingo Swann va, tout au long de sa vie, essayer de comprendre ce qui lui est arrivé. Pour lui la Lune est un astre vivant, ce qui explique l'arrêt de la conquête lunaire avec Apollo 17. Il raconte qu'« On » nous a fait savoir que nous n'y étions pas bienvenus... Par ailleurs, Ingo Swann

**fut convaincu des dons télépathiques humains, et que tout le monde y a accès en les développant. Il ira jusqu'à dire que ces facultés sont systématiquement réprimées, car grâce à elles, l'homme peut découvrir les secrets terrestres et non terrestres les plus inavouables. Claude Arz dresse ici le portrait de cette légende du mystère et artiste contemporain prolifique...**

Ingo Swann fut une personnalité à double visage : c'était d'abord un artiste peintre new-yorkais producteur d'une importante création picturale et c'était aussi un voyant, sans doute l'un des voyants à distance les plus performants du XXe siècle [33].

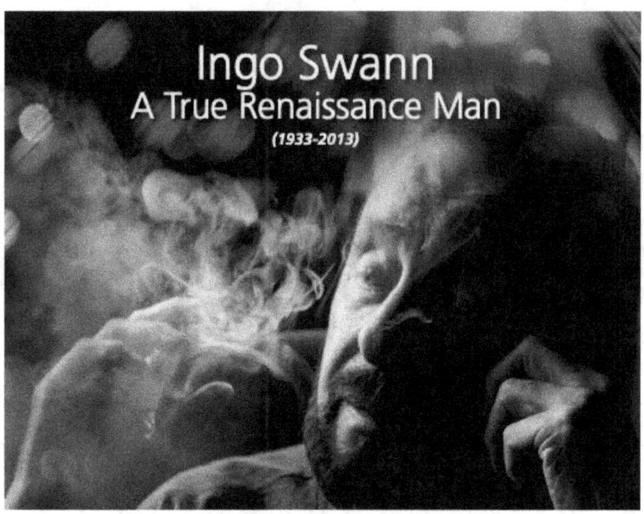


Revue Eight Martinis (9/2013)

---

33      *Ingo Swann papers*, Collections spéciales, MS-0060, *Scope and Contents note, Research data, notes, correspondence, audio, video, slides, artifacts, photographs, memos, training manuals, contracts, manuscripts, speeches, sketches, press clippings, and other materials from Swann's work in remote viewing, as well as correspondence from Dr. Raymond Piper, author of* Cosmic Art *(1975), and internationally renowned artists.* Université de Géorgie de l'Ouest à Carrollton, États-Unis.

## Les premières expériences

Rappelons qu'Ingo Swann Douglas est né le 14 septembre 1933 à Telluride, dans le Colorado, et qu'il est mort le 31 janvier 2013 à New York City. Comme artiste peintre, il fait partie du courant de l'art visionnaire. Aujourd'hui, l'American Visionary Art Museum (AVAM) de Baltimore expose sept des peintures d'Ingo Swann, qui font partie de la collection permanente de l'AVAM.

Il existe un lien direct entre le travail d'Ingo Swann comme artiste et ses recherches dans la vision à distance, la parapsychologie, l'exploration et la conscience bioénergétique. *Son art était inextricablement lié à ses expériences psychiques et était inspiré au moins en partie par les images visuelles qu'il percevait en regardant à distance, en voyant des auras et en éprouvant un état hors du corps. Des membres de sa famille ont écrit en 2014 : « L'une des façons dont Ingo a approfondi sa propre compréhension des réalités spirituelles — en joignant la science objective et la conscience intérieure — a été à travers sa peinture ». Ils ont également cité l'explication de Martin Ebon sur la façon dont Swann a découvert un « type de système ESP très basique qui nous habite » lorsqu'il a créé des dessins basés sur ses visions psychiques.* [34]

Ingo Swann était un enfant précoce. La légende dit qu'à l'âge de quatre ans, il avait lu les trente volumes de l'encyclopédie *Britannica* que sa mère lui avait achetée. Il fut diplômé en biologie de l'Université Westminster de Salt Lake City, Utah. Et également en art. Il a servi trois ans en Corée.

---

34    Une annonce de la famille d'Ingo Swann, 2014. Extrait en septembre 2018 de http://www.remoteviewed.com/wp-content/uploads/2014/03/Announcement_Ingo-Swann.pdf . Cité par psi-encyclopedia.spr.ac.uk/articles/ingo-swann

Au retour, il s'installe à New York où il travaillera pendant douze ans au secrétariat des Nations unies, jusqu'en 1968. Il se consacre également à la peinture. Il écrit des fictions populaires sous un nom d'emprunt. C'est à cette époque qu'il fait une lecture qui sera une révélation pour lui : *Les portes de la perception* d'Aldous Huxley.

Rappelons qu'Ingo Swann fut le co-créateur, avec Russell Targ et Harold Puthoff, de la visualisation à distance. Il ne se définissait pas comme un voyant, mais plutôt comme un chercheur de conscience qui a parfois connu des états modifiés de conscience. Dans un article publié initialement, en 1983, dans le livre *La recherche psi, le bilan de la Parapsychological Association*, Guy Beney évoque Ingo Swann ainsi : Né en 1933, dans le Colorado, Swann se spécialisa en biologie à l'Université Westminster de Salt Lake City, Utah. Écrivain subtil et bien connu, Swann a travaillé quelque temps comme officier de liaison pour les Nations unies, à New York ; *mais aujourd'hui, il se consacre entièrement à son art, l'écriture, ainsi qu'à la parapsychologie. Un mètre soixante environ, svelte malgré une vocation de cuisinier fin gourmet, Swann a un visage rond et jovial, aux yeux brillants. Mais son élocution posée et sa manière digne lui donnent pourtant un air de profond sérieux quand il vient à discuter du psi.* [35]

Évoquons donc pour commencer sa participation à plusieurs expériences parapsychologiques à New York, au City College et à la Société américaine de Recherche psychique (ASPR), au tout début des années 1970. Ce sont ces expériences qui vont le mener au Stanford Research Institute (SRI).

En septembre 1971, Ingo Swann rencontre Cleve Backster, qui fait des expériences parapsychologiques sur les plantes. Il s'agissait d'influencer l'activité des

---

35     **Guy Beney**, *La recherche psi, le bilan de la Parapsychological Association*, Éditions de La Table ronde, 1983.

feuilles des plantes attachées à un polygraphe (détecteur de mensonges). Swann se rend à son laboratoire. Cleve Backster demande à Ingo Swann d'essayer d'influencer une plante.

Ingo Swann n'avait aucune idée de la manière d'influencer les plantes. Devant un Dracanea (dragonnier), Cleve Backster suggère à Ingo de penser à une allumette avec l'intention de brûler une des feuilles de la plante. Le polygraphe qui mesurait les émotions de la plante s'est affolé. *L'instrument a enregistré des perturbations lors des essais lorsqu'il a visualisé une brûlure de la feuille, suggérant une réponse au stress. (...) Backster et Swann ont interprété les résultats comme des preuves de la conscience des plantes.* [36]

Ensuite, comme il possède la faculté particulière de sortir de son corps, Ingo Swann va collaborer avec le Dr Karlis Osis au sein de la prestigieuse American Society for Psychical Research (ASPR en 1972. Ses réussites dans ce domaine vont parvenir aux oreilles des chercheurs de la côte Ouest, et c'est ainsi qu'il se retrouve sollicité par l'équipe du SRI (Stanford Research Institute) pour être testé à la fois en psychokinèse et en vision à distance.

Plus tard, Ingo va se livrer à une grande expérience de psychokinèse conduite par Gertrude Schmeidler au Stanford Research Institute. La psychokinèse est la capacité à influencer mentalement un objet, à le faire bouger sans le toucher et sans l'utilisation de mécanismes ou d'énergies connus.

Dans cette expérience, Ingo Swann démontra son apparente capacité à influencer significativement la température. Les enregistrements furent effectués à l'aide d'un instrument de mesure de la température

------

36    **Michael Duggan,** www.psi-encyclopedia.spr.ac.uk/articles/ ingo-swann

de haute précision, le thermistor. Lors de cinq sessions séparées, il obtint des résultats supérieurs à l'attente du hasard, avec une probabilité associée de 1 pour 1 000.

L'expérimentatrice cherchait à savoir si Swann pouvait changer la température par ses seules capacités psi. À cette fin, Gertrude Schmeidler utilisa quatre thermistors. Ces détecteurs furent connectés à un appareil permettant d'enregistrer en continu les changements de température.

Selon le protocole expérimental, Gertrude Schmeidler et Swann s'asseyaient ensemble dans la salle où se trouvaient les thermistors. Tout en observant Swann avec soin, pour s'assurer qu'il demeurait assis, Gertrude Schmeidler lui demandait de se concentrer sur un thermistor particulier, désigné selon la session, afin de le rendre « plus froid » ou « plus chaud », le terme de cette alternative étant décidé au hasard. Swann disposait d'un délai de quarante-cinq secondes pour influencer le thermistor, puis de quarante-cinq autres secondes pour se reposer avant un nouvel essai de modification de la température. Gertrude Schmeidler montra que Swann était capable de modifier l'enregistrement du thermistor selon les ordres donnés au hasard.

Un changement de température particulièrement étonnant se produisit un jour pendant une période de repos. Gertrude Schmeidler et Ingo Swann étaient en relaxation dans le laboratoire, et Swann devait cette fois-ci « sonder » au moyen de son seul esprit une certaine bouteille thermos scellée, contenant un thermistor. Soudain, Larry Lewis, l'assistant qui surveillait l'enregistrement des mesures de température dans une pièce adjacente, détecta un changement de près d'un degré, sur une période de trente secondes. Pensant que quelqu'un venait certainement d'ouvrir la bouteille thermos, Lewis courut dans la salle d'expérimentation pour y mettre bon ordre. Là, il trouva Gertrude

Schmeidler et Ingo Swann assis tranquillement sur leurs sièges habituels, à distance de la bouteille thermos, toujours scellée. *Qu'est-ce qui s'est passé ?* s'exclama Lewis. Swann admit qu'il avait examiné mentalement le thermistor cible, apparemment avec succès.

## Un *Black Program* : le projet **Stargate**

Le projet Stargate est le nom de code donné à une série d'expériences organisées par le gouvernement fédéral des États-Unis, ayant pour but d'examiner la réalité et les applications potentielles, tant militaires que civiles, des phénomènes psychiques, plus particulièrement la vision à distance, à savoir la capacité à voir psychiquement des évènements, des lieux ou des informations à grande distance.

Ces expériences ont été actives des années 1970 à 1995, et ont suivi la recherche psychique précoce effectuée à l'Institut de recherche de Stanford (SRI), à la Société américaine pour la Recherche psychique et dans d'autres laboratoires de recherche psychique. En 1995, le projet a été transféré à la CIA, et une évaluation rétrospective des résultats a été faite. La CIA a contacté l'American Institute for Research (AIR) pour une évaluation. Le 30 juin 1995, avant que l'évaluation de l'AIR ne commence, la CIA a clos le projet Stargate.

C'est en 1972 qu'Ingo Swann prend un tournant majeur dans les expériences de vision à distance, lorsqu'il rencontre Russell Targ. Celui-ci relate avec émotion dans *Perceptions extrasensorielles* [37] : *Pourquoi est-ce que je crois à la perception extrasensorielle ? Deux des principales raisons proviennent d'expériences dont j'ai été*

---

37    **Russell Targ**, *Perceptions extrasensorielles*, Éditions Trajectoire, 2012.

*témoin dans notre laboratoire californien et où j'ai pu voir Ingo Swann à l'œuvre. La première fut lorsque je l'ai vu dessiner un site secret de cryptographie situé en Virginie, et la seconde quand il a fait la description stupéfiante d'un test de bombe atomique trois jours avant que l'événement ait lieu, avec des coordonnées géographiques comme seul support.*

## La guerre psychique

Contexte géopolitique : au début des années 1970, des inquiétudes ont commencé à faire surface dans les différentes agences de renseignement américaines sur un possible retard des États-Unis sur l'Union soviétique dans le domaine de la guerre psychique. Il se disait que les programmes soviétiques secrets étaient occupés à explorer les frontières de la science : l'utilisation de l'ombre noire du monde du paranormal à des fins d'espionnage.

Toutes ces recherches psychiques ont été d'abord entreprises pour répondre aux préoccupations de la CIA, qui avait eu des informations faisant état d'enquêtes de la part de l'URSS sur les phénomènes psychiques. Entre 1969 et 1971, les agences de renseignement américaines avaient conclu que les Soviétiques étaient engagés dans des recherches « psychotoniques ». En 1970, il a été estimé que les Soviétiques avaient dépensé environ 60 millions de roubles par an (et plus de 300 millions en 1975). L'argent et le personnel affectés à ces recherches montraient qu'ils avaient réalisé des percées.

Les aptitudes d'Ingo Swann étaient suivies depuis un moment, et elles avaient attiré l'attention des autorités à Langley, avec les expériences qu'il avait réalisées à New York.

Dans une lettre datée de 27 juin 1972 [38], voici ce que dit le Dr. Hal Puthoff, du SRI : *Sur suggestion de Russell Targ, je vous écris au sujet d'une observation faite en laboratoire impliquant un certain Ingo Swann, un artiste de New York (...) Une intéressante facette du succès de l'expérience est que Ingo a été en mesure de décrire assez bien l'intérieur de l'appareil.* [39] Même si le nom a été retiré du document, il semble fort probable que le destinataire de cette lettre ait été la CIA. À ce propos, Estelle Cerruti souligne que d'autres expériences de vision à distance seront réalisées, à tel point que *la CIA donne fin 1972 une allocation de 50 000 $ à Puthoff pour 8 mois de recherches plus poussées sur les possibilités de Swann.* Apparemment, une confirmation de l'intérêt du Dr. Puthoff pour les interactions mentales de Swann avec l'équipement du test s'ensuivit peu de temps après.

Parmi les documents du Stargate se trouve un mémorandum technique du Stanford Research Institute (SRI), datant du 22 février 1973, préparé par

---

38      Lettre du Dr. Hal Puthoff, du SRI, datée du 27 juin 1972.

39      – **Estelle Cerruti,** *Parapsychologie et défense. Le cas des espions-voyants américains et de la vision à distance,* Université de Grenoble, 1998-1999. Dans ce mémoire, Estelle Cerruti décrit l'expérience : *Ingo Swann doit influencer une sonde magnétique, placée dans un souterrain, sous le plancher de la salle, et protégée par un écran magnétique de mu-métal, un container en aluminium, un blindage de cuivre, et, le plus important, un écran supra-conducteur. L'appareil avait fonctionné pendant une heure avant l'expérience, sans bruit de fond, et un enregistreur donnait un graphique stable de l'oscillation du champ magnétique. Cinq secondes après que Swann a commencé à se concentrer sur l'intérieur du magnétomètre, la fréquence de l'oscillation doubla pendant environ trente secondes. Le Dr. Arthur Hebard, responsable de l'appareil, a pensé que celui-ci avait peut-être un problème de fonctionnement et dit qu'il serait plus impressionné si la variation du champ s'interrompait. Environ cinq secondes après que Swann a dit qu'il allait essayer, la variation du champ s'est arrêtée pendant quarante-cinq secondes. La variation est revenue à la normale quand il a dit qu'il arrivait à influencer l'appareil. Swann a expliqué son action par le fait qu'il voyait directement l'intérieur de l'appareil et qu'apparemment « le fait d'en voir toutes les parties produisait l'effet attendu ». Il a fait un croquis rapide et juste de l'intérieur de l'appareil alors qu'on ne lui en avait rien dit, et le graphique a enregistré de nouvelles perturbations.*

le Dr. Hal Puthoff et Russell Tag, portant le Numéro de Contrat 1471 (S) 73 et étiqueté de CIA/ORD #1416-73 : *Un programme d'analyse de champs biomagnétiques a été lancé en juillet 1972 par une expérience préliminaire avec M. Swann. Dans cette étude, en utilisant un magnétomètre isolé, M. Swann a apparemment démontré la capacité d'augmenter et réduire à volonté le champ magnétique situé à l'intérieur d'un autre champ magnétique super conducteur. Cette expérience faisait usage d'une installation existante et nous avons tout lieu de penser que M. Swann n'avait ni connaissance préalable de que ce soit de l'appareillage, ni connaissance de notre intention dans cette expérience.*

Un mémo d'août 1972 destiné au directeur du TSD/BAB à la CIA note que (…) [nom retiré] *et quelqu'un nommé* [nom retiré] *du Département des Sciences Naturelles* [de la CIA] *prévoient un voyage sur la côte Ouest le 11 août, où ils rencontreront Ingo Swann et auront l'occasion de l'observer (…) les Sciences Naturelles planifient la formation d'un comité de coordination pour travailler sur les ESP et les données qui nous parviennent (…)*

## Le déroulement des projets américains d'espionnage psychique et de visualisation à distance de 1970 à 1995

C'est ainsi qu'en 1970, en pleine guerre froide entre les États-Unis et l'Union soviétique, la CIA finance un programme de recherche de voyance à distance. Il s'agit d'utiliser les pratiques de voyance à distance à des fins militaires pour débusquer des terroristes ou des espions soviétiques, en créant un ensemble de protocoles conçus pour faire des recherches scientifiques sur la clairvoyance et le voyage astral. Une mission fut confiée à Stargate après que l'on eût épuisé toutes les autres méthodes ou approches de renseignement.

La CIA a dépensé 25 millions de dollars sur 20 ans pour apprendre à contrôler le cerveau humain. À son apogée, Stargate comptait pas moins de 14 laboratoires de recherche sur la vision à distance, avec 22 sujets psi (dont Pat Price), observateurs à distance, militaires ou civils fournissant des données et participant à ce projet. Le Pentagone, dans le même temps, a dépensé 6 millions de dollars par an pour développer des armes psi qui cherchaient à handicaper les leaders ennemis par transmission de pensée.

C'est l'époque où le Pentagone a un projet d'obusier nucléaire hyperspatial : il s'agissait de transmettre à la vitesse de la pensée une explosion dans le centre de Moscou depuis le désert du Nevada.

## Les premiers pas au Stanford Research Institute (SRI)

La recherche à distance a commencé de manière effective en 1972, au Stanford Research Institute (SRI) à Menlo Park, en Californie. Ce travail a été réalisé par les physiciens Russell Targ et Harold Puthoff, en partenariat avec la NSA.

Au départ, selon le physicien Hal Puthoff, ça débute comme une blague. À la fin des années 1960, Puthoff est curieux de savoir s'il existe des relations entre les cerveaux. Il veut savoir s'il y a des interactions entre les hommes, ou entre les hommes et les plantes. Un exemplaire du projet est transmis à New York, au laboratoire de Cleve Backster. C'est là qu'Ingo Swann lit le rapport. Il écrit à Puthoff, lui expliquant qu'il a réalisé des expériences réussies avec Gertrude Schmeidler. Ingo Swann se rend en juin 1972 à la Fondation San Antonio.

Russell Targ, dans *Perceptions extrasensorielles* [40], évoque sa rencontre avec Ingo Swann : *À l'automne 1972, le Dr. Hal Puthoff et moi lancions un programme de recherche parapsychique à l'Institut de recherche de Stanford (SRI). Nous étions tous les deux des experts en lasers nés à Chicago dans les années 1930 et il se trouve que nous avions aussi mené des recherches pour différentes agences gouvernementales américaines pendant de nombreuses années. Notre grand partenaire et instructeur dans ce programme était Ingo Swann, un peintre new-yorkais à la créativité unique. C'était également un médium remarquable dont les explorations dans diverses méthodes de perception peu usitées nous ont permis de faire des avancées importantes dans notre compréhension des facultés parapsychiques.*

En juin 1972, Ingo Swann et un groupe de voyants vont participer au développement du processus de visualisation à distance à l'Institut de recherche de Stanford, dont des expériences attirèrent l'attention de la Central Intelligence Agency (CIA).

### Le *remote viewing* (R. V.)

Le *remote viewing*, ou vision à distance, est une perception extrasensorielle d'un lieu situé à distance.

Les pionniers du *remote* furent Rhine et le Français René Warcollier. Celui-ci était très imprégné de l'idée d'une transmission télépathique référée à une télégraphie sans fil, donc à une « télépathie sans fil », une sorte de TSF de l'esprit.

Ingo Swann se définissait comme un chercheur de conscience qui a connu des états modifiés de conscience.

---

40    **Russell Targ,** *Perceptions extrasensorielles,* Éditions Trajectoire, 2012.

### Le protocole du *remote viewing*

Ingo Swann a mis en place le protocole de *la visualisation à distance contrôlée,* un processus dans lequel les voyants détectaient un endroit grâce à ses coordonnées géographiques, protocole qui a été développé et testé par Puthoff et Targ avec un financement de la CIA.

Le protocole du *remote* repose sur la visualisation par coordonnées géographiques. En matière de vision à distance, Swann fut le premier à suggérer l'utilisation de coordonnées : il s'agissait de donner au visualiseur psychique les latitudes et longitudes de la cible, sans donner la nature de celle-ci. Les instructeurs consultaient une grande carte du monde, amenaient les coordonnées à Swann, qui devait dire ce qui se trouvait à l'endroit correspondant. La première série de 10 objectifs eut lieu le 23 avril 1973.

Au fur et à mesure, les réponses de Swann s'avérèrent plus précises et détaillées. Fin juillet 1973, Richard Kennett, de la CIA, téléphona à Hal Puthoff des coordonnées qui furent transmises à Ingo Swann. Ce dernier eut l'impression d'une île, peut-être une montagne, perçant à travers une couverture de nuages. Il vit des bâtiments, l'un étant de couleur orange, quelque chose ressemblant à une antenne radar, un disque rond, 2 réservoirs cylindriques blancs assez grands et, au nord-ouest, une petite piste d'atterrissage… Swann fit un croquis de l'île. Puthoff et Swann envoyèrent le tout à Kennett. Les coordonnées désignaient en effet un endroit localisé dans l'une des îles Kerguelen, dans le sud de l'océan Indien. Ces îles appartiennent à la France et sont le site d'un complexe de recherche météorologico-atmosphérique franco-soviétique.

Un autre jour, on fournit à Ingo Swann les coordonnées d'une installation sur une base de l'US

Air Force et on lui expliqua qu'un moteur de roquette allait être testé dans cette installation au cours d'un laps de temps particulier d'une demi-heure. Il devait établir quand cet essai allait commencer. Il s'exclama qu'il pensait que cela avait eu lieu quelques secondes auparavant, ce qui était exact.

Le *viewer* voit à distance des couleurs, des formes. Il semble que le visionneur fasse appel à l'hémisphère droit de son cerveau. On met d'un côté le *remote viewer* dans une salle, et de l'autre côté un contrôleur qui lui donne des coordonnées géographiques. Il s'agit de voir à distance des monuments, des installations. Après une période de relaxation, le *viewer* doit décrire des sensations.

- Le programme se composait au départ de deux activités distinctes.

    - La première était une unité rattachée aux Forces armées et au résultat sûr et régulier, pouvant être utilisée en cas de besoin.

    - La seconde employait des voyants à distance pour exécuter des comptes rendus de renseignements, qui étaient affichés dans un endroit non divulgué (pour aguerrir leurs capacités et poursuivre les tests en parallèle). Le programme de recherche a toujours été maintenu et il était toujours séparé de l'unité opérationnelle.

- **Les principes du *remote viewing***

    La vision à distance vise à «visualiser psychiquement» des évènements, des sites ou encore des informations à grande distance. Dans son autobiographie, Ingo Swann explique qu'il voit les installations lunaires de manière consciente. Il ne réalise pas que son esprit est sur la Lune, il EST sur la Lune et regarde autour de lui.

- **La perception intuitive :** Ingo Swann comprend très vite qu'au cours des expériences de vision à distance, le fonctionnement psychique passe par la perception d'une image et non par la capacité analytique. Dans ce type d'expérience, l'expérimentateur a une vision psychique, mais il est très difficile de lire des chiffres ou des lettres. Ingo Swann conclut que c'est la partie non analytique de notre cerveau qui est impliquée dans le *remote viewing*. Son idée était qu'en général, dans ce type d'expériences, le clairvoyant décrit uniquement les images qui lui viennent et que l'intervieweur prend en charge la partie analytique du processus. Car celle-ci crée du « bruit » chez le *viewer*. Ce bruit, il faut l'éviter. Il doit supprimer le bruit. Russell Targ écrit dans *Perceptions extrasensorielles* : *Il faut faire cesser notre bruit mental. L'une des premières causes de ce bruit est le désir de nommer les choses dont nous faisons l'expérience. Ingo est le premier à avoir élucidé le problème de ce qu'il appelle le « calque analytique »* — par cette expression, il désigne notre tendance à nommer et à essayer d'interpréter les premières images parapsychiques que nous recevons.

L'expérimentateur ne doit pas se poser de questions à mesure qu'il avance, il doit juste décrire les images qui viennent à lui.

Plusieurs projets découlèrent de ces travaux de recherche préliminaire et se succédèrent, sans interruption, de 1970 à 1995. À partir de cette date, ils sortirent du « secret », pour tomber dans le domaine public, les recherches se poursuivant cette fois au grand jour. Le projet Star Gate sera clos le 30 juin 1995.

À quoi accède-t-on? À une mémoire universelle? Ingo évoquait une sorte de mémoire à laquelle les individus pouvaient se relier. Une sorte de conscience de groupe, de la télépathie communautaire ou bien une matrice qui contiendrait des informations? On serait tous en interconnexion et en connexion avec un réservoir d'informations.

## QUELQUES EXPÉRIENCES DE R.M. d'INGO SWANN

Ingo Swann explique, le 12 janvier 1995 [41] : *Je dirige maintenant votre attention sur «la vision à distance réussie». Peut-elle exister ? Commencez par examiner les médiums qui aident avec succès la police. Ajoutez à cela un certain succès de la très bonne formation de la visualisation à distance. Ensuite, considérez que ce qui est un peu possible pour les médiums naturels peut être développé, formé.*

### Un test de clairvoyance

En octobre 1972, Ingo Swann revint dans les locaux du SRI à Menlo Park pour une brève visite, et Hal Puthoff lui fit faire quelques petits tests simples de clairvoyance. Hal Puthoff plaçait un objet dans une boîte en bois aux parois épaisses et cadenassées, qu'il laissait dans une certaine pièce. Ingo Swann, accompagné par un second chercheur, venait dans la pièce et essayait de deviner ce qu'il y avait dans la boîte.

Un jour, deux hommes de Washington apportèrent leur objet/cible, qu'ils mirent dans la boîte. Ingo Swann parla de quelque chose de petit, brun, irrégulier, quelque chose qui ressemblait à une feuille, mais qui paraissait beaucoup plus vivant et qui semblait bouger. La cible était en fait un gros papillon de nuit, brunâtre, ressemblant à une feuille. Quelques semaines après,

---

41    www.biomindsuperpowers.com/

Ingo Swann reçut un appel téléphonique de Hal Puthoff qui lui dit que les deux hommes, qui appartenaient à la CIA, avaient décidé de lui octroyer cinquante mille dollars pour financer huit expériences.

### L'expérience Jupiter

Ingo Swann trouvait que les procédures des tests de voyance étaient répétitives et ennuyeuses. Il suggéra de travailler *sur quelque chose à longue distance, quelque chose qui réintroduirait le sens de l'aventure, de l'excitation et du plaisir.* Explorer une planète, par exemple. Ce sera Jupiter.

Ainsi, le soir du 27 avril 1973, Targ et Puthoff ont enregistré une session à distance de visionnement d'Ingo Swann de la planète Jupiter et de ses lunes, avant son exploration par *Pioneer 10 et 11* de 1973. Ingo Swann a demandé 30 minutes de silence. Selon Swann, sa capacité de voir Jupiter a pris environ trois minutes et demie. Lors de la séance, il a décrit les caractéristiques physiques de Jupiter, telles que la surface, l'atmosphère et le climat. La déclaration d'Ingo Swann que Jupiter avait des anneaux planétaires, comme Saturne, fut controversée à l'époque.

Voici un extrait de la transcription de l'enregistrement officiel de l'expérience d'Ingo Swann avec Jupiter le 27 avril 1973 [42] :

6:03:25 *Il y a une planète avec des rayures.*

6:06:20 *Très haut dans l'atmosphère, il y a des cristaux... ils brillent. Des paillettes. Peut-être que les rayures sont comme des bandes de cristaux, peut-être comme les anneaux de Saturne, mais pas aussi loin. Très proches*

---

42      https://www.cia.gov/library/readingroom/docs/NSA-RDP96X00790R000100040010-3.pdf

*dans l'atmosphère. (...) Je vous parie qu'ils reflètent des ondes radio.*

Les informations qu'Ingo Swann donna sur Jupiter furent corroborées par les satellites envoyés plus tard par la sonde *Voyager 1* de la NASA. À ce propos, sur son site www. Biomindsuperpowers.com/, Ingo écrit : *Les vols de reconnaissance* Pioneer 10 *et* 11 *de 1973 et 1974 et plus tard les sondes* Voyager 1 *et* Voyager 2 *en 1979 ont confirmé mes dessins d'anneaux autour de la planète.*

La technique d'Ingo Swann se révélant de plus en plus fiable, elle suscita un intérêt croissant dans le domaine de l'espionnage militaire interplanétaire.

Selon James Randi, un Canado-Américain à la retraite, magicien de scène et sceptique scientifique connu pour ses défis aux revendications paranormales et aux pseudosciences, 31 observations sur Jupiter par Swann furent identifiées de la façon suivante : 6 comme «vraies», 1 comme «très probable», 3 comme «probables», 4 comme «évidentes», 1 comme «probablement pas», 11 comme «mauvaises», 1 comme «inconnues» et 4 critiquées pour être «vagues» ou «non spécifiques» de diverses manières, par exemple : «C'est liquide» et «La surface donne un comptage infrarouge élevé».

## Un complexe biologique soviétique

Jim Schnabel, dans *Espions psi* [43], donne un autre exemple de vision à distance que fit Ingo Swann à l'automne 1974 : *Au cours d'une séance sur un objectif se trouvant au sein même de l'URSS, Ingo Swann commença à décrire un couloir dans un bâtiment. Il y avait des carreaux verts sur les murs et des caractères qui se révélèrent être*

---

43    **Jim Schnabel,** *Espions psi,* Éditions du Rocher, 2005.

*du cyrillique. Les personnes croisées portaient des blouses de type médical. Swann en avait déduit qu'il s'agissait d'une installation de recherche sur les armes biologiques. Une autre fois, il s'était retrouvé dans un pays d'Europe centrale. Il avait devant lui un ensemble de bâtiments bien gardés. L'endroit ressemblait à un camp de prisonniers du type goulag. Swann descendit dans l'un des bâtiments et découvrit que d'autres recherches sur des armes biologiques y étaient menées. Elles impliquaient non seulement des animaux — des chiens, des cochons, des singes —, mais aussi des prisonniers humains pris dans le camp. Swann fut tellement bouleversé par tout cela qu'il se mit à hurler sans pouvoir se contrôler et que Puthoff dut mettre un terme à la séance. Swann sortit et dut boire quelques verres pour se calmer. La description spectaculaire de l'objectif ne fut jamais confirmée par le Pentagone et la présence de sujets humains semble improbable. Mais la description du site comporte des ressemblances avec une installation de recherche biologique sise à Obolensk, dans une forêt de pins, au sud de Moscou. On découvrit quelques années plus tard que dans ce complexe, des animaux au moins avaient été exposés à des germes mortels.*

Le fonctionnement du cerveau d'Ingo Swann a été étudié par le Dr. Michael Persinger, professeur de psychologie à l'Université Laurentienne du Canada : *On a demandé à Swann de se servir de ses dons pour identifier des objets placés dans une pièce éloignée, après l'avoir branché à un appareil électroencéphalogramme. Au moment où Swann arrivait à voir ces objets, son cerveau manifestait des activités électriques cérébrales considérables dans le lobe occipital droit, partie du cerveau liée à la vue. Son lobe pariéto-occipital de l'hémisphère droit, partie du cerveau qui reçoit les stimuli sensoriels et visuels, apparaît hypertrophié sur les examens d'IRM.*

Le Dr. Michael Persinger a montré que le cerveau

de Sean Harribance, autre sujet doué pour la vision à distance, présentait les mêmes singularités morphologiques et électriques au niveau de la région pariéto-occipitale droite sur les coupes IRM et enregistrement EEG que celles d'Ingo Svann.

Le contrat de Swann avec le SRI s'acheva à la mi-août 1973. Ingo a par la suite travaillé sur des cas de personnes disparues, participé à des recherches psi à la Société américaine de Recherche psychique et au Maimonide Hospital de New York, spécialisé dans les rêves télépathiques.

Il travailla également pour la société Phillips Petroleum, avec pour mission d'utiliser ses facultés psi pour détecter des nappes de pétrole. Jim Schnabel écrit dans *Espions psi* [14] : *[Ingo Swann] effectua également quelques travaux pour des compagnies pétrolières, tournant en hélicoptère autour d'une plate-forme de forage dans le golfe du Mexique ou parcourant le Kentucky, le Tennessee et l'Arkansas avec une équipe de foreurs-sondeurs fondée par Bill Keeler, le président de la Phillips Petroleum. Aucune de ces collaborations ne durait très longtemps, mais Swann gagna suffisamment d'argent au cours de cette période pour s'acheter une maison de quatre étages dans la Bowery de Lower Manhattan.*

## *PÉNÉTRATION*

Avec *Pénétration, la question sur la télépathie humaine et extraterrestre* [44], un récit écrit par Ingo Swann en 1998, commence une autre phase de la vie du voyant. En effet, *Pénétration* est un livre personnel où il révèle des secrets singuliers concernant une activité supposée extraterrestre sur terre.

---

44   **Ingo Swann**, *Pénétrations*, Éditions de L'Œil du Sphinx, 2011.

Illustration ODS

## Une vision à distance sur la Lune

Dans ce livre, Ingo détaille ses contacts, en 1975, avec une organisation ultra clandestine, ultra-secrète, qui lui demande de faire des visions à distance sur des cordonnées précises sur la Lune. Cette organisation est dirigée par un certain Axelrod, accompagné de deux jumeaux, une organisation qui le contactera à plusieurs reprises pour utiliser ses dons psychiques dans la surveillance des extra-terrestres.

L'organisation secrète le conduit dans une base souterraine loin de New York. Après avoir été amené dans un souterrain, une cagoule sur la tête, son interlocuteur va lui demander de réaliser une séance de *remote viewing* de coordonnées lunaires. Swann se demande ce que veulent ces gens, mais il se laisse convaincre par un salaire de 1 000 dollars par jour.

Au début de sa vision à distance sur la Lune,

Ingo Swann voit une poussière, une brume. Puis il distingue des structures artificielles qu'il a du mal à expliquer et qui ne sont manifestement pas humaines. Les premières visions furent celles d'une falaise noire entourée d'un sable fin et blanc sur lequel il put voir les traces d'un gros tracteur. Plus loin lui apparut une sorte de cratère ainsi qu'un étrange brouillard vert et lumineux émis par deux rangées de gros phares sur une tour. D'autres tours identiques semblaient construites sur des supports étroits et minces. Dans le cratère se trouvait une autre tour, plus imposante, plus haute.

Lors de l'expérience suivante surgirent des machines, des lumières de différentes couleurs, des constructions étranges qui ressemblaient à des ponts ou des arches, des dômes de différentes tailles, des formes rondes avec des fenêtres. Ingo Swann pouvait voir toutes sortes d'objets comme des longs tubes, des tracteurs motorisés, des obélisques, des grandes plates-formes, des structures croisées. Ingo Swann fit des croquis de tout cela.

Des abris étaient creusés dans les parois, et les fonds des cratères paraissaient être des mines. Il y avait des filets sur certains cratères, des maisons dans lesquelles vivaient des gens qui avaient la même apparence que les humains. Quelques-uns eurent soudain l'air de s'apercevoir de la présence éthérique d'Ingo Swann, ils pointèrent le doigt dans sa direction. Repéré, il cessa immédiatement l'expérience car il aurait été dangereux que son lieu d'observation télépathique soit localisé.

Ingo Swann écrit : *Je vis des tours, des machineries, des éclairages de différentes couleurs, des bâtiments à l'aspect étrange. Je vis des ponts dont je ne pouvais saisir la fonction. (...) Il y avait de nombreux dômes de tailles variées, des choses rondes, des choses comme des petites soucoupes avec des fenêtres… Je vis de longues choses tubulaires, des machines du genre tracteur gravissant et descendant des collines…* [16]

Ingo Swann pointe les anomalies de la Lune que l'on peut voir sur certaines photos de la Nasa. Une aventure hallucinante.

### Une expérience ufologique

Quelque temps plus tard, Axelrod contacte à nouveau Ingo Swann. Cette fois-ci, pour une expédition ufologique. *Le contact attendu est venu en juillet 1977, quelques jours après ma découverte du message dans la poussière.*

Swann fut surpris de voir Axelrod se tenir au milieu de la salle à manger du SRI. Après un bref entretien avec lui, Ingo Swann fut emmené vers la Jeep d'Axelrod, qui le conduisit jusqu'à un Lear Jet qui attendait à l'aéroport de San José. Après plusieurs heures de vol, l'avion effectua un atterrissage sans lumière sur une piste non éclairée. Suivit un trajet en voiture de deux heures, en plein milieu de montagnes froides et sombres. Une fois arrivés à destination, Axelrod, Swann et les deux agents d'Axelrod se dirigèrent à pied vers l'endroit convenu.

Axelrod donna des instructions à Swann : *contente-toi d'observer, on parlera plus tard... Ne bouge pas, sauf instruction de ma part. Ils détectent très facilement la chaleur, le bruit et les mouvements.*

Commence alors une expérience surprenante. Ingo Swann, Axelrod et les deux agents observent et attendent. Un brouillard gris est en train de se lever au-dessus d'un petit lac. Swann est abasourdi à la vue du brouillard soudainement baigné de couleurs lumineuses. Des rayons lumineux mauves, rouges et jaunes sont silencieusement projetés dans toutes les directions.

Puis, tout d'un coup, apparaît au-dessus des eaux du lac un objet devenant de plus en plus visible. Swann le décrit comme un objet triangulaire, presque de la forme d'un diamant. *Du plus loin qu'il m'en souvienne, la chose ne s'est pas « déplacée »,* elle a GRANDI à l'endroit exact où elle est apparue.

Avec l'arrivée de l'objet, un vent puissant se met à tournoyer dans les airs, causant la chute de plusieurs branches. Ingo Swann ajoute que des «rayons lasers rouge rubis» sont tirés par l'engin, qui semble toujours augmenter en volume, même s'il demeure stationnaire au-dessus du même endroit sur le lac. Quand il est devenu complètement visible, Swann estime la dimension de l'objet à environ 30 mètres de largeur. Des rayons lasers touchent les arbres, et dans la commotion des chutes de pins et des pulsations de basses fréquences, Swann est mis hors de danger par les agents d'Axelrod. Un rayon laser fend alors les branches de l'endroit où ils se trouvaient une seconde auparavant.

En quittant les lieux, Swann jeta un dernier coup d'œil derrière lui et remarqua que l'eau du lac était aspirée par l'étrange objet. Ingo Swann déclara : *J'étais véritablement pétrifié par une terreur que peu de mots peuvent décrire.*

À son retour à la piste de décollage, Ingo Swann a aperçu un avion de courrier USA-Alaska. Il en a donc déduit qu'ils devaient se trouver au nord de l'Alaska. Axelrod expliqua : *Notre mission va bientôt se terminer, et le travail sera poursuivi par d'autres, pour des raisons stratégiques de sécurité.*

Qui étaient ces gens ? Des membres des services secrets classiques (CIA, NSA), des groupes clandestins, un service gouvernemental américain très secret qui fait des recherches sur les OVNIS, des groupes humains amis d'extraterrestres, des amis d'ailleurs, des cyborgs, des androïdes ?

Ingo Swann a essayé de comprendre ce qui lui était arrivé. Il en a tiré deux enseignements :

– Il pense que la Lune est un astre beaucoup moins mort qu'on voudrait nous le faire croire et que la conquête lunaire a été arrêtée avec *Apollo 17* car « On » nous a fait savoir que nous n'y étions pas bienvenus…

– Il pense aussi que les dons télépathiques humains que chaque individu peut développer sont systématiquement réprimés car ils sont un mode d'accès et de pénétration des secrets terrestres et non-terrestres. Il considère que la télépathie peut pénétrer les secrets des individus et des États. C'est-à-dire pénétration de cerveau à cerveau.

# THOMAS OWEN, UN MAÎTRE ARDENNAIS DE LA S.F.
## Paul Mathieu

Secrétaire perpétuel de l'Académie luxembourgeoise, Paul Mathieu est né au Luxembourg, en 1963. Poète, nouvelliste et critique érudit, membre de l'association des écrivains belges de langue française, collaborateur des Amis de l'Ardenne à l'origine de sa présence au Salon, il est notamment l'auteur d'études sur plusieurs contes et légendes ainsi que de nouvelles relevant du registre fantastique qu'un style alerte, nourri de références géographiques, culturelles et mythiques, revisite.

Thomas Owen est né à Louvain en 1910. Il débute en publiant des romans policiers d'un ton féroce, où se dégage déjà cette forte personnalité qui fera de lui l'un des écrivains majeurs du fantastique francophone. Rattaché à ce qu'on pourrait appeler «l'école belge de l'étrange» qui compte dans ses rangs Jean Ray ou Gérard Prévot. Le ressort fondamental qui anime les contes de Thomas Owen est la peur : elle est partout, elle surgit à tout moment... Il a élaboré avec des récits tels que *La Cave aux crapauds* (1945), *Pitié pour les ombres* (1961) ou *La Truie* (1970) un univers fantastique et inquiétant, proche du quotidien, mais dont l'étrangeté et l'érotisme calculé apportent un trouble certain dans l'âme du lecteur.

À en croire certains historiens de la littérature, une vieille alliance existerait entre les écrivains belges et l'imaginaire fantastique. D'aucuns y décèlent la signature d'une angoissante relation à la charnière de deux langues, le viol sans cesse répété des fées du sud par les géants de la mythologie germanique. Soit!

Sans doute, sur bien des plans, est-il légitime d'attribuer de la sorte des spécificités à telle ou telle région en fonction des littérateurs qui la hantent, mais en l'occurrence, les tenants du fantastique coincés entre Meuse et Escaut ne devraient pas masquer une forêt d'auteurs relevant du genre et spécifiquement liés à la France ou à tant d'autres pays. L'anthologie publiée en 1966 par Roger Caillois ou celle, plus récente, réunie par Éric Jourdan (1989) en font foi, elles qui sillonnent allègrement plusieurs continents sans jamais se trouver en panne de références. Même si Pol Vandromme affirme que *la France met au coin le fantastique pour qu'il n'aille pas indisposer le classicisme*, il faut se rendre à l'évidence, ce sont des monstres qui crachent l'eau des fontaines de Versailles.

Non! décidément, le genre cher à Maupassant n'a pas, à proprement parler, de passeport belge ou autre. Simplement, en Belgique, le genre peut-il échapper aux fourches caudines du cartésianisme et jouer, dès son origine, dans le pré carré de ce qu'il est convenu d'appeler *les lettres*. Dans une certaine mesure, l'ouverture du pays aux quatre vents de l'Histoire, sa particularité linguistique au moins bicéphale et sa riche tradition populaire avaient de quoi rendre ses artistes plus sensibles aux illuminations irrationnelles ou, en tout cas, à une utilisation du code de communication dans une dérive appropriée à un groupe en quête — ou en rupture — d'identité. Le territoire ne passet-il pas d'ailleurs pour le terrain privilégié de ceux que l'on a appelés *les irréguliers du langage*? Une telle approche convient toutefois assez peu ici quand le style de l'écrivain qui nous arrête — Thomas Owen — est plutôt frappé au coin d'un certain classicisme bien dans la foulée du *Manifeste* du Groupe du Lundi qui entendait gommer tout indice linguistique propre à la littérature belge. Comme le dit bien Rossano Rossi dans sa postface à la réédition du roman *Hôtel Meublé* pour la collection « Espace Nord » : *La langue de Thomas Owen s'inscrit elle aussi dans une perspective « lundiste » : dénuée de régionalismes, polie de toute référence belge.*

Pour en revenir au fantastique et examiner les choses sur un plan plus historique ou, à tout le moins, plus diachronique, voilà de surcroît un genre littéraire qui, par la force des événements, n'apparaît qu'assez tardivement en Belgique — autre entorse à ce que nous écrivions dans le paragraphe initial. Poe, Hoffmann, Cazotte, Nodier et tant d'autres ont défilé aux portes de l'étrange bien avant que ne s'y intéressent un Marcel Thiry, un Franz Hellens ou un Michel de Ghelderode. Si la Belgique a effectivement joué un rôle certain dans toute cette affaire, on le doit peut-être aux éditions Gérard établies à Verviers qui, en créant la fameuse série de livres de poche, ont consacré une part de leurs publications à la littérature fantastique. De fait, dans la collection « Marabout fantastique », publiée entre 1962 et 1983, on trouve plus d'une centaine de titres. Parmi ceux-ci, tous les grands classiques internationaux comme Edgar Allan Poe, Bram Stoker (*Dracula*, mais aussi *Le joyau des sept étoiles*), Mary Shelley, Selma Lagerlöf (*Le charretier de la mort*), Oscar Wilde (*Le fantôme des Canterville…*), Gustav Meyrink (*Le Golem*), Matthew Gregory Lewis (*Le Moine*), Karel Capek (*La guerre des salamandres*)…, les Français tels Guy de Maupassant

(*Contes fantastiques complets*), Alexandre Dumas père (*Le meneur de loups*), Théophile Gautier (*Avatar*), Honoré de Balzac (*L'élixir de longue vie*), Auguste de Villiers de l'Isle-Adam (*Tribulat Bonhomet*), Gérard de Nerval (*Aurélia*), Paul Féval (*Le chevalier Ténèbre, Les drames de la mort*), Claude Seignolle (*Contes macabres, Les chevaux de la nuit, Histoires maléfiques, La brume ne se lèvera plus…*), Ponson du Terrail (*La baronne trépassée*), Erckmann-Chatrian (*Hugues-le-loup, L'oreille de la chouette*), Marcel Béalu (*L'aventure impersonnelle, Mémoires de l'ombre*), André Pieyre de Mandiargues (*Soleil des loups*), Marcel Schwob (*Le roi au masque d'or*)… et, bien entendu, tous les auteurs belges qui ont gravité autour de ce genre : Thomas Owen, naturellement, mais aussi Michel de Ghelderode (*Sortilèges*), Gérard Prévot (*Celui qui venait de partout, La nuit du nord, Le démon de février, Le sceptre large…*), Marcel Thiry (*Nouvelles du grand possible*) et Jean Ray. Signalons à propos de ce dernier que la collection « Marabout fantastique » est la première à avoir republié la quasi-intégralité de sa production : *Malpertuis, Les derniers contes de Canterbury, Le carrousel aux maléfices, La Cité de l'indicible peur, Les contes noirs du golf, les contes du whisky, Le livre des fantômes…* sans oublier, en 1974, son *Bestiaire fantastique* (sous la double signature Jean Ray et John Flanders) ni l'intégrale des aventures du détective *Harry Dickson* — seize volumes au total. Dans les années 1974, on créa même un Prix Jean Ray dont le lauréat se voyait publié dans la collection. C'est ainsi qu'elle s'enrichit de six ouvrages originaux : *Han* de Jean-Paul Raemdonck (1972), *Myrtis* de Daniel Mallinus (1973), *Le temps mort* de René Belleto (1974), *La femme de Putiphar* de Gaston Compère (1975), *Le chemin des abîmes de* Michel Treignier (1976) et *Celui qui pourrissait* par Jean-Pierre Bours (1977). On peut du reste souligner dans cette aventure éditoriale l'apport d'un Jean-Baptiste Baronian, directeur de la collection dès 1969, et celui d'un Hubert Juin qui, non content d'avoir signé huit préfaces pour la série «Marabout Géant» (dont *Les mémoires de Vidocq*, *Les 1001 fantômes* d'Alexandre Dumas père et *Les mémoires du diable* de Frédéric Soulié – ce dernier repris ultérieurement dans «Marabout fantastique»), y a aussi fait paraître une anthologie qui présentait *Les vingt meilleurs récits de science-fiction* (1964). Le titre de ce dernier ouvrage paraît au demeurant un peu forcé puisqu'à côté de textes relevant bien de la science-fiction, on trouve aussi des nouvelles typiquement fantastiques comme *La bibliothèque de Babel* de Jorge Luis Borges ou *Axolotl* de Julio Cortázar.

Plus largement, on peut se demander si le fantastique constitue bien un genre littéraire au sens strict du terme comme l'anticipation ou le policier. Ne s'agit-il pas plutôt parfois d'une caractéristique de l'œuvre littéraire ou plastique? Une parmi d'autres. On ne peut dissimuler en effet combien l'insolite s'insinue avec aisance dans nombre de récits dûment catalogués dans tel ou tel domaine a priori extérieur à tout débordement surnaturel. Le roman le plus réaliste peut, à l'occasion, se piquer d'une saillie qui frise l'extraordinaire.

Sans recourir à des exemples trop éloignés, Jean Ray et Henri Vernes évoluent souvent du policier ou du roman d'aventure, vers des dénouements de plus en plus proches de la thématique qui nous occupe. Un tel glissement paraît significatif. Ainsi, en ce qui concerne le roman policier, le lecteur n'est-il pas d'emblée confronté au monstrueux au sens le plus étymologique du terme : ce que l'on *montre* comme une curiosité? Un meurtre, par exemple, relève peut-être du fait divers lisible dans les journaux, il n'en reste pas moins une manifestation peu ordinaire, pour ne pas dire anormale, du comportement. Cette propension à examiner les extrêmes de l'humain rejoint en quelque sorte l'exploration des limites du réel ou plutôt de ses transgressions.

Plus largement, c'est une constatation largement admise, le fantastique naît du regard désœuvré qui flotte sur les motifs plus ou moins abstraits d'une tapisserie, sur les entrelacs bizarres d'une branche d'arbre, sur le mouvement désordonné d'une algue abandonnée au fil du courant. Comme l'écrit Franz Hellens : *Partout où se trahit imagination spontanée, il y a fantastique.* Plus précisément, on pourrait postuler que le fantastique est constitué par l'ambiguïté, voire, plus simplement, par les coïncidences. Bien entendu, celles-ci ne suffisent pas à créer un état qui, d'autre part, les dépasse.

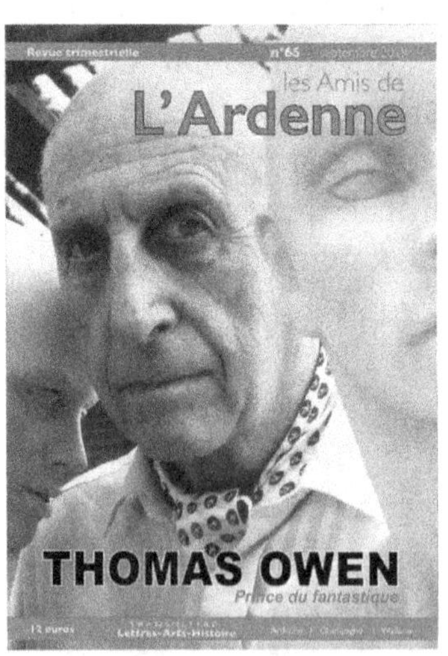


À cette enseigne, Thomas Owen figure un exemple parfait d'une lente dérive vers l'irrationnel, lui qui a commencé sa carrière littéraire par des romans policiers dont l'atmosphère, il est vrai, flirtait parfois avec l'étrange. Jean-Baptiste Baronian souligne combien ses premières intrigues étaient *insidieusement nourries de*

*surnaturel*. Membre depuis 1976 de l'Académie royale de langue et littérature françaises de Belgique, Thomas Owen a eu l'occasion, dans ses discours, de s'exprimer techniquement sur certains points concernant le fantastique dont il dit *qu'on ne le choisit pas, il nous pousse aux épaules*. De fait, dès 1943, l'écrivain s'inscrit dans une direction qu'il ne quittera plus dans son activité de nouvelliste. C'est dans *L'initiation à la peur* — quel titre! — et, plus encore, dans *Le livre interdit* que la transformation paraît la plus claire. Dans ce dernier ouvrage, le juge Gretzer possède un livre très particulier où il a calligraphié *Le discours sur des passions de l'amour* de Pascal en illustrant le texte à l'aide de gravures figurant des femmes auxquelles l'homme de loi a le pouvoir de prêter vie pour un soir... Tous les futurs fantasmes owéniens se retrouvent ici, à commencer par le regard ambigu et plutôt misogyne de la démarche — une attitude que l'écrivain se reprochera plus tard lorsqu'il se déclarera alors *féministe acharné*.

Mais n'allons pas trop vite. À ce stade, un détour par la présentation de l'auteur s'impose. En bonne logique, une telle approche commence par l'examen de l'identité. Qu'un homme de plume choisisse un pseudonyme n'a rien d'étonnant, qu'il en utilise un second surprend davantage. Et pourtant, sur le principe des matriochkas russes, nommé Gérald Bertot pour l'état civil, Thomas Owen, écrivain, cache encore Stéphane Rey, critique. Et c'est d'ailleurs sans compter sans d'autres signatures plus occasionnelles : par exemple, Monsieur Arsène dans *Le vingtième Siècle*...

Sur le plan professionnel, ses études de droit à Louvain terminées, le futur artiste à la triple casquette fit un bref détour par le barreau avant d'embrasser, dès le milieu des années 1930, une carrière d'attaché aux Moulins de Trois-Fontaines, à Vilvorde. Il y gravit tous les échelons de la hiérarchie pour terminer son parcours avec le titre de Président du Groupement des Associations meunières de la CEE et de l'Association internationale de meunerie — ce n'est sans doute pas un hasard si des moulins peuplent régulièrement ses récits.

À examiner la carte de visite du critique, on salue une réussite comparable. Grâce à William Ugeux, professeur à l'Université de Louvain et résistant de la première heure, le juriste devint bientôt journaliste spécialisé en art pour le quotidien *Le XX^e siècle*. Depuis 1933, dans diverses publications, la signature de Stéphane Rey a honoré la production de plusieurs dizaines d'artistes avec une prédilection pour le figuratif : Benn, Lode Matthijs, Maria Noppen de Matteis, Jacques Wolmans, Mireille Bastia, Armodio, Charles Bisschops, Charles Delporte, Paul Delvaux, Jean Van Noten, Jacques Chaidron, Fernand Toussaint, Paul Leduc, Edgard Tytgat, Armand Massonet, Caroline Stiénon du Pré, Jean-Jacques Gaillard... Dans cette longue litanie, comme le montre Philippe Greisch dans un article sur ce thème (*Les Amis de l'Ardenne*, n° 65, 2019), les Luxembourgeois et les Lorrains ne sont pas en reste : Guy Ducaté, Marie Howet, Blandy Mathieu, Marguerite Brouhon, Yvon Angé, Henry Bontemps, André Bosmans, Pierre Chariot, Paul Antoine, Roger Greisch, Suzanne Dufoing, Guillaume Édeline, Fernand Tomasi... Sans oublier bien sûr ceux que l'on a pu appeler les peintres de la Semois : Camille Barthélemy ou Albert Raty.

Une telle liste rappelle combien en Belgique, le fait a souvent été signalé, la peinture a décidément beaucoup d'accointances avec la littérature. En outre, l'activité de critique fournit un point de référence auquel Thomas Owen a recours dans plusieurs contes. Ainsi, est-ce à partir d'illustrations du peintre Bogaert que fut rédigé le recueil intitulé *Maisons suspectes* (1976). Ce va-et-vient d'inspirations débouche sur une sorte de création hybride et neuve qui offre bien des charmes. Tellement, d'ailleurs, que l'expérience a été reconduite avec le même Bogaert pour *Les chambres secrètes* (1983), puis avec Maria Noppen de Matteis dans *Les sept péchés capitaux* (1984).

L'amplification du travail critique ramène clairement au volet littéraire. On l'a dit, Thomas Owen a débuté par le roman policier, mais, pendant ses études, il avait déjà rédigé pour le journal de son collège, *La jeunesse*, un conte sans doute prémonitoire intitulé *Le taureau de Phalaris* et qui évoquait ce tyran d'Agrigente qui exécutait ses prisonniers en les faisant brûler dans un taureau d'airain. De même, à l'université, celui qui signait encore Gérald Bertot avait fondé une revue littéraire, *La parole universitaire* (1929-1932), à laquelle participa, notamment, Jean Ray — auquel Thomas Owen sera plus tard vaguement apparenté par la famille de son épouse — avec une nouvelle intitulée *Le scolopendre* (sic). La fréquentation du maître gantois ne demeura pas sans incidence. On pourrait même penser que Gérald Bertot lui a emprunté son second pseudonyme. Il n'en est rien, puisque celui-ci vient en fait d'une marque de porto...

Le passage vers une écriture plus « professionnelle » s'est fait durant le second conflit mondial. À cette époque de restrictions, les éditeurs préféraient publier massivement plutôt que livrer leurs stocks de papier à l'occupant allemand. Grâce à Stanislas-André Steeman, le jeune auteur est intégré, dès 1942, à la collection *le Jury* où l'on a aussi pu croiser André-Paul Duchâteau, Paul Kinnet et même Georges Simenon. Thomas Owen y publia quatre titres (*Ce soir, 8 heures, Destination inconnue, Un crime « swing », Le nez de Cléopâtre*) avant de voguer vers d'autres éditeurs.

Le choix du roman policier, puis, progressivement, du fantastique s'est sans doute opéré par goût, mais il est aussi tributaire des circonstances. La censure n'inclinait pas à la production ouverte d'une littérature engagée. Par réaction, le choix par Gérald Bertot d'un pseudonyme anglo-saxon n'était évidemment pas neutre. En outre, la production des années de guerre va s'avérer très abondante. Après quelques romans policiers classiques (*Gordon Oliver mène l'enquête, Ce soir huit heures, Destination inconnue...*), certains titres se singularisent par leur atmosphère oppressante qui, au-delà d'une trame réaliste, conduit assez « naturellement » au fantastique. Du reste, la première série de contes, *Les chemins étranges*, paraît en 1943 chez De Kogge avec une préface de Jean Ray. Sortiront ensuite, chez d'autres éditeurs, *La cave aux crapauds* (1945) et *Pitié pour les ombres* (1961). Systématiquement repris par les éditions Marabout dès 1963, ces recueils seront suivis par *Cérémonial nocturne et autres contes insolites* (1966), *La truie et autres histoires secrètes* (1972), *Le rat Kavar et autres histoires de vie et de mort* (1975), ainsi que *Les Maisons suspectes et autres contes fantastiques* (1978). Plus tard différentes maisons bruxelloises accueilleront les rééditions successives (notamment chez Labor) ainsi que des textes plus récents comme *Le tétrastome* chez Lefèbvre et Gillet en 1988, *Carla hurla* à La Rose de Chêne en 1991 ou *La ténèbre* chez Lefrancq en 1994.

Au petit jeu de l'étrange, chez Thomas Owen, la plupart des grands thèmes sont convoqués avec une prédilection pour les fantômes de toute nature. Souvent féminins et fréquemment empruntés au musée des souvenirs, ceux-ci s'avèrent plus ou moins fréquentables en fonction des circonstances. Au surplus, petit à petit, l'écrivain s'est constitué un musée des motifs récurrents : brouillard vivant, statues énigmatiques, reflets troubles dans une onde furtive, maisons mal fréquentées, bouges isolés, ciels de crépuscule… De loin en loin, on voit d'ailleurs surgir tous les grands classiques : *une berline maudite conduite par un cocher mort* (*La présence désolée*).

On pourrait s'étonner de l'enfermement progressif dans un genre quasi unique. En fait, si un temps le nouvelliste a flirté avec le septième art, il regrettait de ne pas avoir pu écrire davantage pour le théâtre. Les adaptations de ses œuvres pour le cinéma — ainsi en 1982 *Meurtres à domicile* réalisé par Marc Lobet avec Bernard Giraudeau et Annie Duperey dans les rôles principaux — et par la télévision bruxelloise entre 1963 et 1968 — avec des présentateurs prestigieux comme Jacques Brel et Maurice Béjart — auguraient pourtant de bien des possibilités.

Quoi qu'il en soit, c'est bien Thomas Owen «fantastiqueur» qui a taillé sa place dans le monde fermé des lettres. Non que ses autres romans soient restés sans écho, mais, en quelque sorte, le fantastique a masqué le reste, l'a repris, l'a vampirisé oserait-on presque écrire ! Avec lui, souvent, on se retrouve dans de ces lieux isolés, au bord d'une rivière tapageuse, dans une lande hostile et déserte loin au milieu de nulle part. Quelques lignes à peine et tout est dit : *D'immenses frissons parcouraient la Grande Plaine, creusant des sillons mouvants, à perte de vue, dans le blé en herbe, bousculé, froissé, écrasé par les rafales, et qui semblait voué à ne jamais mûrir* (*Motel party*).

On peut se demander si la part personnelle joue quelquefois un rôle dans ces explorations de l'extraordinaire. Pour peu fondé que puisse paraître ce type de questionnement, on notera que l'enfance est souvent présente. De ce fait, on retrouve en bien des occasions l'évocation ici de certains lieux précisément liés aux années de jeunesse. La Semois et, plus largement, la Gaume offrent à ce titre des terrains d'exploitation et des exemples significatifs. C'est que cet habitant de Schaerbeek avait des origines luxembourgeoises. De fait, si Gérald Bertot est né à Louvain le 22 juillet 1910 et a habité la capitale dès son plus jeune âge, son père, Arthur Bertot, était originaire de Lacuisine, sur la Semois. C'est dans ce village que Gérald passa une partie de ses étés dans les années 1920, chez sa grand-mère maternelle, Sophie Fontaine. Il évoquait abondamment cette période heureuse, par exemple dans le long entretien qu'il avait accordé à Michèle Cédric pour l'émission télévisée *Dites-moi* diffusée en 1995 par la RTBF. À diverses reprises, dans ses écrits, il s'égare au fil de la rivière dont il disait, sorties de pêche obligent, connaître toutes les pierres et tous les méandres. Une proximité avec la nature qu'il retrouvera plus tard lorsqu'il passera ses vacances d'été dans un moulin du

XVIIIᵉ siècle au bord de l'Ourthe. C'était un bâtiment dépourvu d'électricité et d'eau courante. À la fin des années 1950, l'épouse de l'écrivain en eut assez de ce mode de villégiature, le couple fit alors construire, en 1964, une villa à Knokke.

Dans la production littéraire de Thomas Owen, les textes relatifs à l'enfance comptent souvent parmi les plus poignants. Ainsi, dans une nouvelle assez glauque déjà évoquée *La Robe de cheviotte* dans laquelle apparaît le fantôme de la grand-mère morte depuis des années. Déjà l'incipit du texte renvoie-t-il clairement à l'atmosphère d'antan idéalisée, à cette «recherche du temps perdu» déjà évoquée : *Ce m'était toujours une grande joie de revenir à L… dans la grande maison blanche aux murs épais que mon grand-père avait, soixante ans plus tôt, bâtie de ses mains, où mon père était né, où j'avais passé tant d'années heureuses, et à laquelle tant de souvenirs se trouvaient attachés, qui ressurgissaient en masse dès mon arrivée.*

Malgré ses allusions subtiles aux grands poncifs de l'étrange, la suite du conte insiste bien sur la nostalgie des sons, des images et des odeurs, pour ne pas dire sur la redécouverte émerveillée de ce qui fut : *Je me réjouissais de retrouver les bruits familiers du village, le cri d'un coq, les coups sourds d'un cheval dans son écurie, un chien aboyant au loin, une chaîne qui grinçait dans une étable… Je retrouvais aussi l'odeur des feux de bois, celle, entêtante, du foin et celle, plus âcre, des fumiers couleur de cuivre et d'or tout ce qui se rapporte à la vie du village, à velu que l'on a connu enfant, est étonnant ment rassurant. Sans doute renouc-t-on là avec les racines même de la sensibilité.*

Le processus est identique dans ce roman trouble et inclassable intitulé *Le jeu secret* ou dans cet autre livre terrible, *Les grandes personnes*, à propos duquel, dans la postface, Jacques De Decker écrivait : *Owen ne ruse pas avec le réel, il le reconstitue, au contraire, avec une patiente minutie, et, surtout, une étonnante mémoire de la vie intérieure qui puise sa beauté dans sa précision même.*

La Semois à Lacuisine (Demeester ©)

Parfois l'évocation du terroir d'enfance reste assez légère. Par exemple dans *Le Graffiti* avec le nommé Érik Baker qui *travaillait le jour comme animateur culturel à V… et revenait le soir dans son village, gros bourg sur les hauteurs de la Semois*. Doit-on y retrouver Virton et Florenville ? Parfois on s'attache à une vision plus didactique des choses, ainsi la description des outils utilisés pour la fenaison — *Dans un fossé sous quelques branches, nous retrouvions nos râteaux de bois à longues dents luisantes. Le mien était plus petit, très léger. Il y avait de minuscules trous de vers dans le manche* - sent sa Gaume d'autrefois, une région qui est également évoquée par son patois particulier : *J'entendais mon père s'exprimer en gaumais avec tante Marthe, et j'enrageais de ne pas tout comprendre quand je les voyais rire de bon cœur de choses qui ne concernaient vraiment qu'eux* (La robe de cheviotte). De loin en loin, on repère même l'un ou l'autre terme repris à ce parler lorrain caractéristique du sud de la province de Luxembourg. C'est le cas avec *la hâlette* — comprenez la coiffure d'été que les femmes portent pour aller aux champs — dont est parée l'héroïne éponyme de la nouvelle *Ma cousine*.

Au chapitre des pèlerinages vers les lieux de mémoire, on peut encore évoquer *Belle de Vie*, une histoire déployée en deux temps : *J'étais en vacances chez ma grand-mère à L... sur les bords de la Semois, cette extraordinaire rivière, tantôt bouillonnante, escaladant avec colère le dos noir des rochers lisses, tantôt paresseuse, filant son cours paisible entre des rives envahies de reines-des-prés, tantôt encore presque immobile, noire dans l'ombre de la forêt, grave et effrayante par sa profondeur soudaine.* En fait de nouvelle, il s'agit plutôt d'un couple d'anecdotes dans lesquelles le narrateur explique comment il a été sauvé à deux reprises par l'intervention miraculeuses d'une jolie jeune femme blonde et rose marquée par une balafre sur la joue et singularisée par *une bague d'or en forme de serpent lové autour d'une pierre bleue.* La première fois, alors qu'il est menacé par la course folle d'un attelage qui a échappé à tout contrôle, elle le tire in extremis sur le parapet d'un pont. Quand le héros rapporte l'événement à son aïeule, on se rend compte que l'apparition est liée à une sorte de secret de famille que le protagoniste percera en héritant d'un coffret où il retrouve la photo de sa mystérieuse bienfaitrice.

Dans un esprit semblable, le regard avisé posé sur le mystère des premiers émois et sur la découverte progressive des charmes féminins sourd constamment des textes. Sans arrêt, au moyen de notations anodines, certaines nouvelles reflètent un érotisme discret lié, notamment, aux jeux d'enfants, quand une simple jupe déchirée engendre des troubles annonciateurs d'adolescence (*Pavane pour une enfance défunte*).

Un bon exemple en la matière est fourni par *La rainette* (*La Ténèbre*). Dans ce conte, habile à tuer les grenouilles à l'aide d'une carabine, un adolescent fait la connaissance d'une jeune fille à la jupe verte et au chemisier blanc vite baptisée *Rainette*. Par le biais ambigu d'une balle perdue, leur courte « idylle » débouche sur la naissance d'une émotion insolite dont le sens profond échappe au protagoniste. Celui-ci, victime en fait d'une première aventure sentimentale, appréhende dans les événements qu'il vient de vivre les méandres de la complexité féminine... On avait déjà un scénario voisin dans *Ma Cousine* où l'héroïne n'hésite pas à aguicher son chevalier servant en laissant voir ses jeunes appas lorsqu'elle refait les lacets de ses chaussures pour ne pas parler d'autres perspectives encore quand elle se penche pour cueillir des framboises.

Doit-on s'étonner quand, répondant au questionnaire de Proust, l'auteur affirme que ses héroïnes dans la vie réelle sont *les femmes rieuses* ? Toutefois, celles que l'on croise au fil des nouvelles ne sont pas de simples égéries brillantes ; au contraire, elles s'approchent souvent de la goule ou de la fée — en tout cas dans le volet fantastique de l'œuvre. En témoignent le fantôme d'*Amanda pourquoi ?* ou Blanche de Castille, dans *Pitié pour les ombres*, un écho moderne de *La Vénus d'Ille*. Ces fantômes qui « encombrent » le narrateur opèrent dans le même mouvement une séduction certaine. Combien de fois l'amour de ces revenants féminins ne transcende-t-il pas, pour ainsi dire, la nuit du tombeau ? Et c'est sans compter avec toutes les poupées douées de vie et tous les mannequins des grands magasins qui hantent périodiquement les pages du magicien de l'étrange.

Au travers des apparitions, on renoue avec le thème récurrent et puissamment fondateur d'éros et thanatos, comme si, de la sorte, l'on dévoilait ou annihilait l'autre, dans le même élan de construction et de destruction propre à tout récit égaré dans les limbes du crédible. Cette fascination et cette crainte de la mort peuvent, elles aussi, s'expliquer au moyen d'un détour par l'enfance. Ainsi, *Le premier mort* raconte-t-il comment le narrateur se souvient avoir été captivé jadis par le premier cadavre qu'il lui fut donné de voir. Au fil de l'intrigue, ce cadavre — celui d'un prêtre — revêt plusieurs identités avant de se révéler être Francisco Jimenez de Cisneros, le grand inquisiteur.

À l'occasion, constantes dans les nouvelles, les « présences » s'aventurent au-delà de l'apparition fantomatique banale. Dans *La boule noire*, une sorte de chauve-souris filandreuse se faufile sous les meubles d'une chambre d'hôtel minable. Dans *La truie*, une femme constitue l'enjeu d'une abominable partie de cartes... Le protagoniste ne saura jamais s'il a rêvé ou s'il lui fut réellement donné de contempler cette monstruosité.

Parmi les autres thèmes souvent utilisés, on épinglera l'allusion aux voyages. Dictés par des circonstances ou des nécessités professionnelles, ceux-ci étayent la dérive vers le surnaturel au sens le plus large du terme. Sous les cieux étrangers, sans doute le décalage s'installe-t-il plus facilement. Parfois bien léger, le dépaysement ne dépasse pas Trèves ou Bernkastel. Parfois, il visite aussi des contrées plus exotiques. On citera, par exemple, ces nouvelles campées dans la Puszta hongroise, dans les Balkans et dans toute l'aire slave : *La maquette de cire vierge, Le péril...*

Si la dispersion géographie des récits reste limitée, il n'en va pas de même pour la cartographie littéraire qui, sous forme d'exergues systématiques, amène le lecteur à utiliser des clés réellement très variées et dans le temps et dans l'espace. Si Rainer Maria Rilke emporte souvent les suffrages, André Pieyre de Mandiargues, Søren Kierkegaard et Jorge Luis Borges figurent eux aussi en bonne place. Au travers de ces parentés illustres, le texte prend sans doute une coloration plus affirmée et se dirige-t-il dans un sens clairement balisé.

Puisque l'on examine les techniques parfois limpides, parfois sournoises de Thomas Owen, il faut s'attarder un instant à tous les procédés d'humour qu'il affectionne. Par exemple, quand le héros de *La porte oblique* s'interroge : *Peut-on manger du crocodile le vendredi ?* On peut constater combien cet humour s'exerce de façon insinuante, voire insidieuse. Les noms des personnages constituent en ce sens un excellent terrain d'exploration. S'étonnera-t-on que *Pastenague* soit un *venimeux personnage*, qu'un officier retraité ait pour nom *Briquegourde* ou que *Nettesheim* (littéralement, « foyer propret ») débarque dans une chambre d'hôtel douteuse ? Même l'abbé Erpénius, sombre figure de prêtre tourmenté, semble onomastiquement lié aux batraciens, lui dont le nom rappelle le verbe grec ἥρπειν, « ramper », à l'origine du mot *serpent.* Jusqu'à Cyril Kavarnaliev, ce vieil horloger qui, dans *Le rat Kavar*, n'est pas sans dégager quelques relents de caves et d'égouts peu ragoûtants ?

À l'occasion, d'ailleurs, ces notes d'humour offrent un aspect grinçant, vaguement cynique même. C'est le cas des notations pseudo-philosophiques qui opèrent parfois dans cette direction : *Les veufs ne portent pas bonheur. Ils ont déjà l'expérience de la survivance. Ils en profitent* (*Le jeu secret*). À ce petit jeu des citations lapidaires, *La Porte oblique et autres secrets*, un recueil posthume de notes, d'aphorismes et de fragments inédits, comporte son lot de trouvailles éclairantes : *À quatorze ans, j'avais envie de soulever les jupes de la vie.* De même : *Les optimistes peuvent aussi être malheureux. Mais ils ne le sont pas à l'avance.*

D'un autre côté, l'écrivain a une manière très stricte, presque militaire de planter les personnages : *Grand, mince, les cheveux presque blancs, le visage plutôt rouge que hâlé, les yeux étrangement bleus, le colonel Bruck avait incontestablement une « sacrée allure »* (*L'initiation à la peur*). Parfois aussi, la grande rigueur accordée à la description débouche sur un décor tellement inspiré par les clichés du genre, qu'il semble avoir été alourdi à dessein et comme par plaisir. Une nouvelle comme *Le petit fantôme* présente une caricature du genre fantastique, comme un retour amusé sur lui-même.

Témoin et acteur lucide de son triple personnage, Thomas Owen prend un malin plaisir à duper ses lecteurs sans jamais se prendre lui-même à son propre piège et, quand il se divertit, c'est parfois au détriment des gendelettres : *un conte paru dans la revue « Zéro + zéro = O »* lui avait valu les félicitations et les louanges de ses collègues de *l'Université et aussi de l'éditeur Frankstein, failli récemment hélas, mais très ouvert à la littérature dans son pathétique renouvellement* (*Le tissu compétitif*).

Mais l'humour et l'autodérision ne font pas tout dans un style dont la griffe s'articule autour d'autres éléments récurrents. Premier d'entre eux, le recours à un certain dépouillement de la phrase. Dépourvue de propositions à tiroirs, celle-ci surprend parfois par sa brièveté comme elle peut aussi étonner par sa propension à tomber dans le mode négatif et à utiliser le pronom *il* avec une large prodigalité. Pas d'effets de manche, on file à l'essentiel. À l'inverse, l'auteur entasse parfois — là aussi comme par un défi ludique — les appellations, les cas, les phénomènes. Dans *La cave aux crapauds*, la collection d'anoures rassemblée par l'abbé maléfique ne compte pas moins de sept espèces décrites avec précision. Érudition un peu exagérée sans doute, mais qui entend faire sourire plus que forcer l'admiration.

Cette passion de l'exactitude des descriptions bien rangées relaie l'acuité du regard. Au travers d'une palette riche en dégradés, sensible aux tons et aux couleurs, on retrouve le souci constant d'associer l'élément secondaire aux propos centraux des intrigues : *Sur la table, un petit bouquet de muguets achevait de jaunir dans un verre. Dans le coin de la chambre, entre la fenêtre et l'armoire laquée, deux valises en toile grise, l'une sur l'autre* (*La fille de la pluie*). À vrai dire, la façon plus ou moins exercée de détailler les spectacles infiniment variables de la nature et du monde constitue le meilleur moteur de l'imaginaire : là où l'on croit voir d'étranges fruits noirs, pendent en fait des vampires (*Les fruits de l'orage*).

Tant qu'à œuvrer dans l'extraordinaire, Thomas Owen a le goût du motif insolite, comme si, par cette mise en abyme en son propre sein, le fantastique se renforçait ou se perdait. Même opposés, ces deux mouvements — perte et consolidation — travaillent paradoxalement dans un seul sens : puisqu'il s'agit en définitive de piéger le lecteur, comment le faire plus sûrement qu'en le mettant en confiance? L'auteur l'avouait dans une interview accordée à Frédéric Kiesel : Écrivain de l'*irréel, je suis terriblement réaliste.*

À l'évidence, la construction précise du décor renforce la crédibilité que l'on peut accorder aux histoires. C'est là, maint critique l'a souligné, une autre force de Thomas Owen. Subrepticement, sans crier gare, il amène le lecteur vers le point de rupture. Souvent, pour ce faire, il s'appuie sur un état des lieux initial cadastré à la poussière près. D'une banalité assurée, ces atmosphères de départ rassurent le lecteur, le plongent dans des meubles familiers et l'assoient confortablement dans le coin le plus tranquille. Méfiance! Cette quiétude idyllique a pour dessein de mieux leurrer le passant des livres. À l'occasion, la précision des couleurs, des matières, des lieux ajoute comme un liseré plus ou moins angoissant : *La porte peinte en brun chocolat était garnie de plusieurs serrures et la sonnette, en fer forgé en forme d'œuf* évidé, pendait robuste et bien accrochée du côté droit de l'*entrée... /... Ce fut la femme qui l'accueillit, vêtue d'un étrange peignoir de soie mauve* (*Les photographes*).

Bien entendu, tout ne s'articule pas sur un arrière-plan désespérément ordinaire. On a vu que, parfois, les lecteurs étaient emmenés sous des cieux peu habituels. Sans trop chercher, quelques animaux permettraient aussi de créer un véritable bestiaire qui, sans être comparable à ceux rassemblés in illo tempore par Jorge Luis Borges ou par Jean Ray, ne manquerait pas de captiver les cryptozoologues de bibliothèque. De même, enrôlés sous des costumes parfois inattendus, la plupart des personnages échappent à une trop grise neutralité. Au hasard des pages, on croise quelques ecclésiastiques un peu suspects, l'un ou l'autre malfrat, pas mal de vieilles dames qui sentent la naphtaline, beaucoup de jeunes dames ensorcelantes et même Jean Ray, protagoniste de premier ordre dans *Le cimetière de Bernkastel*. A priori bien tangibles, ces personnages s'accompagnent d'une invisible armada de figures insolites qui agissent presque comme autant de doublures au sens cinématographique du terme.

Dans le trajet sinueux de l'œuvre de Thomas Owen, les transformations de personnages mal assurés en êtres de chair et de sang (ou l'inverse) participent de la tentative d'explication de l'inexplicable. Cette recherche de l'être fantomatique, du double perdu, inaugure peut-être comme une quête de ses propres chimères, de son propre inconscient et — s'en étonnera-t-on ? — comme une recherche de soi-même. Au-delà de l'obsession de l'enfance, on remarque une volonté d'y retourner, voire, dans certains cas, de s'en emparer. On le constate dans *La cave aux crapauds* où l'abbé Erpénius possède le pouvoir de terrasser les crapauds à l'aide de son seul regard. Avant sa chute finale, punition divine administrée par un crapaud délégué pourtant supposé du Malin, l'homme de foi s'apprêtait à essayer son charme singulier sur un petit garçon...

Ce dédale psychologique qui explore aussi volontiers le subconscient reste peut-être l'un des traits les plus évidents de l'écriture owénienne. Soit dit en passant, même si la littérature ne constituait chez l'auteur qu'une activité parmi d'autres, il la vivait pleinement — le changement d'identité pour l'exercer n'était, à ce titre, sans doute pas dû au hasard.

La tentative d'aborder le fantastique par une minutieuse visitation intérieure joue à merveille dans *Le tétrastome*. Ce recueil met en scène une créature mystérieuse de forme sphérique et munie, comme le suggère l'étymologie, de quatre bouches. Dix-neuf fois, dans dix-neuf histoires, cet orifice apparaît sous des avatars variables. Tantôt phare de voiture, tantôt taureau aux ailes membraneuses, tantôt boule de fumée, l'ectoplasme fantasmagorique s'avère, en fin de compte, faire partie intégrante du héros qui le découvre en se regardant dans un miroir : *Sa présence dans le miroir me donne à penser qu'il se confond avec moi et que, depuis longtemps, je m'*étais confondu avec lui... /... *Il n'est plus besoin désormais de masques et de dérobades. La compénétration se trouve achevée.* Admirable mouvement en fait qui amène un auteur à la personnalité triple à s'identifier, via ses personnages, à un être tétramorphe...

# NOS VIES OUBLIÉES, DE L'APRÈS VIE À LA RÉINCARNATION?

## Pascale Lafargue

Pascale Lafargue est médium, parapsychologue, chercheuse, expérimentatrice, auteure et conférencière. Elle se consacre depuis trente ans à l'étude de la parapsychologie et des phénomènes paranormaux, après avoir étudié cette discipline durant 5 ans auprès de Raymond Réant.

Pascale Lafargue consacre ses recherches aux phénomènes de la réincarnation et de la compréhension des nœuds karmiques, de la vie après la mort, de l'entre - deux vies, des contacts avec les décédés, du dédoublement, de la rétrocognition, des recherches historiques et de l'exploration du passé.

Les informations paragnostiques qu'elle reçoit en clairaudience et voyance font l'objet expérimentation et vérification systématique tant d'un point de vue historique, qu'administratif. Son engagement est à la hauteur de son sérieux et ses travaux sont conduits dans la transparence et l'honnêteté qui la caractérise. Véritable Sherlock Holmes du paranormal, elle mène une enquête rigoureuse qui lui permet d'établir un contrôle « rationnel » de ses perceptions.

Son travail est régulièrement suivi d'enquêtes sur le terrain qu'elle mène à travers toute l'Europe. Avec son équipe, elle organise des voyages d'études pour contrôler les révélations faites sur les vies antérieures, retracer la vie d'un personnage historique, et travailler sur des sites historiques.

Enfin, Pascale enseigne la parapsychologie depuis vingt-cinq ans et assure de nombreuses conférences et interventions radio sur ses sujets de prédilection.

Pour le thème de la réincarnation, Pascale Lafargue présentera sa méthodologie de travail et montrera comment par un simple toucher de main et un regard, elle suit le cheminement de l'âme à travers les vies antérieures.

Les informations reçues en clairaudience et clairvoyance permettent de vérifier tant sur le plan personnel, historique, qu'administratif le contenu de ses perceptions. L'intérêt de ces révélations est de comprendre le sens des résonances psychologiques, ainsi que les répétitions de schémas de nos vies passées par rapport à notre vie actuelle, et décrypter ensuite le processus qui nous a conduits à vivre certains évènements ou certaines situations.

La conférencière ne nous a pas remis le texte de son intervention.

# SE SOUVENIR DU FUTUR

## Romuald Leterrier

Romuald Leterrier a accepté de remplacer au « pied levé » Bleuette Diot qui nous a fait défection. Sa conférence a été transcrite par Emmanuel Thibaut. Qu'ils soient tous des deux particulièrement remerciés.

Romuald Leterrier est chercheur indépendant en ethnobotanique. Il mène depuis une dizaine d'années des recherches pluridisciplinaires sur le chamanisme en Amazonie. Conférencier et conseiller scientifique pour des documentaires, il est aujourd'hui co-créateur d'un festival d'art visionnaire pour faciliter des échanges entre des artistes indigènes et des scientifiques.

Cette invitation imprévue au Salon des Littératures Maudites de Charleville-Mézières va me donner l'occasion de présenter les choses d'une manière un peu différente des conférences que je donne habituellement.

Je suis ethnobotaniste ; depuis une vingtaine d'années, mes recherches portent principalement sur les plantes de la région amazonienne. Tout en étant plutôt spécialisé dans les peuples amazoniens, je m'intéresse aux peuples dits « premiers » depuis mon adolescence, surtout les Aborigènes australiens, les peuples de Nouvelle-Guinée, etc. Je voudrais donc vous parler de notre livre écrit en collaboration avec Jocelin Morrison, *Se souvenir du futur*[45], mais, cette fois, en partant de ce qui nous a influencés, c'est-à-dire sous l'angle des savoirs traditionnels et natifs. Et donc faire le lien entre certains phénomènes *psi* et les ethnosciences, notamment sur le terrain de l'Amazonie péruvienne. *Se souvenir du futur* est un ouvrage sur les synchronicités, un phénomène fondé sur le concept de rétrocausalité décrit par le physicien Philippe Guillemant dans ses recherches. L'idée est de présenter mon travail sur la rétrocognitionen partant de son origine, c'est-à-dire la manière dont j'ai découvert ce phénomène auprès d'un chamane amazonien, mais aussi, pour introduire le sujet, de parler des phénomènes paranormaux dans ces sociétés natives.

À sa naissance, à la fin du XIXᵉ siècle, l'anthropologie était surtout une science de salon, c'est-à-dire que des gens comme Durkheim et Lévy-Bruhl n'ont jamais mis les pieds en Amazonie, en Australie ni en Nouvelle-Guinée. Ils ont effectué leurs analyses à partir de compilations de récits de voyageurs ou d'explorateurs, souvent avec un esprit colonialiste. C'était en effet l'époque des grands empires coloniaux et la tendance était à la colonisation du monde. L'Occident voulait s'imposer aux peuples premiers pour pouvoir exploiter les richesses de leurs territoires. Un second filtre

---

45        Jocelin Morrison & Romuald Leterrier, *Se souvenir du futur*, Trédaniel, 2019.

idéologique a bien entendu été celui de la religion, à travers les récits des missionnaires. On comprend donc que les informations datant de cette période doivent être comprises en tenant compte de ces deux biais de pensée. Pourtant, certains récits d'explorateurs relatent des cas de psychokinèse ou de précognition. On peut dire que tout le spectre des phénomènes paranormaux est présent également dans les cultures indigènes, mais ces données sont restées anecdotiques. Ces détails dérangeaient l'esprit des colonisateurs qui investissaient ces territoires et qui craignaient que, si l'on accordait du crédit à de tels récits, peut-être que ces peuples se révéleraient beaucoup plus développés que nous en ce qui concerne certains aspects cognitifs, de la pensée, de l'activité spirituelle. Une telle chose était totalement inacceptable pour les colonisateurs de la fin du XIX^e siècle et du début du XX^e. Dans les années 1920-1930 - un petit peu plus tôt dans la région du Pacifique, vers 1905 - , les premiers anthropologues qui se rendirent personnellement sur le terrain commencèrent à passer un peu de temps avec les populations indigènes. C'est le début de l'ethnologie participative, où on vit avec les peuples que l'on étudie pour pouvoir les comprendre. De cette période, il existe un bon nombre de témoignages intéressants, comme ceux de Gregory Bateson, Margareth Mead, Lévi-Strauss, etc. Ces ethnologues ont été en contact avec des peuples qui pratiquent des rites chamaniques, mais ils ont totalement occulté cette dimension du paranormal dans leurs travaux. On constate un déni. Le sujet n'est jamais abordé dans ces écrits, pensant que ces informations ne passeraient ni au niveau du public, ni à celui de l'administration et de la communauté scientifique. Plus d'un siècle plus tard, la situation est aujourd'hui encore pleine de tabous vis-à-vis de ce type de phénomènes. Avec le structuralisme,

Lévi-Strauss a apporté les bases rationnelles de l'anthropologie. Le structuralisme est une construction presque mathématique sur l'organisation sociale des peuples premiers. On a compris que l'anthropologie doit raisonner. Le seul anthropologue qui s'est saisi du sujet qui nous intéresse dans les années 1940 fut un Italien, Ernesto de Martino, avec un livre extraordinaire intitulé *Le monde magique*, un pavé de presque mille pages publié aux Éditions du Seuil que je vous conseille de lire[46]. Il y décrit justement tous ces phénomènes de psychokinèse, de consommation de plantes psychotropes, etc. La réaction fut immédiate : tout cela appartient au domaine du folklore et non à l'anthropologie ! Récemment, l'anthropologie a été marquée par Philippe Descola, successeur de Claude Lévi-Strauss au Collège de France. Celui-ci a fait un travail extraordinaire en s'intéressant de façon concrète à l'animisme, constatant qu'il se passe effectivement quelque chose de sérieux dans ce contexte. C'est là qu'on a commencé à parler d'intelligence non humaine. Ce terme passe lorsqu'il concerne les animaux ou les plantes, mais lorsqu'on l'applique aux esprits, ça coince encore un peu. Je me souviens d'une amie anthropologue qui a fait sa thèse chez les Indiens Shipibo-Conibo sur la sociologie et les plantes. Elle mentionne des séances de consommation d'ayahuasca et elle décrit aussi l'expérience psychique que cela entraîne. Lors de sa soutenance de thèse, le jury a dit que ce n'était pas possible de parler de ces choses-là, car elles relèvent de l'ordre métaphorique. On lui a reproché d'être hors sujet. Pourtant, lorsqu'on demande à un chercheur de faire de l'ethnologie participative et d'être vraiment au cœur du sujet, celui-ci se doit, à un moment donné, d'accepter ce dont nous parlent ces peuples, mais aussi

---

46      Commentaire sur https://www.cairn.info/revue-ethnologie-francaise-2001-3-page-537.htm

de l'expérimenter… Aujourd'hui, en 2019, Eduardo Kohn un anthropologue de terrain vient de publier un livre extraordinaire, *Comment pensent les forêts*[47]. Avec ce travail, on commence à envisager une anthropologie qui va clairement au-delà de l'humain. On y parle d'une véritable communication interespèces par le biais des rêves et de la reconnaissance des esprits des plantes. Il a donc fallu plus d'un siècle pour en arriver à tenir compte de ces questions, pourtant présentes dès le début dans l'anthropologie.

Je voulais commencer par résumer à votre attention ce qu'a été l'anthropologie du siècle dernier et contemporaine. Quand, moi, je suis parti en Amazonie au début des années 2000, je suis parti en tant qu'ethnobotaniste. Honnêtement, participer aux rituels d'ayahuasca me faisait un peu peur. Je n'étais pas spécialement emballé. Puisque les chamanes insistaient, je n'avais pas vraiment le choix et j'ai dû me résoudre, moi aussi, au mode participatif et à accepter cette expérience. Cette expérience a complètement changé ma vision du monde qui était jusqu'alors très rationnelle. Je comprenais pourtant qu'il pouvait se passer tout et n'importe quoi dans le monde des visions. J'ai commencé à changer d'optique en étant confronté à deux phénomènes. La première année où je suis allé en Amazonie, le premier évènement marquant a été une séance de vision collective que j'ai déjà racontée maintes et maintes fois. Je ne vais donc pas le redire ici. Le principe de la vision collective est le suivant : lorsqu'on a pris de l'ayahuasca, on se trouve plongé dans sa propre subjectivité et on a des visions, mais on va aussi voir les personnes qui sont là avec soi dans la hutte de cérémonie *maloca*. Or, tout le

---

47    Eduardo Kohn, *Comment pensent les forêts*, Zones Sensibles, 2019.

monde peut partager une vision collective. Lorsqu'on sort de cette expérience et qu'on discute le lendemain avec ceux qui étaient présents, ils racontent qu'ils ont vu la même chose que nous. C'est une expérience qui se vit en subjectivité, mais qui implique une forme de conscience unitaire.

Ce phénomène m'a profondément troublé, je l'ai expérimenté maintes fois et j'ai compris que le chamanisme fonctionne de cette façon. Lorsque le chamane est dans le monde des visions, il crée une vision collective et, à un certain moment, il accède à la psyché de chacun de ses patients. C'est-à-dire que s'il y a dix personnes, il est capable de se caler en permanence et simultanément avec la vision et la psyché des dix personnes, comme s'il était dans un multiplex et qu'il voyait les dix structures visionnaires de chacun. Une autre expérience qui m'a beaucoup troublé, c'était un peu plus tard, en 2006. Je voulais faire un livre sur les esprits des plantes et, pour l'illustrer, je voulais trouver un chamane-peintre qui pourrait me dessiner ces esprits des plantes. À l'époque, Pablo Amaringo était déjà très âgé et il n'avait pas le temps de faire ce travail. Il m'avait dit : « c'est beaucoup de travail, je dois m'occuper de mon école avec les enfants. Je préfère transmettre mon savoir plutôt que de passer du temps à faire ce genre de choses. » Je lui ai répondu que je comprenais très bien. Il m'a donc recommandé un jeune chamane Shipibo qui s'appelle Milké Sinuiri que j'ai donc rencontré pour ce projet. J'ai vu arriver un jeune Indien d'environ 25 ou 26 ans, à l'époque, avec des cheveux longs, ce qui est rare pour les Indiens aujourd'hui. Il était vraiment revendicatif de sa culture traditionnelle. Il avait un regard très perçant, un vrai charisme. C'est quelqu'un à côté de qui on ne peut pas se tenir et se sentir en situation anodine. Il se dégageait quelque chose de très fort de ce personnage. Donc, nous étions en train de boire une bière à Pucallpa. Je lui ai exposé un peu mon projet, je lui ai dit que j'avais besoin de dessins. Il m'a laissé parler pendant une demi-heure en me regardant. Je me sentais plutôt mal à l'aise. Et puis, il m'a dit : «Vous, les *gringos*, ça fait 200 ans que vous venez piller notre culture, nos richesses, nos forêts.» Évidemment, je l'ai mal pris parce que je ne m'inscris pas dans cette optique. Mais il m'a répondu : «Si, si! Même si toi, tu n'as rien fait, tu en es. Depuis des générations, l'Occident a fait beaucoup de mal ici.» Là, j'ai bien réfléchi et je lui ai dit qu'il avait raison. Je suis un peu absolutiste : j'ai pris tout mon projet, je l'ai déchiré et je l'ai jeté à la poubelle devant lui. Je lui ai dit : «Je laisse tomber, je ne le fais plus. C'est ça, la solution.» Il a dit : «Ah? En général, vous, les Occidentaux, vous ne lâchez pas l'affaire comme ça.» J'ai répondu : «Non, non; c'est toi qui as raison. On en termine là et on est clairs tous les deux. Mon projet était nul, je laisse tomber.» Donc, on s'est quittés, lui avec un grand sourire et moi quand même un peu chamboulé parce que quand on monte un projet, on n'aime pas le voir tomber à l'eau. Et puis, la nuit suivante, j'ai fait une sorte de cauchemar où je le voyais; je me retrouvais systématiquement avec ce jeune homme face à moi. Un truc qui me mettait vraiment super mal à l'aise. Je me suis réveillé de ce cauchemar, puis je me suis rendormi. Et là, boum! Je me retrouve face à lui, dans le même cauchemar. Ça a duré toute la nuit. Le lendemain, je me lève, je vais voir mon informateur Thierry Guiles. Moi, j'étais bien fatigué; lui avait un petit sourire et il m'a demandé comment ça allait : «Tu as bien dormi?» «Non» «Ça ne m'étonne pas, parce que j'ai vu Milké hier soir et il m'a dit qu'il allait prendre l'ayahuasca pour regarder ce que tu valais de l'intérieur.» Qu'est-ce que cela veut dire ? Moi, je n'avais rien pris, pas de plantes, rien. Le type, par le biais de cette capacité cognitive qu'il a développée en lien avec l'ayahuasca, était capable de scanner ma propre conscience ! Mon propre esprit, mon propre contenu onirique !

À partir de ce moment-là, je me suis dit qu'il fallait prendre un peu plus au sérieux ces notions et y aller avec des pincettes pour essayer de comprendre. Pour comprendre, j'ai décidé d'alterner des recherches d'ethnobotanique pure avec des recherches sur les pouvoirs *psi* auprès de certains chamanes. Thierry Guiles qui m'a dit que sur le Rio Caleria il y avait un vieux monsieur qui s'appelle Ernesto dont on disait qu'il avait la capacité d'aller voir dans le futur, et que c'est apparemment facile de le faire. Donc, j'ai pris une pirogue *Peke-Peke* comme on en trouve en Amazonie et j'ai remonté le Rio Caleria. Ça, c'était en 2007, pour aller voir Ernesto dans une communauté native assez éloignée. Je suis arrivé sur place avec une bouteille et du tabac, je ne lui ai pas parlé de mes intentions. Pendant deux heures, on s'est bien marrés, on a raconté plein de conneries. J'ai imité les bruits de la forêt que j'avais appris avec d'autres Indiens. Surtout, j'avais apporté mon didgeridoo avec moi, et j'ai donc joué un moment. La musique et l'humour m'ont permis d'établir un vrai contact avec Ernesto qui m'a dit qu'il voulait bien m'enseigner certaines choses sur ces capacités, mais qu'il allait falloir que je reste un peu sur place et que je fasse certaines diètes. Ernesto est un *tabaquero*, c'est-à-dire un chamane qui travaille avec le tabac. En Amazonie, le tabac est considéré comme beaucoup plus fort encore que l'ayahuasca. C'est la plante de santé par excellence, la plante qui permet de se débarrasser des mauvais esprits et de soigner les gens. Pour nous, c'est paradoxal parce qu'on nous apprend que le tabac tue - et c'est vrai, parce que nous fumons comme des imbéciles. Ernesto m'a dit : « Il y a une chose que les Blancs n'ont jamais comprise, c'est que nous, la fumée, on ne l'avale pas. » En fait, ils crapotent. « On travaille en conscience avec l'intention et avec le tabac. Alors que vous, vous fumez des clopes sans même réfléchir à ce que c'est. » Le tabac est la plante médicinale la plus puissante qui existe dans le chamanisme.

Ernesto m'a donc dit de rester sur place et de faire une diète. Pour moi, une diète, ce n'était pas une petite chose car je suis un bon vivant. Je suis Ardennais (*rires*). Donc, je m'isole un peu à l'écart du village ; Ernesto me fait prendre du tabac ; je ne mange quasiment plus rien, du poisson bouilli et des bananes plantain. Ça dure quand même trois semaines. Je pense que le plus dur a été les six ou sept premiers jours. J'avais vraiment des hallucinations de camembert dans la forêt. J'étais en plein sevrage de mon addiction au fromage ! Je n'en pouvais plus. J'aurais pu frapper quelqu'un tellement j'étais en colère. On devient fou, on se demande ce qu'on fait là, pourquoi on voulait tellement apprendre ces choses. On n'y croit plus. À cause du manque de nourriture habituelle, une sorte de colère monte à l'intérieur et on s'en prendrait à la terre entière. Alors qu'il y avait autour de moi des choses extraordinaires à observer, je passais mon temps à penser à manger du camembert, à boire une bière, etc. J'étais très agité, mais, à un certain moment, j'ai compris quelque chose. À chaque fois que j'étais agité, je voyais une apparition qui était tout le contraire de mon comportement : un homme très calme et méditatif. Je me suis dit que cela m'apportait une réponse. À chaque fois que je pensais à quelque chose, une réponse me venait de l'environnement. C'est-à-dire que je percevais des signes dans la forêt, dans les animaux. Là, j'ai repensé au concept de synchronicité de Jung et j'ai compris que la diète génère des synchronicités. J'en ai parlé à Ernesto, qui ne connaissait pas le mot de synchronicité ; pour lui, il s'agissait de la science des signes. Mais c'est exactement la même chose. Donc, je lui ai expliqué cette autre façon de concevoir la perception des signes. Ernesto m'a répondu que lorsqu'on fait une diète, on redevient comme un animal ; c'est-à-dire qu'on récupère la dimension instinctive du corps et des sensations. C'est cela qui permet de percevoir les synchronicités. En fait, les synchronicités, c'est comme un sens supplémentaire, une attention particulière que l'on retrouve lorsqu'on récupère une certaine forme de conscience proche de l'animalité.

Avec Ernesto nous avons fait des exercices pratiques. Nous nous sommes déplacés de nombreuses fois dans la forêt. Il me donnait des cours dans la forêt, comme à l'université de la jungle. Un jour, il m'avait fait lever tôt, je crois que c'était vers cinq heures du matin, pour aller vers une falaise d'argile où les aras macao, les grands perroquets amazoniens, viennent manger du kaolin pour se faire des pansements gastriques et pouvoir digérer les graines très taniques dont ils se nourrissent. J'ai donc posé la question à Ernesto : «Comment les aras ont-ils découvert la recette du Smecta ? » C'est quand même mystérieux ! Ernesto m'a expliqué que chaque espèce est sous la gouvernance d'un esprit-maître qui a une connaissance complète de ce dont cette espèce a besoin, dans le passé comme dans le futur. Cet esprit se trouve en-dehors du temps. Là, j'ai commencé à comprendre que c'est vraiment intéressant. Il m'a donc dit qu'il était temps de commencer ma formation pour comprendre la nature du temps. Son travail à lui était, entre autres, de retrouver des gens disparus en allant les chercher plusieurs années dans le futur. Cela s'apparente un peu à la notion de *remote viewing*. Il m'a dit qu'il allait m'enseigner à avoir des rêves prémonitoires. Dans un rêve, il s'agit simplement de choisir une scène ou une image très parlante, dont on se souvient bien, et demander à voir apparaître cette scène ou ces éléments d'image dans la réalité, en se donnant un délai précis. Par exemple, on veut le voir dans les quinze jours qui suivent. Ça peut être trois semaines, un mois ou deux ans. J'ai fait un superbe rêve dans lequel je voyais dans la forêt un jaguar en train de me regarder de ses yeux verts et qui posait sa patte sur un tas de pièces d'or. Au matin, j'ai décidé de choisir cette image, je l'ai notée, j'ai marqué un délai d'un mois et j'ai refermé mon cahier. J'ai oublié cette histoire. Je l'avais racontée à Ernesto un peu ironiquement en lui demandant comment j'allais voir dans la forêt un jaguar en train de me regarder en posant la patte sur un tas de pièces d'or. Il me restait deux mois à passer dans la forêt, sauf que, trois semaines plus tard, j'ai dû me rendre en ville. J'ai redescendu le Rio Caleria pour aller à Pucallpa. Là, j'ai pris un véhicule pour aller à un rendez-vous et, au détour d'un carrefour, j'ai vu un panneau de publicité pour une banque péruvienne : un jaguar aux yeux verts, la patte posée sur des pièces d'or ! Quand j'ai vu ça, j'ai évidemment fait le rapprochement avec l'image de mon rêve. Ernesto m'a expliqué ensuite que, quand on constate cette synchronicité dans la réalité, quand on la voit, on repense alors à son rêve. Et en y repensant - par l'acte de mémoire - , on va donner au rêve son contenu, trois semaines dans le passé ! C'est une boucle temporelle cognitive. Voilà comment ça fonctionne. Je vous invite à le faire ; c'est très simple. Vous notez un rêve qui vous a marqué, une image précise ; le mieux est de choisir la dernière image onirique qui vous revient. Précisez un *timing* et essayez de voir cette image dans la réalité. Quand cela se produit, il y a un effet de stupéfaction, et c'est peut-être ça qui agit. Ernesto m'expliquait que cela active une partie de nous-mêmes qui vit en dehors du temps et de l'espace, qui est ce qui va agir sur le rêve dans le passé. Pour eux, le rêve, c'est du désordre ; la cognition devient chaotique. C'est de l'indéterminé. Le hasard est le support de la conscience extratemporelle. Donc, la boucle permet de s'envoyer l'information dans le passé. J'ai recueilli beaucoup de témoignages sur le sujet lorsque j'ai commencé à écrire *Se souvenir du futur*. J'ai reçu un témoignage extraordinaire d'un agriculteur de la région de Bergerac. Depuis qu'il était petit, il faisait toujours le même rêve : il rêvait qu'un avion de chasse s'écrasait à côté de lui. C'était un cauchemar récurrent qu'il a fait depuis l'âge de six ans jusqu'à 43 ans passés, jusqu'au jour où un avion de chasse s'est vraiment écrasé. C'est un évènement complètement improbable, vous pouvez bien l'imaginer. Quand il a vu ça, la première chose qu'il a faite a été de repenser à tous ces cauchemars qu'il avait eus pendant des années, avec une émotion extrêmement forte et une très grande stupéfaction. Plus l'émotion est forte, plus cela renvoie l'information loin dans le passé. Ce que me disait Ernesto, c'est que ce n'est pas compliqué ; tout le monde est apte à le faire. Notre mémoire fonctionne dans les deux sens ; pas uniquement du passé vers le futur, une idée à laquelle nous avons été formatés depuis notre enfance. Intuitivement, c'est comme ça que ça se passe, avec une temporalité séquentielle. Mais ça fonctionne aussi du futur vers le passé. Le futur existe déjà et il influence le passé.

À l'époque, je n'avais pas de modèle théorique pour comprendre une telle expérience. Puis, en 2012, j'ai rencontré le physicien Philippe Guillemant qui a écrit *La route du temps,* un livre qui parle de la double causalité, qui est l'influence du futur sur le présent[48]. Là, évidemment, j'ai fait le rapprochement. C'était justement le cadre théorique dont j'avais besoin pour comprendre ce que j'apprenais avec Ernesto. J'ai compris tous les mécanismes qui se mettent en place lors de ces phénomènes. Ernesto me disait : « tu sais, cette cognition, cette façon de faire, il faut l'entraîner. Si tu ne pratiques pas régulièrement, tu perdras cette capacité. » En fait, la rétrocognition, c'est quelque chose qui se muscle. Moi, j'ai trouvé une méthode qui me convient bien qui s'appelle le Yi King. C'est l'oracle le plus connu au monde, originaire de la Chine taoïste. Il a plusieurs milliers d'années d'histoire, puisque son

---

48      Philippe Guillemant, *La route du temps* - Théorie de la double causalité, Le Temps Présent, 2014.

origine se perd dans le chamanisme qui a précédé le taoïsme. Au départ, on faisait brûler des omoplates de cervidés pour en interpréter les fissurations. À partir de là, on a élaboré un système de situations types en 64 hexagrammes. Ensuite, on l'a fait avec des carapaces de tortues, au point d'avoir fait disparaître les tortues terrestres de Chine. On a retrouvé des bibliothèques avec des milliers et des milliers de carapaces de tortues qui ont servi pour la divination. À cette période, on a codifié ce système dans ce que l'on a appelé le « Livre des Changements ». Bien sûr, cet outil utilise cette façon de faire de la rétrocausalité. Comme est-ce que cela fonctionne ? Il existe une méthode avec des tiges d'achillée, c'est assez compliqué alors je vais prendre la méthode plus simple, qui est celle des pièces. On a trois pièces qu'on lance six fois pour créer un hexagramme, c'est-à-dire une structure géométrique constituée de deux trigrammes. Cela renvoie à une explication. On commence par poser une question ; moi, en général, je la pose à haute voix en posant la main sur le livre. Les anciens disaient : « tu approcheras le Yi King avec respect, comme tes parents. » Celui qui connaît un peu cet oracle se rend très vite compte qu'il est habité par quelque chose, par une intelligence. On pose une question, on lance les pièces et on reçoit une information. Lorsqu'on vérifie plus tard cette information dans le futur, on s'en souvient ; le tirage avait vraiment dit ça. Et qu'est-ce qui se passe ? C'est comme avec l'image du jaguar : on renvoie dans le passé une information qui agit sur les pièces que l'on jette. Quand vous pratiquez ce Yi King à outrance, comme j'ai pu le faire — à un certain moment, j'étais en dépression et il y a eu des journées ou je faisais vingt ou trente tirages quotidiens —, cela a boosté très fort ma rétrocognition. Sans rien faire, sans intention, sans essayer d'exercer d'une manière quelconque une force parapsychique (c'est là le piège), on arrive à voir les pièces faire des choses incroyables. J'ai vu une pièce tomber sur une face, puis se tourner de l'autre côté ! Un de mes élèves a tiqué ; il a vu ça et il a reculé en demandant ce qui s'était passé. Je lui ai répondu : « c'est toi. C'est toi, dans six mois ou un an, quand tu auras vu ta réponse. Ça agit sur les pièces. » Alors, ça, c'est une technique qu'on peut utiliser. Il existe plein d'oracles, les runes, les tarots… Il y a de nombreuses pratiques possibles. Donc, la rétrocognition est aussi une rétropsychokinèse. On agit par le biais de fenêtres de hasard sur la matérialité du monde, mais lorsqu'elle est aléatoire - si cette matière est aléatoire. Lorsqu'on lance des pièces, on est bien sur une matière aléatoire.

Dès 2013, dans mes ateliers de rétrocognition, j'ai enseigné aux gens à faire des synchronicités. C'est un protocole très simple : j'ai mis dans une boîte une cinquantaine d'images d'animaux découpées dans des catalogues. On n'est pas obligé d'en avoir cinquante, il peut y en avoir moins, mais une vingtaine quand même pour avoir un peu de brassage. Dans une autre boîte, on met des archétypes. La question qui vient toujours, c'est : « les animaux OK, mais les archétypes on ne comprend pas très bien. » Ce sont des symboles. On prend un dictionnaire de symboles, on choisit des pages au hasard, on fait des photocopies et on obtient comme ça une série d'images d'archétypes sur des petits morceaux de papier. Pourquoi deux boîtes ? Ernesto que disait qu'on est fait pour repérer des signes dans la nature. Depuis toujours, la nature est notre moyen de survie, pour manger, chasser, éviter les prédateurs. Dans la jungle, on développe une sorte d'attention cognitive particulière qui est une sorte d'attention flottante. Il faut toujours être sur le qui-vive pour ne pas se faire tuer et pour pouvoir manger. Même si on vient d'une culture moderne ou qu'on vit en zone urbaine, ce sens est présent et il reste extrêmement actif chez tout le monde. J'ai donc décidé de choisir des animaux et, dans l'autre boîte, des archétypes parce que, dans le peu que j'ai pu étudier de physique et de psychologie analytique, notamment à travers les travaux de Marie-Louise von Franz qui était une collaboratrice de C. G. Jung, il y a cette idée - et ça, c'est discuté par Pauli, qui a reçu un prix Nobel, et par Jung - que les archétypes seraient le ciment unitaire de notre réalité. C'est-à-dire qu'ils sont à la fois psychiques et à la fois physiques. On le voit dans *Matière et psyché* qui est un ouvrage que je vous recommande[49]. Donc, dans mes ateliers, j'enseigne aux gens à s'exercer avec ça. La première expérience que je propose est simple : pas de chance, au lieu de tirer un animal comme prévu, moi, j'en ai tiré deux : un rat et un hérisson. J'ai choisi le rat. Dans l'autre boîte, j'ai tiré le cristal. J'ai donc posé un *timing* ; c'est très important. À l'époque, j'avais peur que ça ne se réalise pas, donc j'avais mis un *timing* de 15 jours. Je me disais que si ça ne marchait pas, j'aurais peut-être oublié tout ça en 15 jours. Tout noter est important, car cela permet d'oublier et de lâcher prise. Vous fermez votre cahier, vous le mettez de côté, vous oubliez ça et vous n'y pensez plus. Parfois des gens me disent : « les 15 jours sont passés et rien ne s'est produit ». Je réponds : « c'est bien » « Ça n'a pas marché ? » « Non, ça n'a pas marché. » Et ils me rappellent le lendemain pour me dire qu'ils viennent de voir leur synchronicité. J'explique : « À quoi sert le *timing* ? Il sert à faire lâcher prise à ceux qui ne veulent pas lâcher prise. Quand vous me dites que le *timing* est dépassé, c'est que l'expérience est finie - et là, vous lâchez vraiment prise. Et ça se passe ! » Pour en revenir à mon expérience, j'avais donné 15 jours et j'ai très vite oublié, parce que je n'y croyais pas du tout.

---

49      Marie-Louise von Franz, *Matière et psyché*, Albin Michel, 2002.

Quelques heures plus tard, j'ai pris ma télécommande pour regarder la télévision. Elle m'a glissé des mains, est tombée par terre et a mis en marche une chaîne que je n'avais pas du tout l'habitude de regarder : une chaîne de jeux vidéo. Qu'est-ce que j'ai vu apparaître ? Un énorme rat avec des cristaux de quartz sur le dos qui le rendaient comme un hérisson ! Donc la synchronicité s'est manifestée seulement quatre heures après, et elle a condensé tous les motifs qui étaient entrés dans ma conscience au moment du tirage. Ce genre de choses s'est souvent reproduit dans mes ateliers. Un exemple très éloquent s'est passé à Lyon, où un jeune homme qui se présentait comme très cartésien a voulu mettre un délai d'une heure seulement après la sortie de l'atelier. J'ai dit : « OK. » Moi, au bout de trois ans, j'arrivais à des synchronicités au bout de dix minutes après le tirage. Mais c'est après trois ans d'entraînement, et avant cela je m'étais bien entraîné avec le Yi King. J'étais devenu un peu le Schwarzenegger de la rétrocognition. Il avait tiré une seule carte, une sorte de dragon très coloré avec une forme très caractéristique. Il m'a dit : « bon, eh bien, si je vois ça en sortant, je vous appelle ! » À peine une heure plus tard, je reçois un message de sa part sur Messenger : « trop fou, le truc de dingue ! Regardez ce que je viens de voir dans le métro. » Pour l'anecdote, il avait pris en photo l'image de dragon du tirage qu'il avait fait. Il avait fait cette photo au flash, et le coup de flash avait fait une tache blanche sur son dragon. Ce qui est intéressant, c'est qu'à peine une heure après être sorti de l'atelier, il a vu un graff' sur un train dans le métro qui ressemblait à s'y méprendre à la structure et aux couleurs du dragon ; et là où c'est très fort, c'est qu'au niveau de la tache blanche de la photo qu'il avait prise, il y avait aussi une tache blanche au même endroit sur le graff », fait par le graffeur bien longtemps avant ça. Ce qui est fou dans cette histoire, c'est que ce qui est entré dans la conscience de l'observateur s'est manifesté dans la réalité avec tous les détails, même la tache du flash! Ce qui veut dire que ces phénomènes de synchronicité créent les évènements. Ça veut dire que l'évènement entoure la matière. L'influence ne se fait pas sur quelque chose de physique. Quand on voit les recherches qui ont été faites en psychokinèse pour essayer de penser l'action de faire bouger un objet, dans lesquelles les gens essaient d'exercer une concentration, une force psychique… Quand on fait ça, c'est raisonner en termes mécaniques. Or, il n'y a pas besoin de ça. Lorsqu'on agit sur les évènements, il n'y a pas besoin de force ni d'aucune attention particulière. C'est uniquement le constat de son existence qui donne existence à l'évènement dans le passé et, donc, celui-ci se crée dans cette boucle de rétrocognition. C'est comme ça que ça se manifeste.

Je ne suis pas venu tout seul aujourd'hui; je suis venu avec un copain (*il désigne une statuette de bois posée sur le pupitre*). C'est une statue d'ancêtre de la tribu des Iatmul de Nouvelle-Guinée. Cette œuvre provient de la région du Sepik qui se trouve dans la partie est de la Nouvelle-Guinée, c'est-à-dire la partie dite « Papouasie-Nouvelle Guinée », et non la partie indonésienne Irian Jaya. Elle date de 1932; j'en ai fait l'acquisition l'année dernière. Je suis passionné d'art océanien depuis mes 14 ans et quand j'ai eu la possibilité d'avoir cette pièce, j'ai dit « OK, je l'accueille. » Je dis bien « je l'accueille », parce que — et là, c'est intéressant de faire un point sur l'art — que dirait un expert en arts premiers? Voici une belle représentation d'ancêtre de la tribu des Iatmul; on voit les motifs claniques, son grade dans la hiérarchie tribale. Tout ça, c'est très bien, mais en réalité il ne s'agit pas d'une représentation. En fait, c'est la *présence* de l'ancêtre. C'est-à-dire que lorsqu'il a fait cette sculpture, le sculpteur-chamane l'a faite pour donner un deuxième corps à l'âme errante de cet ancêtre. Pour lui permettre d'être un réceptacle. On est donc dans la notion de présence, ce que j'appelle, dans l'art, le « présentialisme ». À l'intérieur de ce morceau de bois, dans la pensée native de ce peuple, est censé être contenu l'esprit d'un ancêtre. Lorsque je parlais d'art avec Pablo Amaringo en Amazonie — Pablo Amaringo est le créateur de l'art visionnaire amazonien ; il a été le premier, sous l'impulsion de l'ethnobotaniste colombien Eduardo Luna, à peindre les visions de l'ayahuasca. En 2007, pour la création du festival « Chimeria », j'ai passé beaucoup de temps à travailler en Amazonie avec Pablo Amaringo et l'ethnologue Romain Leclerc sur ses peintures. Je me souviens d'une chose qui a été pour moi comme une révélation. On était devant l'une de ses peintures sur laquelle il y avait des représentations d'esprits. J'ai dit : « tiens, ces esprits sont bien représentés ». Pablo m'a répondu : « représentés ? Mais ce n'est pas de la représentation ! Les esprits sont dans la toile. Moi, quand je peins, je fais venir l'information et l'énergie de l'esprit dans la toile. Je récite un *icaro*, je le chante et si je ne chante pas cet *icaro*, je n'arrive pas à peindre l'esprit. » Lorsqu'il est peint, l'esprit est dans la toile. Il y est contenu. Si vous mettez cette peinture sur votre mur, chez vous, vous avez l'esprit qui est à l'intérieur de cette toile qui peut avoir une chance de communiquer avec vous, la nuit, par des rêves ou autres.

En ce qui me concerne, j'étais un peu ouvert à ce genre d'idées. Je n'y étais pas fermé et donc, lorsque j'ai eu cette œuvre d'art à la maison, je me suis posé pas mal de questions à son sujet. Qu'est-ce qui s'est passé ? Eh bien, cela s'est manifesté en rêve. J'en ai rêvé à peu près une dizaine de fois, avec des leçons qui me montraient ce que l'ancêtre avait vécu, qui il était, pourquoi il était encore en lien avec cette statue, comment il était capable d'intervenir, de changer, d'avoir des interactions avec moi. Il m'a expliqué deux choses très importantes, c'est que le jour où la peinture blanche aura complètement disparu de cette sculpture, il n'aurait plus la possibilité de se manifester par son biais. Il me l'a clairement dit. Ce qui le déconnecte complètement de la possibilité d'avoir une interaction avec moi, c'est si on enlève les deux cauris qui forment ses yeux. Ce sont des informations que je n'avais pas pu vérifier à l'époque, mais que j'ai pu vérifier depuis, parce que je me suis beaucoup intéressé à la culture Iatmul. Que s'est-il donc passé avec cette statue ? Il y a eu des phénomènes de psychokinèse ; au début c'est super flippant. Ça se manifeste comment ? Par exemple, vous êtes couché et dans la chambre de votre fils, vous entendez des jouets qui n'ont pas de piles se mettre en route. Vous vérifiez ce jouet et il n'a pas de piles ! Ensuite, il y a des livres qui tombent des étagères, des livres bien coincés entre d'autres et sur lesquels il faut vraiment exercer une force mécanique pour les dégager. Ça s'est reproduit plusieurs fois. Ça s'est encore produit il y a deux jours. Quand je lui ai dit que j'allais l'amener ici, ça a fait tomber une autre statue que j'ai chez moi et qui ne pouvait absolument pas tomber. Elle était bien calée, avec un petit rebord qui empêchait qu'elle puisse tomber. J'ai donc dit : « OK, j'ai compris le message » et je lui ai demandé si je pouvais le faire. La réponse a été oui. Le phénomène le plus important que j'ai eu : j'étais chez moi, sous la douche, et je me suis pris une pluie de boutons sur la tête, vous savez les petits boutons de manches de chemise. J'ai vérifié partout chez moi et je n'ai rien pu trouver qui ressemble à ça. Je me suis demandé ce qui se passait. Je trouvais que ce serait bien que tout ça se calme un peu. Je lui ai dit : « D'accord, tu es actif, mais j'ai besoin d'être en bon rapport avec toi. » Ce que j'ai remarqué d'intéressant, c'est que jamais je ne vois la chose mécanique tomber. Je ne vois pas les bouquins tomber ni la statue. Je ne vois pas le jouet se déplacer, mais je les entends. J'ai donc l'impression que ce phénomène utilise une sorte d'angle mort de l'interaction. Par contre, je peux capter par l'ouïe. On peut donc supposer que le sens de l'ouïe est un peu plus ouvert sur les dimensions invisibles. Voilà, tout ça pour vous dire finalement qu'on ne peut pas simplement se balader au Quai de Branly et passer à côté d'objets sans se dire qu'en fin de compte ce ne sont pas vraiment des objets. Quelque part, ces objets sont encore très actifs, très dynamiques et encore habités.

Voilà, en résumé, le panorama que je voulais vous donner sur la rétrocognition, sur *Se souvenir du futur* et sur les liens avec les peuples premiers qui sont, pour moi, de grands enseignants auxquels on devrait redonner beaucoup d'importance aujourd'hui. L'autre jour, j'étais avec un chauffeur de Uber à Paris, un Wolof sénégalais. Il me parlait des traditions de chez lui où tout est encore magique. Je lui ai dit : « vous savez, tous ces pouvoirs cognitifs, ils sont à fleur chez vous ; ils sont juste au-dessous du seuil de la rationalité. Le jour où vous allez en prendre conscience et vous allez les utiliser, cela va changer l'avenir. Et cette révolution, à mon avis, elle va passer par la conscience. »


*Questions du public :*

*– Pensez-vous que l'esprit de cette statue est entré volontairement en lien avec vous ?*

– Je pense que c'est même mieux que cela ; je pense

qu'il a émis l'intention de venir chez nous. J'ai une connaissance collectionneur d'art premier. Je l'avais prévenu que je cherchais ce genre d'objets de telle tribu. Il m'avait répondu que ce que je voulais est rare. Et il m'a appelé quinze jours plus tard en me disant : «c'est un truc de dingue, j'en ai une!» Donc, quand j'ai émis l'intention, c'est un peu comme avec les synchronicités : il n'a pas fallu beaucoup de temps pour que cela se manifeste. Chez moi, ils sont considérés comme des amis. Évidemment, il y a des gens qui viennent chez moi et à qui ça fait peur - surtout ceux qui sont dans les thérapies énergétiques. Ils me disent que je suis dingue, que je ne devrais pas avoir ça chez moi, que ce sont des trucs malfaisants. Il ne faut pas le voir comme ça. Il y a effectivement la dimension de l'accueil. Dans ces manifestations psychiques, il y a autant de lui que de moi. Comme j'ai accepté en conscience cette ouverture aux phénomènes, lorsque je fais le constat de ces phénomènes, je co-crée l'évènement. Je permets sa réalisation. Quelqu'un qui y serait complètement fermé ne verrait pas ça. Je crois que c'est clair. Ce n'est pas une question de croyance; c'est qu'à un moment, on ouvre quelque chose au niveau de la conscience.

- *C'est un type de phénomène qu'on retrouve dans notre société ?*

- Oui, ces phénomènes sont plus répandus qu'on le croit, chez nous aussi, en effet. Des amis qui ont des collections d'art premier m'ont dit que les objets bougent chez eux aussi. Et c'est un peu la même chose avec le phénomène de *remote viewing*. Prenez le Projet Stargate[50]; si cela n'avait pas fonctionné, jamais les militaires américains n'auraient mis autant d'argent là-dedans. À mon avis, cela fonctionne aussi par rétrocognition. Il y a un *viewer* à qui on fournit des coordonnées et qui fait une séance. Il produit un croquis à partir d'une expérience psychocorporelle qui fait émerger une information qui finalement donnera une image assez claire de ce qui se trouve sur place. Mais quand on donne le résultat au *viewer* après sa séance, on lui montre des photos, des images, et il constate, souvent avec surprise et beaucoup de joie que sa cible correspond bien à ce qu'il a perçu. Ce qu'il fait certainement, c'est renvoyer l'information qui avait généré ce qu'il a aperçu. Il y a clairement un phénomène de bouclage temporel. D'ailleurs, lorsqu'on ne peut pas donner de *feedback* au *remote viewer*, on s'aperçoit qu'il part dans l'imaginaire. Tandis que lorsque l'expérience inclut un *feedback*, la vision est remarquablement claire.

- *Question de la rédaction : Précisons l'existence de deux types d'expérience chez Ingo Swann[51]. Il y a les cas d'espionnage à partir de coordonnées géographiques, vérifiables ensuite par* feedback *avec des photos ou directement sur le terrain, ce que vous expliquez par le principe des boucles de rétrocognition. Et puis il y a les autres cas, comme ce que Swann décrit dans son travail sur la face cachée de la Lune. Dans ce cas, on ne peut pas actuellement avoir de documents de vérification suffisants. Mais cela pourrait quand même fonctionner avec votre modèle, si l'on tient compte de l'existence d'autres représentations, cette fois, que Swann aurait pu*

---

50      Ndlr : Voir l'interview d'Ed May, directeur du Projet Stargate, *Nouvelle Gazette Fortéenne*, EODS, à paraître en 2020.
51      Ingo Swann, *Pénétration*, EODS, 2011.

*voir et qui auraient alimenté ses perceptions par boucle de rétrocognition, d'où l'aspect plus imaginaire de ces résultats. Est-ce correct ?*

- Absolument. C'est un peu ce qui s'est passé avec des visions de Jupiter. Il avait été très précis et on a ensuite pu le vérifier à partir d'observations faites par des astronautes. Pour la Lune, c'est plus troublant. Est-ce que les informations existent et ont été occultées ? C'est possible. Ou est-ce que c'est une pénétration provenant d'autres plans de la réalité ? C'est possible aussi. C'est ce que j'appelle « le web cosmique » des chamanes ; ils vont parfois dans des endroits où on pense qu'il n'y a rien, mais, eux, ils pénètrent dans des strates de l'espace qui ne sont pas forcément perceptibles pour l'observation physique. C'est peut-être cela qu'il faudrait rapprocher des témoignages qu'Ingo Swann donne dans *Pénétration*. À mon avis, ce n'est pas qu'il s'est trompé, mais qu'il est allé beaucoup plus loin.

- *En termes de temps ?*

- Oui. Ingo Swann a vraiment beaucoup fait dans ce domaine. Il a mis en place le protocole de Stargate. C'est un très grand monsieur à qui on doit beaucoup.

- *Que pensez-vous de la situation actuelle en Amazonie et qu'en disent les chamanes ?*

- Je discutais avec un vieux chamane à propos de l'inquiétude face à l'avenir. Notre vision du futur est conditionnée par l'idée de catastrophe et d'apocalypse. Le réchauffement climatique est bien là, les problèmes écologiques sont importants ; c'est vrai. C'est une réalité qu'on ne peut pas nier. Mais il me disait : « Il faut arrêter de croire que l'humanité va résoudre ces problèmes toute seule ! Non seulement l'humain a causé la plupart de ces problèmes, mais, en plus, voilà qu'il voudrait les résoudre seul ? Qu'il écoute les autres espèces, qu'il écoute la forêt, qu'il écoute l'écosystème ! » Tout cela, ça communique, ça échange de l'information. Si on est attentif, on est capable de trouver des solutions claires, rapides. Vous parlez des incendies en Amazonie ; bien sûr que ce qui se passe est très grave. Mais ailleurs, en Australie, les Aborigènes mettent eux-mêmes le feu au *bush* parce que ça fait partie du système de régénération des graines. Là-bas, si ça ne brûle pas, ça ne repousse pas. Évidemment, ce n'est pas le cas de l'Amazonie[52] ; en Amazonie, il s'agit d'une politique populiste qui vise à redonner des terres aux paysans en les encourageant à s'en emparer. On est dans une période de très forte sécheresse en Amazonie, selon les informations que je reçois du Pérou. Dans toutes les demandes que j'ai faites durant mes recherches en rétrocognition, les réponses principales concernent cependant l'usage des terres agricoles : il faut faire attention à la façon de cultiver les terres qui nous nourrissent. Il y a urgence d'arrêter certaines pratiques, notamment les pesticides. Ça commence un petit peu, il y a un début de prise de conscience.

---

52    ndlr : ni des récents incendies en Australie dont l'ampleur a totalement dépassé et déréglé le système naturel local des brûlis spontanés.

# LE MOTHMAN OU L'HOMME PHALÈNE DE POINT PLEASANT

## Egon Kragel

Egon Kragel est auteur, compositeur interprète. «Un troubadour post-moderne», dit-il, «toujours sanglé de sa guitare». Mais il est aussi enquêteur indépendant en ce qui concerne un sujet qui le passionne : LES PAN ou OVNI. En 2011, il coécrit avec Yves Couprie un ouvrage sur le sujet intitulé *Ovnis : Enquête Sur Un Secret d'États* édité au Cherche-Midi. Depuis Egon donne des conférences, intervient régulièrement sur les ondes de «BTLV» où il partage à la fois son engouement, sa curiosité et ses questionnements sur les OVNI. Il prépare actuellement un nouvel ouvrage sur le sujet. Egon a également édité un CD de 12 chansons intitulé *Oh The Glory!* traversé, dit-il, d'une surprise très ovniesque.

En 1966, la ville de Point Pleasant (dans l'État de Virginie aux U.S.A.) fut le théâtre d'évènements surnaturels qui terrorisèrent la population et connurent une issue tragique. Les habitants du lieu aperçurent dans leur ciel bon nombre d'objets aériens mystérieux... ainsi qu'une étrange créature ailée : l'homme-phalène. Ce «Mothman» (son nom anglais) mesurait, dit-on, plus de 2 mètres, avait d'inquiétants yeux rouges et possédait une paire d'ailes atteignant une envergure de 3 mètres. Cet ébouriffant fait - divers glaçai l'Amérique d'alors en déclinant, jour après jour, tous les ingrédients d'un film d'horreur, le tout sur fond de sombre prophétie. À l'aide de vidéos et de documents d'époque, nous reviendrons sur cette singulière affaire, évoquant l'intrusion du fantastique et du paranormal dans une petite bourgade sans histoire qui bascula à la fois dans l'insensé et le deuil.

En introduction de sa nouvelle intitulée « Bérenice », Edgar Allan Poe écrivait : « *Le malheur est divers. La misère sur terre est multiforme.* » Constat d'autant plus flagrant si l'on plonge au cœur de ce fait---divers qui secoua l'Amérique dans les années 60. Une affaire d'une rude et sévère angoisse.

Avant de s'aventurer plus loin, il me faut vous préciser qu'il s'agit là d'une histoire vraie. Si elle eut été de fiction, elle aurait pu être conçue à quatre mains, par Edgar Allan Poe (encore lui, pour la noirceur, la ténébreuse fatalité) et par Stephen King (pour sa cruauté chirurgicale et l'avènement d'un surnaturel bien contemporain). Infusée d'horreur et de paranormal, frottée de mystères irrésolus, voici donc la sombre histoire d'une créature aux ailes de nuit baptisée le **MOTHMAN** ou l'homme phalène.

Dans un premier temps, plantons le décor. Rendons-nous aux États-Unis, en Virginie-Occidentale. Cet état, à l'est du continent nord, est montagneux, rural, bordé par la Pennsylvanie, le Kentucky et l'Ohio. C'est l'un des états les plus sauvages de l'Est américain. Au moment des faits évoqués, bon nombre de communautés vivent encore dans un certain isolement.

Détail non négligeable : avant l'arrivée des Blancs, les Amérindiens évitaient la Virginie-Occidentale. Si l'on consulte des cartes de population de l'Amérique précolombienne, on constate que les tribus autochtones s'étaient réparties sur tout le territoire américain. Même les déserts inhospitaliers du Far-West étaient occupés. Étrangement, un seul endroit sur ces cartes est marqué « inhabité ». Et cet endroit est justement la Virginie-Occidentale. Pour quelle raison ? Allez savoir…

Remontons ensuite le temps. Feuilletons à rebours notre grand calendrier. Et d'un commun accord, arrêtons-nous au cœur de la belle année 1966.

À cette époque, le ciel de Virginie est le théâtre de singulières apparitions. Des boules de feu, des sphères lumineuses, des objets en forme de disque, des étoiles aux trajectoires erratiques sont régulièrement observés par les gens du coin. Ces témoins sont circonspects et, ayant peur du ridicule, préfèrent garder le silence. Ils ne se doutent pas qu'un événement à venir – inattendu et encore bien plus étrange — va bientôt délier bien des langues. On pourrait dire que tout commence véritablement le 12 novembre 1966. Nous sommes dans un petit cimetière, près de la ville de Clendenin. La journée s'achève et le soir tombe frileusement sur l'alignement des croix et des couronnes aux fleurs fanées.

Il y a là le responsable des fossoyeurs, Mr. Kenneth Duncan. Assisté de quatre de ses employés, il creuse une fosse pour son beau-père, Mr. Homer Smith, décédé le dimanche précédent.

Alors qu'ils sont en plein labeur, soudainement, une étrange créature de couleur brune — moitié--homme, moitié--oiseau – surgit d'un bouquet d'arbres proche, plonge à une allure vertigineuse sur nos ouvriers et passe, sans un battement d'ailes, au-dessus de leurs têtes. Elle passe si près que Mr. Duncan a le temps de bien la détailler.

« *C'était effrayant*, dira-t-il plus tard. *Elle est passée là, à portée de cris. Je l'ai vue pendant une bonne minute. Puis elle a disparu. Ce n'était pas un oiseau. On aurait dit un homme avec une paire d'ailes.* »

(*Source :* « *Charleston Gazette* » du 18 novembre 1966.)

D'après Horror Scary Web ©

Tout est là, certes, pour conduire au frisson : un cimetière et une entité étrange qui ne correspond à rien de connu. Mais ceci n'est qu'une mise en bouche. Ce n'est que le début d'une série d'apparitions inquiétantes. Et cette drôle de créature – une énigme pour les scientifiques, qu'ils soient biologistes ou ornithologues

— semble avoir choisi de s'établir dans une petite bourgade jusque-là très tranquille qui s'appelle «Point Pleasant». En 1966, Point Pleasant est une ville de 5 000 habitants, située en bordure de la rivière Ohio. On y trouve pas mal d'usines et une main-d'œuvre assez qualifiée. Vit là une population principalement rurale et surtout très croyante. On dénombre 22 églises à Point Pleasant pour 5 000 habitants, c'est dire… Et pas un seul bar!

### À Salem aussi…

Le 14 novembre 1966, la nuit noircit les collines de Salem, en Virginie occidentale. Monsieur Newell Partridge est tranquillement installé chez lui. Il regarde la télé. Et c'est alors que cette créature, dont on commence à parler dans le pays, va se manifester. Voici, rapporté par la presse d'époque, le témoignage de Mr. Partridge :

*« Il devait être 22 h 30 lorsque soudain l'écran de mon téléviseur est devenu tout noir. Une espèce de forme, comme des arêtes de poisson, est apparue sur l'écran. Et à la même seconde, la télé a commencé à émettre un bruit strident, très violent, qui est monté très haut dans les aigus, avant de redescendre. Comme une gamme où l'on va du plus haut au plus bas. Ça s'est répété. Ça faisait un peu comme un générateur électrique… Et puis soudain, sous le porche, mon chien, un grand berger allemand qui s'appelle Bandit, a commencé à gémir. J'ai pris alors ma lampe torche et je suis sorti.*

*Le chien était assis au bout de la véranda, hurlant en direction de la grange à foin, qui est tout là − bas, au fond. J'ai braqué ma lampe dans cette direction… Et j'ai éclairé deux cercles rouges, deux yeux en fait qui ressemblaient à des catadioptres de vélo. **Il y avait quelque chose dans***

***ces yeux qui est difficile à expliquer.*** *Quand j'étais gamin, j'allais à la chasse, de nuit, tout le temps… et je sais exactement à quoi ressemblent les yeux des animaux dans l'obscurité — un blaireau, un chat ou un chien dans le noir. Or ceux — là étaient beaucoup plus grands. Il y a presque la longueur d'un terrain de foot entre la maison et la grange. 150 mètres au moins. Et pourtant, à cette distance, ces yeux étaient…* énormes !

*Dès que le faisceau de ma lampe a éclairé ces yeux, Bandit s'est mis à grogner et a couru vers eux. Un froid intense m'a saisi. J'ai été pris d'une frayeur absolue qui m'a empêché de suivre mon chien. Je suis vite rentré chez moi et j'ai fermé ma porte.*

*Cette nuit* — là, j'ai dormi avec un fusil chargé près de mon lit.

*Le lendemain matin, je suis parti à la recherche de mon chien. Je suis allé jusqu'à la grange, cherchant des traces. Ici où là, je voyais les empreintes de Bandit. Elles étaient faciles à voir, parce que c'est un chien massif et que le sol était boueux.* À l'endroit approximatif où s'étaient tenus les yeux, les traces de Bandit dessinaient un cercle, comme si le chien avait couru après sa queue, ce qu'il ne faisait jamais. Il n'y avait rien d'autre. Les traces n'allaient dans aucune autre direction. Elles tournaient juste en rond. On voyait distinctement les empreintes du chien quand il avait couru de la maison jusqu'à la grange. Puis elles s'arrêtaient là, dans ce cercle. Et rien *d'autre.*

*Cette nuit* — là, j'ai perdu mon chien. Bandit s'est comme volatilisé. Je ne l'ai plus jamais revu. Ces trois dernières années, ce chien ne s'est jamais éloigné de la maison plus de quinze minutes. Mon fils qui a six ans est inconsolable.

*La chose la plus difficile à exprimer est la sensation que l'on ressent. Moi, je n'avais rien ressenti de pareil auparavant. C'est comme si vous saviez que quelque chose ne va pas, mais vous n'arrivez pas à savoir quoi…»*

(Source : « *Williamson Daily News* » du 18 *novembre*.)

### La zone TNT (ICI)

Durant la Seconde guerre mondiale, on fabriquait des explosifs à Point Pleasant. À une dizaine de kilomètres de la ville, les militaires avaient installé une zone qu'on appelle encore aujourd'hui la Zone TNT. Dans ce périmètre, l'armée avait creusé, durant la guerre, des kilomètres de galeries souterraines reliant des bâtiments et des ateliers de fabrication.

On construisit également, dans les champs et les bois, une bonne centaine d'« igloos » : d'énormes dômes de béton avec de lourdes portes d'acier où l'on stockait les explosifs en toute sécurité.

Après la guerre, les explosifs furent expédiés ailleurs. Les fabriques furent démantelées. Les « igloos » furent vidés et condamnés par des blocs de béton.

La Zone TNT devint alors le rendez-vous des promeneurs, des amateurs de moto-cross. Et ses zones boisées, plus denses et baignées d'ombre, abritent désormais les amoureux.

Pourquoi évoquer cet endroit ? Parce que c'est justement là, dans cette Zone TNT, que vont avoir lieu la plupart des rencontres avec notre créature ailée. Notamment deux face à face inoubliables qui vont frapper d'effroi d'abord la ville, puis l'État, puis le pays tout entier.

### Les apparitions

Le premier face à face se déroule le 15 novembre 1966. Il est 23 h 30. Deux jeunes couples de Point Pleasant traversent la Zone TNT dans leur Chevrolet 1957.

Il y a là Roger Scarberry (18 ans) et son épouse Linda. Ainsi que Steve Mallette (20 ans) et son épouse Mary. Les distractions ne sont pas nombreuses à Point Pleasant. Alors ces jeunes mariés, pour animer leur week-end, se sont trouvés un nouveau passe temps : selon leur expression, ils «brûlent de la gomme» sur les routes désertes et sinueuses de l'ancienne zone militaire.

D'après Gamewawe ©

Grisés de vitesse, ils décident d'un commun accord de faire une halte. Ils se garent face à la vieille centrale électrique   abandonnée. Tout est silencieux. La lune blafarde se reflète dans les vitres demi-brisées du bâtiment. Soudain Steve Mallette pousse un cri : « *J'ai vu des yeux, là ! Juste là. Ça avait l'air effrayant !* » Roger

Scarberry confirme aussitôt : «*Oui, je les ai vus aussi. C'est comme s'ils me fixaient. Comme s'ils voulaient voir à l'intérieur de moi. Ou à travers moi.*»

Il confiera plus tard : «*Je ne pouvais détacher mon regard de ses yeux. C'était comme s'ils avaient un pouvoir hypnotique. Ils étaient d'une couleur inhabituelle : rouges et brillants. Ils mesuraient environ 5 cm de diamètre et étaient distants l'un de l'autre de 15 cm.*»

En attendant et on le comprend, nos témoins ne sont pas rassurés. Cependant, intrigués, ils tentent tout de même de distinguer ce qu'il y a derrière ces prunelles fluorescentes. Pas facile dans l'obscurité. Mais voilà justement qu'elles bougent, qu'elles se déplacent. Et nos promeneurs, bouches bées, découvrent qu'elles appartiennent à une espèce d'animal monstrueux. Cette créature a la forme d'un homme, mais en plus grand. Elle mesure environ 2 mètres 20 ou 2 mètres 50 de hauteur. Elle a deux grandes ailes attachées dans le dos. Et elle semble fuir la lumière.

Steve Mallette se souvient : «*Cette chose essayait de courir. Elle marchait en se dandinant avec ses ailes qui pointaient à l'arrière. Elle titubait comme un poulet estropié. Elle a disparu en glissant derrière le bâtiment.*»

«*Barrons-nous !*» hurle Steve qui à cet instant cède à la panique. Nos quatre randonneurs regagnent à toute vitesse la Chevrolet et démarrent sur les chapeaux de roue. C'est Roger qui est au volant. Il écrase l'accélérateur et fonce vers la route 62. Ouf… ils se pensent en sécurité. Pour peu de temps. Car le cauchemar recommence. Voilà que nos promeneurs aperçoivent à nouveau cette créature, debout sur le bord de la route, comme si elle les attendait. Comme ils passent à sa hauteur, la chose déploie ses vastes ailes de chauve-souris et s'élève tout droit dans les airs.

« *Mon Dieu, elle nous suit !* » hurle Mary sur la banquette arrière.

« *On faisait du 160 km/h,* se souvient Roger. *Et ce drôle d'oiseau restait à notre hauteur. Il ne battait même pas des ailes.* »

« *J'entendais le bruit qu'il faisait,* précise encore Mary. *Il couinait comme une énorme souris.* »

Cette créature va escorter nos jeunes gens horrifiés jusqu'aux limites de la ville. Une course poursuite infernale. Puis elle disparaîtra, comme si elle évitait scrupuleusement les lumières de Point Pleasant. Nos témoins vont alors débouler dans le commissariat de la ville. Ils racontent leur histoire en bégayant au Shérif adjoint de garde, Millard Halstead.

« *Je connais ces mômes depuis qu'ils sont nés,* a déclaré plus tard Halstead. *Ils n'ont jamais provoqué le moindre trouble. Et cette nuit* − là, ils étaient vraiment morts de peur. J'ai pris leur histoire très au sérieux. »

### La presse relaie l'incident

Il n'y a pas que le Shérif qui prend cette histoire au sérieux. La presse locale s'en empare aussitôt.

Le 16 novembre 1966, le journal loca --« The Athens Messenger » --, rapporte « *qu'une chose ailée, aux yeux rouges, a poursuivi deux couples de Point Pleasant à travers la campagne.* »

La mésaventure de nos jeunes mariés va également faire la Une du « Pacific Stars And Stripes », un quotidien publié pour les soldats américains en service à l'étranger. L'édition du 19 novembre 1966 confirme qu'une créature aux yeux rouges est aperçue depuis peu en Virginie-Occidentale. Et sème la terreur.

Le « Athens Messenger » du 18 novembre 1966 enfonce le clou. On peut y lire le rapport détaillé de cette terrible rencontre. Une photo illustre l'article où posent les époux Mallette et Scarberry. En guise de titre, on peut y lire : « *Le Monstre n'a rien d'une plaisanterie pour ceux qui l'aperçoivent* ». On apprend également que Linda Scarberry, très choquée, a dû être traitée médicalement… Que la créature surgie des ténèbres était totalement effrayante et que ses ailes déployées atteignaient 3 mètres d'amplitude. Bref, rien de très rassurant.

Roger Scarberry réalise même un portrait-robot de la créature ailée. Un croquis devenu un classique du genre, maintes fois reproduit dans toutes littératures ufologiques ou cryptozoologiques qui se respectent.

D'après Caramelys Centerblog ©

### Un drôle de nom...

La nuit suivant cette observation, les citoyens locaux, armés jusqu'aux dents, organisent une battue dans la Zone TNT pour tenter de dénicher ce monstre. En vain.

Si la créature n'est pas localisable dans la zone militaire, en revanche, elle s'exhibe à la Une de tous les journaux du pays. La presse l'a baptisée « **MOTHMAN** », l'homme phalène, d'après le super héros de Bande Dessinée BATMAN. Et cet homme phalène va à nouveau faire parler de lui. Il apparaît où on ne l'attend pas et va, sans tarder, terroriser un nouveau témoin, Marcella Bennett qui, suite à cette rencontre, va vivre une suite d'expériences traumatisantes.

### Un éprouvant face à face

Nous sommes le vendredi 16 novembre. Il est 21 h. Marcella Bennett roule dans la Zone TNT en compagnie de son frère, Raymond Wamsley, et de sa belle·sœur, Cathy Wamsley. Ils ont décidé de rendre visite à un couple d'amis, les Thomas, qui résident justement là, dans l'ancienne zone militaire, avec leur famille, parmi les fameux « igloos » désaffectés.

Hélas, ce soir·là, les époux Thomas sont absents. À la maison, il n'y a que leurs trois enfants : Rickie, Connie et Vickie.

Ayant entendu parler, la veille au soir, de cet étrange MOTHMAN, nos joyeux lurons ont décidé de faire une petite blague aux Thomas : ils veulent les surprendre, leur faire peur en frappant des coups secs aux carreaux.

Mais ne trouvant là que les enfants, plutôt déçus, ils décident, sans trop s'attarder, de regagner Point Pleasant.

Retour donc à la voiture. Marcella marche lentement car elle transporte Tina, sa petite fille de 2 ans, dans ses bras. Alors qu'elle s'approche du véhicule, portant son précieux fardeau endormi, elle se fige soudain, suffoquant littéralement d'horreur. Une immense silhouette grise aux yeux rouges vient de surgir de l'arrière de la voiture, et se dresse face à elle en la dévisageant fixement.

C'est une apparition terrifiante. Nos trois témoins n'en croient pas leurs yeux. Cédant à la panique, ils retournent aussitôt se réfugier chez les Thomas… Mais Marcella Bennett trébuche, lâche sa fille sur l'allée de gravier et s'abat lourdement sur elle. *« J'ai cru que je l'avais tuée*, dira-t-elle plus tard. Incapable de se relever, les genoux et les mains en sang, Marcella reste à terre, incapable de bouger. Face à cette créature de cauchemar, elle est pétrifiée, comme hypnotisée.

*« Elle était comme dans une sorte de transe »*, confiera son frère aux enquêteurs.

Après un bref intermède de profonde sidération, Marcella Bennett finit par retrouver ses esprits. Elle récupère sa fille qui s'est mise à pleurer, et parvient à atteindre tant bien que mal la maison. À l'intérieur, c'est la panique ! Nos protagonistes sont littéralement fous de terreur. D'autant plus que l'effroyable créature s'avance à son tour sous le porche, tente de pousser la porte d'entrée. Et se met à espionner, de ses yeux fluorescents, l'intérieur de la maison.

Très éprouvé, tremblant, Raymond parvient tout de même à appeler la police. Mais quinze minutes plus tard, lorsque les agents débarquent, la «chose» n'est plus là. Elle s'est comme volatilisée.

Cet éprouvant face à face ne sera pas sans dommages pour Marcella Bennett. Traumatisée par cette rencontre, il lui faudra des mois pour s'en remettre. Pour tenter d'aller mieux, elle consultera un médecin une fois par semaine. Le MOTHMAN va la hanter littéralement. Elle le verra sans cesse dans ses rêves et sera persuadée qu'il la suit, toujours à l'affût, et qu'il tourne régulièrement autour de sa maison.

### Le mystère s'épaissit

Marcella Bennett ne sera pas la seule dans ce cas. Pratiquement tous les témoins qui furent confrontés au MOTHMAN en ont gardé de terribles séquelles. Certains entendent chez eux de drôles de sons. Leur téléphone sonne sans qu'il n'y ait jamais personne au bout. Ou des voix métalliques, quasi inhumaines, débitent des listes interminables de chiffres. D'autres racontent qu'ils vivent des expériences paranormales. Des objets se déplacent ou tombent tout seuls de leurs étagères. Sans parler de ses fréquentes visites de personnages étranges, vêtus de noirs, roulant dans des Cadillac anciennes, qui menacent nos témoins s'ils venaient à raconter ce qu'ils ont vu…

On voit, en effet, débarquer à Point Pleasant ces fameux «Men In Black» (les hommes en noir) que l'on retrouve régulièrement dans la presse ufologique. De drôles d'agents, souvent gauches, à la voix robotique, dont le but serait d'empêcher le grand public d'accéder à des connaissances concernant les OVNI. Leurs visites répétées, riches en menaces, feront dire aux habitants de Point Pleasant : *«Leur présence nous effrayait, on fermait la porte alors qu'on ne l'avait jamais verrouillée!»*

En gros, ce qu'il faut dire, c'est que la plupart des témoins de Point Pleasant se sentent comme épiés, oppressés, mal à l'aise… Ils pressentent que quelque chose de terrible est sur le point d'arriver. C'est une sensation, un ressenti inexplicable, qui semble non fondé, mais pourtant qui les poignent bien souvent jusqu'au vertige.

### La naissance d'un mythe

En attendant, le MOTHMAN se porte plutôt bien. L'Amérique, à la fois frissonnante, mais subjuguée, l'adopte et en fait une véritable vedette. Il rejoint ainsi, au Panthéon des créatures mystérieuses, le Yéti, le Bigfoot, le Monstre du Loch Ness et autres affolants cryptides.

Il est désormais fiché, croqué et passe, en quelques jours, de l'anonymat à la postérité. Il inspire désormais peintres, graphistes, illustrateurs de bande dessinée qui rivalisent d'audace pour l'immortaliser en couleurs. Les sculpteurs ne sont pas en reste. Ils pétrissent glaise et bronze pour lui insuffler un peu de vie.

### Le MOTHMAN frappe encore

À Point Pleasant, point de répit. Les observations se multiplient :

- Le 18 novembre 1966, deux pompiers volontaires — les Capitaines Paul Yoder et Benjamin Enochs -, aperçoivent le monstre aux yeux rouges.

- Le 25 novembre 1966, Thomas Ury — au volant de sa décapotable-, roule sur la route 35, près de l'usine de TNT. Ce jeune négociant en chaussures (âgé de 35 ans) va vivre une aventure terrifiante. Il aperçoit alors une grande forme humaine grise au bord de la route.

« *Soudain,* raconterat-il, *cette forme a déployé une paire d'ailes et a décollé tout droit, comme un hélicoptère. Elle s'est mise à voler au − dessus de ma décapotable, à faire des cercles… même quand j'ai atteint 120 km/h. Je n'ai jamais rien vu de pareil. J'étais si terrorisé que je n'ai pas pu aller travailler ce jour −* là. Cette chose avait une envergure d'au moins 3 mètres. Ça aurait pu être un oiseau, mais je n'en ai jamais vu de pareil. J'avais peur qu'il me tombe droit dessus ! »

- Le dimanche 27 novembre, Connie Carpenter, une étudiante de 18 ans, rentre de la messe au volant de sa voiture. Soudain, elle aperçoit au bord de la route, une créature immense qui déploie ses ailes et fonce vers sa voiture. Elle frôle son pare--brise, négocie un virage brusque et disparaît. Suite à cela, Connie va souffrir de conjonctivite. Ses yeux seront rouges, enflés et douloureux durant deux semaines. Connie est l'unique témoin à avoir vu distinctement le visage du MOTHMAN.    « *C'était horrible,* a-t-elle déclaré. Ça semblait sortir d'un film de science − *fiction.* »

- Le 4 décembre 1966, à 15 heures, Everett Wedge, un pilote très respecté travaillant à l'aéroport de Gallipolis aperçoit − avec trois de ses amis − un immense oiseau traverser le ciel. Cette étrange créature volait à une vitesse improbable, à plus de 110 km/h et cela, sans jamais battre des ailes ! Mr. Wedge a déclaré : « *Cette chose était si grande qu'elle aurait pu me saisir et m'enlever. Et vous avec. Oui c'était aussi grand que ça. J'ai passé beaucoup de temps ici, je n'ai jamais vu un oiseau d'une telle taille. Et, croyez −* moi, je l'ai bien vu. Aujourd'hui ma vue a baissé, mais à l'époque, j'avais une vision parfaite. »

## Un volatile égaré ?

Ceci n'est qu'une petite partie des témoignages relevés à l'époque. Face à cette déferlante d'observations, des experts tentent d'apporter une explication rationnelle à cette frénésie qui secoue le pays. Ils décident de répondre à la question que tous se posent : quelle est donc cette créature qu'on aperçoit dans la Zone TNT ?

Si on consulte les coupures de presse locale, on apprend qu'un biologiste de l'Université de Virginie, Mr. Duane Pursley, pense que le MOTHMAN n'est en fait qu'un oiseau, une grande grue du Canada qui se serait égaré lors de sa dernière migration. Un second biologiste, le Docteur Robert Smith, est également de cet avis. Mais les témoins à qui on présente des photos de cette grue disent que la créature qui hante la Zone TNT ne ressemble en rien à cet échassier en somme bien rassurant.

(Sources : « *The Herald Dispatch* » du 22 novembre *1966*
/« *Spokane Daily Chronicles* » du 24 novembre 1966.)

## L'enquête

C'est alors qu'entre en scène un personnage originaire de New-York. Il est à la fois journaliste, auteur de fiction et ufologue. Il se nomme John Keel. Intrigué par cette histoire de monstre aux yeux rouges, il décide de se rendre à Point Pleasant et d'enquêter sur place.

Très vite, il se lie d'amitié avec Mary Hyre, l'une des journalistes les plus influentes de la ville. Et notre tandem va abattre un travail considérable en réinterrogeant les témoins, en inventoriant et vérifiant tous les cas. John Keel passe son temps, quasi compulsif, à noircir les pages de ses carnets. Ceux-ci peuvent être aujourd'hui consultés. Ils sont une mine de renseignements concernant l'affaire du MOTHMAN. On y apprend — notamment — que le 1er novembre, un garde national a aperçu le MOTHMAN perché dans un arbre. Croyant qu'il s'agissait d'un chasseur de daim à l'affût, il n'en a parlé à personne.

Infatigable, assisté de Miss Hyre, John Keel traque le moindre détail. Et ayant amassé une somme conséquente de matériel, il finit par rédiger un ouvrage sur le MOTHMAN et les événements de Point Pleasant intitulé *La prophétie des ombres*. Ce livre est encore aujourd'hui considéré comme un classique parmi la pléthore d'essais consacrés à l'ufologie. Et va inspirer le film éponyme, « La prophétie des ombres », réalisé en 2002 par Mark Pellington, avec Richard Gere dans le rôle principal.

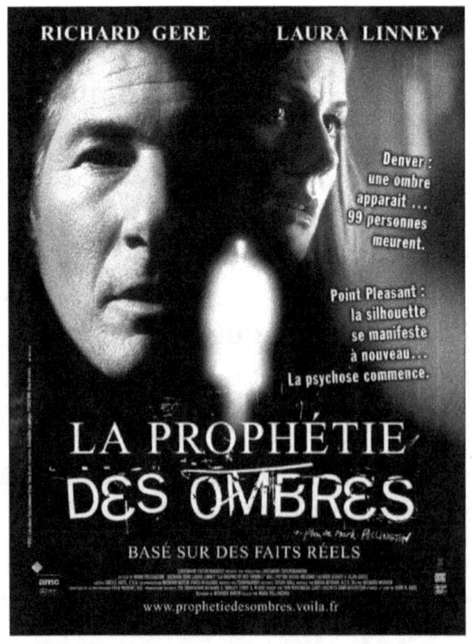

À l'époque où John Keel rédige son livre, il note :

*« Lors de ma première visite à Point Pleasant, en décembre 1966, j'ai été très étonné de constater qu'aucun journal local ne fasse état d'observations d'OVNI. Pourtant il s'avère qu'un grand nombre de personnes avaient observé ces mystérieux objets volants. J'ai pu m'en rendre compte en seulement quelques heures et en rencontrant plusieurs témoins en compagnie de Mary Hyre.*

*Suite à cela, un article faisant la synthèse de tous ces témoignages a été publié. Et ce fut brusquement comme un barrage qui cède : soudain une multitude de témoins se sont manifestés, du simple fermier de la campagne au notable local.*

*Il est clair qu'une "'vague"' importante d'OVNI a frappé les alentours et qu'elle est restée ignorée de la presse du coin, les témoins ayant peur de parler. Mais dès que la porte s'est entrouverte, la fièvre OVNI s'est répandue dans toute la région. Et depuis lors, Miss Hyre* a reçu jusqu'à une vingtaine de témoignages par jour. »

### Un phénomène ultraterrestre ?

Vous l'avez compris, pour John Keel, le MOTHMAN est intimement lié aux apparitions d'OVNI. Un épiphénomène, en somme. Keel va développer dans son livre la thèse suivante : Pour lui, les OVNI et leur curieux ambassadeur qu'est le MOTHMAN, seraient des « sémiophores », c'est à dire des signes induits par une réalité invisible qui nous entoure. Ils ne viendraient pas de l'espace, n'auraient pas d'origine extraterrestre. Ce seraient plutôt des ultraterrestres, une intelligence manipulatrice qui est d'ici, depuis longtemps. Et qui joue, pour nous, **le rôle de présage**.

Les présages… On pourrait penser que pour mieux vendre son livre, John Keel saupoudre d'une pincée de mystère supplémentaire cette affaire qui tend déjà le flanc à l'irrationnel. Et pourtant… Lui - même qui est souvent à Point Pleasant, qui aperçoit — avec Mary Hyre — d'étranges objets dans le ciel lors de nuits de veille…   Lui - même qui fréquente les témoins et finit par partager leurs inquiétudes, semble gagné par une impalpable angoisse.

Le 3 novembre 1967, il envoie une lettre à Mary Hyre qui laisse songeur. Une lettre sur papier pelure jaune. Et voici ce qu'il y déclare :

*« Mary, j'ai de bonnes raisons de suspecter qu'un désastre va bientôt frapper Point Pleasant. Ce ne seront pas ces mystérieux OVNI qui en seront la cause directe. Ce sera plutôt un bâtiment, une installation au bord de la rivière qui risque d'exploser ou de brûler. Peut-être même le Centre de la Marine qui est installé en ville. Il risque d'y avoir un grand nombre de victimes. Si cela devait arriver, préviens - moi immédiatement. Et relate cela dans la presse de façon tout à fait normale. Et surtout pas un mot de ce que je viens de te dire à quiconque. »*

La rivière… les victimes… Mary Hyre fait aussi de terribles cauchemars. Elle rêve que des paquets cadeaux enrubannés flottent sur les eaux grises et glacées du fleuve.

### Le drame

Et puis, le 15 décembre 1967 - 13 mois après l'apparition du funeste MOTHMAN et à peine plus d'un mois après cette lettre de John Keel -, une catastrophe sans précédent va endeuiller la ville de Point Pleasant.

À 17 heures 05, ce 15 décembre –alors qu'il est encombré par le trafic à l'heure de pointe -, le « Silver Bridge », ce pont suspendu, construit en 1928 qui relie la ville de Point Pleasant (Virginie-Occidentale) à la ville de Gallipolis (Ohio), s'effondre. 31 véhicules sont précipités dans les eaux glacées. 46 personnes périssent noyées.

Cette tragédie va marquer les Américains. On peut parler d'un véritable traumatisme. Et rapidement, l'idée qui circule est que la présence du MOTHMAN à Point Pleasant était un signe annonciateur de ce drame. Fait étrange : après l'effondrement du Silver Bridge, plus personne en Virginie n'apercevra cette terrifiante créature. Et les phénomènes paranormaux s'arrêteront eux aussi brutalement.

(Sources : « *Point Pleasant Register* », 16 décembre 1967/« *Charleston Daily Mail* », 16 décembre *1967.*)

### Le MOTHMAN aujourd'hui…

Depuis le MOTHMAN semble s'être assagi. Le consumérisme de nos sociétés avides l'ont dédiabolisé en le déclinant en marchandises diverses : en jouet pour les chambres d'enfants ou en bière rafraîchissante pour désaltérer les parents.

La ville de Point Pleasant le célèbre désormais en lui érigeant une statue en 2003, en ouvrant un musée le concernant, et en organisant chaque année le « Mothman Festival ».

Quoi qu'il en soit, le mystère reste entier. Qui était-il vraiment ? D'où venait-il ? Que voulait-il ? Était-il « l'Ange Bizarre » si cher à Edgar Allan Poe ? Ce même Allan Poe qui déclarait : « *L'horreur et la fatalité se sont donnés carrière dans tous les siècles.* »

L'horreur et la fatalité : programme un tantinet sinistre, vous en conviendrez. Et pourtant, en dépoussiérant un bon nombre d'archives d'alors, ce MOTHMAN en fut, avec brio, une glaçante illustration.

(Sources générales :/« *Flying Saucer Review* », Vol. 14, n° 4, juillet – août 1968/ « *Saga* », vol. 37, octobre 1968/

« *The Silver Bridge* » par Gray Barker, Clarksburg, 1970/

« *High Times* », n° 57, mai 1980/ "*Unexplained!*" par Jerome Clark, Visible Ink Press, 1999 / « *La prophétie des ombres* » par John A. Keel, J'ai lu, 2002/ "*Mysterious Encounters: Mothman*" par Q. L. Pearce, Kidhaven Press, 2010.)

# LE CHANNELING

## Une pratique représentative de l'effervescence spirituelle du XX<sup>e</sup> siècle

Emmanuel Thibault

Membre actif de l'Association et des Éditions de L'Œil du Sphinx depuis leurs débuts, actuellement rédacteur en chef de la revue *Historia Occultae*, Emmanuel Thibault est auteur, photographe, mais également anthropologue. Il participe depuis plusieurs années aux collectifs de recherches sur les ritualités contemporaines à l'EPHE et au CIRRC (Cercle International de Recherches sur les Ritualités Contemporaines), notamment sous la direction du Pr. Michael Houseman. Son domaine de spécialisation est l'analyse et la transmission des techniques corporelles.

Le *channeling* — c'est-à-dire la canalisation de messages attribués à des entités ou agentivités non humaines ou non incarnées — est une pratique de type médiumnique qui s'est répandue au cours du XX^e siècle, principalement dans le cadre du mouvement *New Age*. Je vais présenter ici de manière synthétique en quoi elle consiste et son évolution, car ce rappel historique donne des informations importantes pour la compréhension de certains phénomènes liés à la nature de la conscience et à celle des manifestations d'une sensibilité perceptive particulière aux domaines de la subconscience et de l'inconscient collectif. Pour bien comprendre le contexte dans lequel s'inscrit la pratique du *channeling*, il faut considérer l'évolution de la notion de médiumnité, car ces deux termes de « médium » et de « canal » décrivent une même fonction d'intermédiaire entre le récepteur d'une information et son émetteur plus ou moins identifiable, ce dernier étant souvent l'objet de spéculations très variées. Il s'agit donc d'établir l'analyse d'une certaine modalité d'interaction, le type d'interaction désignée par le terme de *channeling* s'articulant avec d'autres expressions similaires dans l'histoire des cultures humaines qui interviennent en général dans le contexte des rites de divination traditionnels dont la typologie et la fonction sont bien connues.

Bonjour et merci d'être présents à cette 4^e rencontre du Salon des Littératures Maudites de Charleville-Mézières organisée par la médiathèque Voyelles. J'interviens ici non tant que spécialiste de terrain du *channeling*, mais pour proposer une mise en contexte de ce phénomène par rapport à l'histoire plus générale des pratiques de médiumnité et à la grande variété des pratiques liées à la spiritualité qui se sont développées au XX^e siècle. Pour aborder ces domaines du mystérieux, de l'imaginaire, du parapsychologique, etc., y compris et surtout les pratiques qui s'y réfèrent, plutôt que de les séparer en catégories (médiumnité, *channeling*, *remote viewing*, téléphathie ou même développement spirituel), il me paraît plus intéressant de les envisager comme différentes façons d'observer une multitude de phénomènes qui se rapportent au même champ d'expérience. Chacun vit le mystère selon sa propre sensibilité et les événements qu'il a rencontrés dans sa vie et qui l'ont marqué ; on se choisit ensuite un chemin, on a des passions : la poésie, la littérature fantastique ou la métapsychique, l'ésotérisme et les thérapies, par exemple. Je vais donc vous présenter le *channeling* — qui est comme une forme de médiumnité — de cette manière. La façon d'observer et de concevoir les choses change avec le temps. On invente de nouveaux mots, comme le signalait hier Thierry Gillaboeuf. Considérons avec ce regard le *channeling* et la façon dont il est apparu pour mieux comprendre de quoi il retourne.

**Commençons par définir ce qu'est le *channeling* :**

Selon les pratiquants, la pratique du *channeling* consiste à « canaliser une forme d'énergie correspondant à un certain niveau de conscience inhabituel ». Wouter Hanegraaff parle de « transmettre des informations provenant de sources autres que la conscience normale ». Jon Klimo affirme : « *Le* channeling *est la communication d'informations vers ou à travers un être humain physiquement incarné à partir d'une source qui est censée exister sur un autre niveau ou dimension de la réalité que le plan physique comme nous le connaissons, et qui ne relèvent pas de la conscience de veille du* channel *(self)* »[53]. Cette pratique s'inscrit donc dans une perspective récente influencée par les sciences modernes, la psychologie, la métapsychique et la notion d'états modifiés de conscience (EMC). Pour

---

53      Jon Klimo, *Channeling: Investigations on Receiving Information from Paranormal Sources*, North Atlantic Books, 1998, p. 2.

reprendre l'expression de Philippe Marlin vendredi : cette communication donne lieu à de véritables *livres tombés du ciel*.

*

Faut-il trouver ou non une continuité entre les prophéties antiques, les messages médiumniques ou spirites et cette pratique typique du *New Age* et très libre qui fut à la mode pendant la seconde moitié du XXe siècle, principalement sur le continent américain? Je pense qu'isoler l'expression particulière d'un phénomène récurrent au cours de l'histoire serait mal la comprendre. Les communications psychiques avec ce qu'il est aujourd'hui convenu d'appeler des agentivités non humaines n'ont pas débuté dans les années 60 et n'ont pas non plus cessé avec la fin proclamée du *New Age*.

Parmi les chercheurs majeurs issus du monde universitaire, Massimo Introvigne considère que la pratique du *channeling* a concerné l'ensemble du mouvement *New Age*. Or ce n'est pas le cas : de nombreux groupes appartenant à la mouvance *New Age* se sont radicalement positionnés contre la pratique du *channeling*. Malgré cela, il faut reconnaître que *New Age* et *channeling* ont fait très bon ménage et que d'importantes figures du mouvement s'y adonnaient et en faisaient la promotion, pour diverses raisons.

Introvigne étaye sa position sur celle de Melton que nous pouvons citer ici : « *Et pour cette autre chose – le New Age au sens où on l'entend communément – (…) le channeling était essentiel. Il n'était pas marginal, comme certains de ceux qui ont géré la fin du New Age l'ont suggéré. Profitant des violentes critiques des médias contre le channeling, certains ont tenté de faire croire que le channeling était une adjonction superficielle au New Age et qu'il n'en faisait pas réellement partie. C'est tout le contraire : le channeling a été l'instrument par lequel la vision du New Age s'est articulée et s'est présentée avec l'autorité des entités surnaturelles qui la proclamaient. (…) L'idée d'une Ère Nouvelle de bonheur et de paix n'est pas évidente et n'est sûrement pas suggérée par le cours des événements internationaux. Elle avait besoin d'une autorité qui la déclare "vraie". Cette autorité venait des esprits à travers le channeling.* »[54].

L'ésotériste Wouter Hanegraaff estime également que de nombreuses croyances fondamentales du *New Age* ont été formulées d'abord dans des messages reçus par *channeling*. Il affirme : « *On peut ainsi affirmer qu'en dépit de la tendance qu'ont les adeptes du New Age à accorder une*

---

54   John Gordon Melton, cité par Massimo Introvigne dans *Les Veilleurs de l'Apocalypse*, Claire Vigne, 1996, p. 208.

*importance particulière à l'expérience individuelle comme étant le fondement exclusif de la vérité religieuse, la religion du New Age doit être considérée en grande partie comme une révélation religieuse*[55] » qui aurait donc été délivrée par *channeling*.

Contrairement à ce qu'affirment ces trois chercheurs, s'il est exact que le *channeling* n'a pas été une simple adjonction au mouvement *New Age*, mais une pratique qui s'est largement popularisée avec lui, il n'est pourtant pas essentiel à cette mouvance spirituelle et n'a jamais été généralisé. Certains groupes le pratiquaient, tandis d'autres le rejetaient. Le *New Age* n'a jamais recherché d'autorité extérieure comme celle qu'Hanegraaff ou Melton, et à leur suite Introvigne, trouvent dans les entités contactées par *channeling*, par similitude avec les religions. Vous l'aurez compris, ma perspective du mouvement *New Age* englobe bien davantage que la période des années 1960-90 prise en compte par ces auteurs. Lorsque l'on restitue ses véritables racines au mouvement - celle que les acteurs du mouvement eux-mêmes se donnaient, c'est-à-dire de 1875, date de la fondation de la Société Théosophique, jusqu'à présent - on comprend que le *New Age* n'a jamais eu besoin de s'appuyer sur d'autre autorité que sa propre proposition contre-culturelle à l'encontre du matérialisme positiviste typique de la fin du XIX$^e$ siècle et sur l'élan de renouveau qui le portait. Affirmer que ce sont les communications obtenues par *channeling*, à partir de la fondation de la communauté de Findhorn, par exemple, qui ont conféré sa légitimité et son nom au *New Age* est un non-sens.

---

55      W. J. Hanegraaff, *New Age Religion and Western Culture: Esotericism in the Mirror of Secular Thought*, Brill, Leiden, 1996 & State University of New York Press, 1998, p. 27.

En fait, on observe une réelle continuité entre les mouvements spirites du XIX<sup>e</sup> siècle et le *channeling* contemporain : tous deux revendiquent un contact direct avec les dimensions spirituelles au moyen de messages perçus de façon médiumnique et attribués à des entités non humaines, ainsi que la survivance de l'âme après la mort. De plus, ces deux pratiques s'opposent au dogmatisme des religions majoritaires et permettant aux femmes, mal représentées dans les anciennes communautés de fidèles, de s'exprimer à l'égal des hommes. On remarque qu'un certain nombre de *channelers* sont restés assez proches de la culture chrétienne, mais qu'ils ont revendiqué un mode de relation différent et plus direct avec la divinité ou, surtout, avec ses représentants non incarnés (les anges, les saints, etc.). Peu d'entre eux prétendent parler au nom de Dieu lui-même, mais souvent en celui du Christ, de la Vierge ou de Marie-Madeleine, et encore plus souvent au nom des anges ou des archanges. Une exception importante : *Conversations avec Dieu* de Neale Walsh, paru en 1995, soit à la fin de la période prise en considération. Influencée par les idées du *New Age*, la pratique de la médiumnité de type *channeling* consiste, selon eux, nous l'avons dit, à canaliser une certaine « forme d'énergie » correspondant à un niveau ou à une qualité de conscience précise, plutôt que de se laisser posséder par un agent extérieur à soi.

Le principe essentiel du *New Age* affirme en effet la participation de l'humain à l'essence divine et cela autorise chacun à se relier naturellement à cette forme d'absolu. Avec le *channeling*, la mise en place de cette relation ne nécessite plus ni médiation, ni rituel, ni aucun apprentissage, ou presque ; il s'agit d'une pratique purement individuelle, intuitive et directe. Seuls les résultats obtenus permettent de juger de sa qualité. L'expérience d'experts en matière de spiritualité est dédaignée au profit de l'intuition personnelle et de l'influence de gens qui se distinguent avant tout par la proximité de leur parcours avec celui de leur auditoire («je suis comme vous, je suis passé par là, je vais vous montrer comment développer votre intuition»). Mais l'existence de ce lien intérieur avec une certaine forme d'expression spirituelle n'implique pas forcément de la part de l'individu une relation consciente, mûre et constructive. L'objectif du *channeling* consiste à favoriser, puis à développer cette relation en se basant sur cette modalité de communication particulière qui est considérée comme spirituelle.

Comme cela avait aussi été le cas pour les spirites, une profonde méfiance envers les structures religieuses et sociales conventionnelles règne dans le milieu du *channeling*. Les messages transmis par les *channelers* contemporains mettent l'accent sur le développement spirituel individuel, celui des enseignants-thérapeutes autant que celui de leur auditoire. C'est la raison majeure pour laquelle la pratique du *channeling* est si peu structurée et théorisée, malgré l'ampleur des transmissions publiées par les *channelers* les plus importants. Chez les spirites, il s'agissait avant tout de se préparer pour une après-vie qui, dans l'esprit des adeptes, avait remplacé la «vie éternelle» promise aux chrétiens. Les *channelers*, eux, se donnent des perspectives d'une ampleur cosmique dégagées de tout lien avec les anciens idéaux chrétiens. On n'observe que très peu de sens collectif dans ces pratiques; les rares mentions d'un projet collectif restent abstraites, comme le bien-être spirituel de l'espèce humaine, la protection de la planète ou la conformité avec l'ordre cosmique. Il est probable que ce soit ce centrage sur l'individu qui a limité le nombre de dérives sectaires graves dans le *channeling*, comparé à d'autres mouvances spirituelles, malgré la liberté créative et l'exotisme affiché par les *channelers* et par opposition aux groupes millénaristes.

La question se pose donc de savoir si un mode de perception aussi spécifique que le *channeling* n'appartient pas strictement au domaine de l'expérience individuelle. Peut-on alors vraiment considérer cette expérience comme déterminante en matière de spiritualité ? Mais puisque le *New Age* rejette les dogmes et préfère se référer à l'intériorité, il est logique de tenir compte de tout ce qui peut exprimer cette intériorité, tout en éprouvant parfois des difficultés à faire le tri dans ces expressions disparates.

*ENCADRE : Quelques définitions contextuelles :*

*Mancie* : le terme, généralement un suffixe, désigne une technique de divination, par exemple, la nécromancie est la divination par l'évocation des morts — par conséquent, le spiritisme constitue une forme de nécromancie…

*Prophétie* ou révélation : divination d'événements futurs par une personne sous l'inspiration divine ou par voyance, pressentiment ou conjecture. On le constate, la définition du dictionnaire reste fort vague.

*Médiumnité* : transe dissociative passive permettant la perception d'informations issues de l'inconscient collectif ou d'agents non humains. L'interprétation dépend largement de celle proposée par les opérateurs.

*Possession* : transe dissociative ressentie comme étant imposée au sujet par des agents non humains ; le sujet qui les subit incarne alors momentanément ces agents. Il est possible, par une éducation de type initiatique, d'apprendre à maîtriser partiellement l'expression de ces entités. On peut penser que ce qui est exprimé par le sujet lors de transes de possession est une forme archétypale auquel il se relie psychiquement plus ou moins volontairement. Ce point de vue expliquerait la similitude de principes, mais à la fois la variété d'expressions parmi les diverses cultures qui pratiquent de tels rites. Lorsque cette possession est involontaire — elle est alors qualifiée de « sauvage » —, elle doit traditionnellement soit être suivie d'une initiation dite adorciste qui régularise la relation entre le sujet et ce qu'il met en actes, soit être traitée par l'exorcisme, c'est-à-dire un autre rituel qui interrompt cette relation et en interdit la venue.

*Channeling* : utilisation d'état de conscience modifiée (ECM) de type dissociatif destiné à contacter activement certaines entités considérées comme spirituelles ou des niveaux d'énergie existant dans d'autres dimensions spatio-temporelles. Les *channelers* court-circuitent délibérément le cursus initiatique et les hiérarchies religieuses pour établir un contact direct avec ce qu'ils considèrent comme l'expression du divin. Au XXe siècle, cette nouvelle pratique se fondait sur une certaine interprétation de l'histoire spirituelle de l'humanité, sur la participation de l'individu à l'essence divine et sur le principe de réincarnation.

**On distingue plusieurs types de *channelers* :**

–        Les *trance-channelers* pratiquent un état de dissociation assez profond. Ils considèrent qu'ils abandonnent momentanément leur corps, ou qu'ils interrompent leur activité volontaire, pour laisser s'exprimer à travers lui l'entité qu'ils ont contactée. On note généralement une amnésie de ce qui se produit durant la période de transe, ce qui se rapproche beaucoup de la description de l'hypnose cataleptoïde. Certains *trance-channelers* ont même le sentiment de quitter leur corps (OBE), éventuellement même de mourir physiquement durant leur performance (cas de J. Z. Knight). Les *trance-channelers* les plus radicaux considèrent que les messages transmis par des *conscious-channelers* sont parasités par les interprétations de l'individu qui les perçoit.

–        Les *conscious-channelers* atteignent un état de dissociation moins profond qui leur permet une conscience partitionnée, mais conjointe, des deux états de conscience (le soi et l'agentivité extérieure). Ils peuvent par conséquent intervenir sur le cours de la communication et se souviennent des messages reçus et de ce qui s'est produit. De nombreux *conscious-channelers* ont commencé par pratiquer une dissociation plus profonde, mais avec l'expérience cela leur devient de moins en moins nécessaire, surtout dans les cas de contacts réguliers avec les mêmes entités. Cela dépend beaucoup de l'individu et de son parcours. Pour des raisons pratiques, le *conscious-channeling* se prête mieux aux séances de conseil en privé et le *transe-channeling* aux rassemblements publics spectaculaires, ainsi qu'au relais de messages provenant d'entités qui ont une personnalité bien définie.

–      Les *channelers humanistes* considèrent que ce qui est relayé lors des communications constitue un état particulier de conscience intérieur au sujet, plus élevé que ce qui est accessible sans utiliser *channeling*, et pas que ces informations proviennent d'entités spirituelles. Les *channelers* humanistes sont plutôt des *conscious-channelers*, car la transe profonde accentue le sentiment de dissociation et par conséquent l'impression qu'il s'agit d'une intervention extérieure.

–      Certains *channelers*, dits « *walk-ins* », prêtent délibérément leur organisme aux entités qu'ils canalisent. Dans ces cas-là, il s'agit en général, d'extra-terrestres et la pratique s'apparente à une expérience classique de possession. Selon eux, le but de ces entités serait de favoriser l'évolution spirituelle de l'humanité. On commence également à voir apparaître le phénomène inverse, dit *reverse-channeling*, qui propose à des humains de se projeter hors de leur corps pour émettre des messages à l'adresse d'autres *channelers*, sur Terre ou surtout ailleurs dans l'univers...

**Quelques figures du médiumnisme et du *channeling* :**

*Posons le décor avec les précurseurs :*

Dans l'Antiquité, la réception de messages provenant d'autres dimensions de l'existence était réservée aux oracles, aux prophètes ou aux devins et nécromanciens. Pendant la Renaissance, l'ésotérisme fit une large place à la médiumnité ; par exemple, le langage rituel énochien a été obtenu par communication médiumnique sous la direction de John Dee. Au XVIIIe, le *Great Awakening*, un mouvement religieux anglo-saxon (1720-1770, puis deuxième phase 1790-1840), a favorisé le développement du christianisme évangélique qui encourage la communication extatique directe avec Dieu et les anges. Au XIXe siècle, les révélations médiumniques obtenues par écriture automatique et transmises par **Jakob Lorber** (1800-1864), un magnétiste swedenborgien, adoptaient déjà une typologie assez proche de celle des messages du futur *channeling*. En 1840, Lorber prétendit en effet entendre la voix de Dieu qui lui dictait les milliers de pages d'une nouvelle version de l'histoire du Christ teintée de millénarisme et de gnosticisme. Ce texte est à la base du mouvement germanophone dit « Nouvelle Révélation » dont certains membres ont un moment considéré Hitler comme le nouveau messie…

Dès 1847, le spiritisme se répandit aux USA, puis en Europe avec **Allan Kardec** (1804-1869) et bien d'autres. Cette mode déclina vers la fin du XIXe siècle au profit de l'ésotérisme très syncrétique de la Société Théosophique, suivi par d'autres courants comme notamment l'anthroposophie de Rudolf Steiner, mais la pratique du spiritisme se perpétua surtout au Brésil sous l'influence de **Chico Xavier** (1910-2002). Ce qui assura le succès du mouvement spirite fut la confirmation par les médiums d'une forme de vie éternelle plus proche des individus que celle qui était jusque-là proposée par la religion, mais aussi son organisation beaucoup plus démocratique, notamment en ce qui concerne l'ouverture aux femmes.

En 1875, c'est par communication médiumnique qu'**Helena Petrovna Blavatsky** (1831-1891), cofondatrice de la Société Théosophique reçut son message ésotérique, du moins en bonne partie[56]. Cette théorie servit de base à la pensée *New Age*; on y retrouve la normalisation de la médiumnité dans un contexte de révélation ésotérique, l'adoption d'un système pseudo-hindouiste basé sur sept niveaux de conscience, la notion de réincarnation et de karma et la promotion de figures spirituelles désincarnées comme les Maîtres Ascensionnés.

Suivit, en 1879, la fondation de la Science Chrétienne par **Mary Baker Eddy,** disciple de l'hypnotiseur Phineas Prakhurst Quimby. Après une guérison surprenante, Mary Baker Eddy mit en place son système de « guérison théologique » et c'est elle qui lança l'idée aujourd'hui très populaire que les personnes qui ont surmonté leurs propres problèmes de santé font de bons thérapeutes.

À la fin du XIXe siècle, on note des influences transverses avec les précurseurs de la psychologie, notamment à travers les études sur l'hypnose et la transe médiumnique, mais aussi avec l'émergence du mouvement américain dit *New Thought* qui favorisait la pensée positive comme méthode thérapeutique et de prospérité matérielle, un mouvement qui influença fortement l'Amérique au siècle suivant.

En 1920, la théosophe **Alice Bailey** transcrivit les messages médiumniques du Maître Tibétain Djwahl Khul (*Traité des sept rayons*).

Toujours en 1920, le thaumaturge **Edgar Cayce** (1877-1945) commença à publier ses messages médiumniques. Suite à une expérience d'hypnose dans le cadre d'un traitement thérapeutique

---

56	Helena Petrovna Blavatsky, *Isis dévoilée : clef des mystères de la science et de la théologie anciennes et modernes,* Les Éditions Théosophiques, 1913.

personnel, il était en effet devenu capable de donner des diagnostics de maladies. Mis en relation avec des théosophistes, il étendit l'interprétation de ses visions au domaine des vies antérieures et se mit à interpréter les pathologies comme étant liées à cette histoire individuelle. Cela le poussa à réinterpréter certains événements historiques, mais aussi à émettre ses propres prédictions. Après son décès, son fils fonda une structure associative pour diffuser les transcriptions des séances de Cayce, l'A.R.E., et on publia des interprétations personnalisées sur des thématiques spécifiques. Relevant davantage de la médiumnité classique, les visions de Cayce constituent toutefois de très bons précurseurs du *channeling* : Cayce attribue par exemple certains messages à l'Archange Michael. Son influence est restée importante dans le public jusque dans les années 60.

*Le basculement :*

Il est nécessaire de replacer brièvement la question de la médiumnité dans le contexte historique du développement de la psychologie et des premières recherches scientifiques sur la nature de la conscience, c'est-à-dire, à l'époque, surtout celle de l'inconscient. Ces recherches avaient été largement anticipées par celles menées sur la médiumnité et l'hypnose par des personnages comme **Mesmer, Puységur, Maine de Biran**, etc. Pour de plus amples renseignements sur cette période ainsi que sur la métapsychique, un courant qui s'efforça de donner un contrepoids sérieux aux recherches strictement scientifiques et parfois trop positivistes, nous vous renvoyons au travail de référence de notre ami Bertrand Méheust[57]. En France, c'est **Pierre Janet**, à qui Charcot confia la direction du laboratoire de psychologie de la Salpêtrière en 1889, qui commença à étudier sérieusement la psychologie de l'inconscient. Théoricien de l'hypnothérapie et inventeur du mot «subconscient» pour préciser la question de l'inconscient, Janet s'opposait à Freud sur la question de l'importance que ce dernier accordait à la sexualité dans les troubles psychologiques et, d'une manière plus générale, comme moteur des activités humaines. Parmi bien d'autres recherches, c'est Janet qui relia les phénomènes spirites à la question de l'inconscient[58]. Dans *L'automatisme psychologique*, il a également confirmé l'existence d'un somnambulisme profond et lucide[59]. L'hypothèse des personnalités multiples fut une explication proposée alors à la cohabitation de différentes expressions de la personnalité s'exprimant durant les expériences d'hypnose. Cette théorie fut progressivement contestée, puis quasiment abandonnée et finalement redéfinie comme un « trouble dissociatif de l'identité » vers la fin du XXe siècle.

Lorsque **Sigmund Freud** intervint, vers 1895, l'existence et l'importance de la part inconsciente de la vie humaine était donc déjà reconnue. Elle avait été étudiée de près par les premiers psychologues, par les aliénistes, mais aussi par les métapsychistes. Freud proposa sa nouvelle théorie de l'inconscient qui a révolutionné la psychologie et donc, la psychanalyse

---

57       voir Bertrand Méheust, *Somnambulisme et médiumnité*, vol II, Synthelabo/Les Empêcheurs de Penser en Rond, 1999

58       Pierre Janet, préface dans J. Grasset, *Le spiritisme devant la science* (pp. VII-XXIX). Montpellier, Coulet & Fils et Paris, Masson, 1904.

59       Pierre Janet, *L'automatisme psychologique*, Félix Alcan, 1889, p. 178.

s'imposant, les autres théories, dont celles issues du magnétisme, furent écartées ou oubliées.

Le français René Sudre (1880-1968), lui, posa l'hypothèse que la médiumnité est un cas particulier de télépathie. Il incluait dans sa théorie la possibilité de capter des informations provenant de personnes décédées, car celles-ci ne seraient pas stockées dans le corps physique des défunts. Cela nous rappelle ce que nous avons entendu dans la conférence de Claude Arz sur la carrière d'Ingo Swann. Selon lui, les médiums télépathes servent de collecteurs et de connecteurs pour de l'information qui est disponible sous une forme diffuse dans la nature. Ils peuvent aussi se relier télépathiquement à d'autres médiums, comme en réseau, même sans le savoir, ce qui annonce l'affaire autour de la Society for Psychical Research qui va suivre.

C'est dans ce contexte compliqué, entre développement bouillonnant de la recherche scientifique et quête de solutions contre-culturelles aux questions touchant à la spiritualité, que se produisit un phénomène tout à fait déroutant : entre 1906 et les années 1930, plusieurs médiums indépendants reçurent des messages spirites provenant des « esprits » de membres décédés de la *Society for Psychical Research* ! Ce groupe de recherche prestigieux avait été fondé en 1882 en Angleterre; d'illustres personnages comme Charles Richet, Henri Bergson, Frédéric Myers Camille Flammarion, Joseph Rhine et bien d'autres y ont adhéré et il a suscité des groupes apparentés aux USA, l'ASPR fondé par William James, ou en France avec l'Institut Métapsychique International (1919). Les médiums qui recevaient les messages spirites de ces membres décédés de la SPR se trouvaient dans différents pays et sur plusieurs continents. Le contenu des messages se recoupait, sans que ces médiums aient pu être en contact les uns avec les autres. Comme s'il s'agissait d'une seule entité collective désincarnée, ces « chercheurs décédés de la SPR » prétendaient poursuivre leurs recherches depuis l'au-delà, tout en améliorant les principes utilisés par la métapsychique et en favorisant la communication lucide[60]!

Cet événement insolite marque-t-il vraiment le début du *channeling*? Je choisis de le considérer comme un pivot typologique dans l'expression des pratiques liées à la médiumnité. En parallèle, il esquisse aussi un nouveau schéma de pensée qu'on retrouve ensuite dans les formes plus « technologiques » qu'a adoptées le spiritisme au cours du XX^e siècle, notamment sous l'appellation de « transcommunication »[61], avec la réception de messages sur des supports techniques modernes comme le téléphone, des magnétophones à bandes ou à cassettes, puis la télévision, les ordinateurs et enfin, plus récemment encore, les téléphones mobiles. Quoi qu'il en soit, l'essor des pratiques de thérapies magnétiques, de médiumnisme ou de *channeling* comme alternatives à l'orientation positiviste des sciences classiques s'est trouvé soutenu tout au long du XX^e siècle par les Nouveaux Mouvements Spirituels. Il participe nettement à l'effort de réenchantement du monde moderne et c'est aussi dans cette perspective qu'il faut comprendre toutes ces pratiques.

---

60      C. D. Broad, *Lectures on Psychical Research given in Cambridge University*, Routledge & Kegan, 1962, p. 294.
61      voir HS *Parasciences*, Jean-Michel Grandsire, 1993.

*L'essor du channeling* :

1930 : fondation du groupe «**I AM**» par Godfre Ray King et sa compagne, alias Guy & Edna Ballard, deux pionniers *channelers* fortement influencés par le théosophisme qui contactaient eux aussi les «Maîtres Ascensionnés». Ce groupe comptait un million d'adeptes en 1940! Il publiait des ouvrages présentant une version vulgarisée de l'enseignement théosophique et organisait des pèlerinages aux Monts Shasta et Tetons. Ballard mourut en 1939, ce qui entraîna plusieurs disputes internes et procès publics.

Dans la **littérature**, le concept des messages psychiques fut brillamment utilisé dès 1934 par Edgar Rice Burroughs, le créateur de *Tarzan*, avec sa série de romans de science-fiction narrant les aventures de Carson Napier sur la planète Vénus. C'est en effet au moyen de ce que l'auteur décrit comme des facultés télépathiques hyper développées qu'un ami de Carson — spécialement engagé par l'explorateur spatial en tant que secrétaire-télépathe — reçoit et retranscrit ses aventures sur Vénus. On retrouve le contexte popularisé par la Société Théosophique, car si Napier est doué au point que ses pensées puissent traverser l'espace interplanétaire, c'est qu'il a appris la télépathie avec un mystique indien durant son enfance dans les colonies. On reconnaît aussi le schéma typique repris ensuite par les *channelers* qui reçoivent leurs informations de créatures extra-terrestres.

Pendant les années 1950s, divers *channelers* contactèrent les Maîtres Ascensionnés indépendamment, à la façon de «I AM». Parmi eux Mark Prophet, le futur fondateur du C.U.T. On connaît aussi le cas de Dorothy

Martin (1900–1992) alias **Sister Thedra**, une ancienne scientologue qui prophétisa l'apocalypse pour 1954 suite à la réception de messages soi-disant d'origine extra-terrestre.

Au début des années 60, après un contact psychique avec des entités non humaines, l'anglais Richard Graves fonda l'un des premiers réseaux de type *New Age*, le **Universal Link**, un projet sponsorisé par Sir Brooke. En 1962, trois anciens élèves d'Alice Bailey britanniques, Peter Caddy, Eileen Combe et la médium Dorothy Maclean s'installèrent sur le site de **Findhorn**, en Écosse, pour y créer une petite communauté consacrée à l'agriculture naturelle. Ils obtinrent rapidement des résultats spectaculaires qu'ils attribuaient à un *channeling* de l'esprit des plantes.

1970 fut début de l'âge d'or du *channeling* aux USA, la grande période des « livres tombés du ciel » : tenue de séminaires, publications de nombreux livres, de cours, de vidéos, etc. Auteure de SF reconvertie, mais aussi un des *channeler* les plus connus dans le *New Age* et qui en a inspirés beaucoup d'autres, **Jane Roberts** (1929-1984) publia *The Seth Material*[62]. Roberts encouragea vivement la pratique du *channeling* ; elle a probablement introduit certains concepts qui furent repris ensuite dans le mouvement. Suivit *The Michael Teaching channeling*, des messages reçus d'un égrégore spirituel par une communauté de *channelers* californiens. Ce matériel est assez structuré et forme la base d'une méthode d'éducation spirituelle sous la direction de la Michael Educational Foundation. Toujours dans les années 70s,

---

62      Jane Roberts, *The Seth Material*, édition française: *Seth parle, l'éternelle validité de l'âme*, Mama Editions, 2009.

**Mark & Elisabeth Clare Prophet** fondèrent la Church Universal and Triumphant (C.U.T.). Ces *channelers* relayaient eux aussi des messages de la Grande Fraternité Blanche. Le C.U.T. eut de gros problèmes avec la justice à cause de ses tendances millénaristes paranoïaques de type sectaire, mais elle conserve aujourd'hui un centre d'activités au Montana (USA). L'une des pratiques du C.U.T., le «*decreeing*», inclut un travail sonore original qui ressemble à une récitation de mantras, mais avec un contenu d'affirmations *New Age* récitées en anglais. On peut en trouver des exemples sur Internet[63]. Signalons aussi l'engouement pour les écrits d'enlèvements par les extraterrestres et la conversion littéraire assez typique d'un auteur comme Whitley Strieber qui est passé de romans à succès centrés sur la Wicca comme *Wolfen* et *Cat magic* à des récits d'abduction que l'on doit classer sans hésiter dans la catégorie des ouvrages de *channeling*.


Membre de la communauté de Findhorn entre 1970 et 1973, **David Spangler** se mit à canaliser l'entité «*Limitless Love and Truth*», des messages dont il tira le livre intitulé *Revelation, the Birth of a New Age* (1971). Celui-ci se conclut par un commentaire nettement influencé par le théosophisme de Bailey. Spangler temporisa son opinion vis-à-vis du phénomène et publia une seconde version incluant les messages d'une autre entité, «John», puis il publia *Channeling in the New Age* (1988), où il se montre très critique sur la mode du *channeling* dont il tient à se distancer. Ce livre essaie d'opérer un tri dans le panorama du *channeling* des années 80.

---

63    www.discogs.com/it/composition/5ea443ea-0616-473a-84bf-66f577ba7697-Decree-1005

En 1975, parut *A Course in Miracle*, qui est devenu un texte fondamental du *New Age*. C'est un message d'amour suivi d'exercices pratiques reçus en transmission par Helen Schucman & W. Thetford entre 1965 et 1977. Cet ouvrage fut d'abord diffusé entre proches, puis édité par l'association Foundation for Inner Peace. Il est sous-entendu dans le texte que sa source est Jésus-Christ lui-même.

L'année 1976 voit la publication des *Dialogues avec l'Ange*. Cet ouvrage est la transcription de communications reçues pendant la Seconde Guerre mondiale en Hongrie par Hanna Dallos, entre juin 1943 et novembre 1944. Ses paroles furent retranscrites par ses amies Gitta Mallazs et Lili Strausz.

En 1977, **Judy Zebra Knight** transmit les messages de l'entité Ramtha, un guerrier lémurien qui aurait libéré son peuple de la tyrannie des Atlantes il y a 35 000 ans et dont elle se prétend la réincarnation. Ses adeptes s'étaient d'ailleurs installés à Bugarach, dans l'Aude, en prévision de « l'apocalypse » de 2012. Passionnée de nouvelles spiritualités, l'actrice hollywoodienne Shirley MacLaine a beaucoup œuvré pour la diffusion des idées du *New Age* dans le grand public. Elle a mentionné plusieurs *channelers* connus dans ses livres, dont J. Z. Knight et Ramtha, ainsi que K. Ryerson, un *trance channeler* qui a tenu des séances en direct sur la télévision américaine.

Le couple anglais formé de **David & Ann Jevons** resta plus discret. Ils reçurent des messages dès les années 60 à travers leur « âme commune » nommée Ramala et commencèrent à les publier en 1978. Ces messages sont attribués à une dizaine d'entités considérées comme des maîtres spirituels désincarnés. Un dernier message fut reçu en 1989 et la communication s'acheva[64].

**1980** vit la publication des *Enfants du Verseau* de **Marilyn Ferguson**[65], qui popularisa la notion de *New Age*. Les années 80s connurent aussi une augmentation soudaine du syndrome des personnalités multiples dans la psychiatrie nord-américaine. Ce phénomène localisé aux USA et au Canada concernait essentiellement des femmes ; théoriquement on le reliait à des traumatismes sexuels subis durant l'enfance, mais il fut vite remis en question en envisageant la possibilité de faux souvenirs induits au cours de la thérapie. On parle même à ce propos

---

64    David et Ann Jevons, *The Revelation of Ramala*, 1978.
65    Marilyn Ferguson, *Les enfants du Verseau : pour un nouveau paradigme*, Calmann-Lévy, 1981 ; en anglais : *The Aquarian Conspiracy. Personal and Social Transformation in the 1980s*, Tarcher, 1980.

de syndrome culturel[66]. Pour refaire un parallèle entre ces deux domaines, on peut considérer qu'avec l'identification de ce syndrome, la psychiatrie a donné une structure pathologique et thérapeutique au modèle « protéen » du soi[67], alors que le *channeling,* au contraire, en exaltait le potentiel positif en explorant en toute liberté les territoires de la dissociation.

Épouse du fondateur de la bioénergie et pratiquante d'écriture automatique, Éva **Pierrakos** (1915-1979) finit par canaliser un Guide qui souhaita rester anonyme. Ses auditeurs transcrivirent plus tard ses messages dans *The Pathwork of Self-Transformation* (1990). La décennie 1990 vit se diffuser la pratique du *channeling* dans le domaine du développement personnel, des psychologies transpersonnelles et des nouvelles thérapies, favorisant alors le modèle du *counscious-channeling*. La *trance channeler* **Sanaya Roman**, qui transmit les messages d'Orin et de Thaddeus, se focalisa, elle aussi, sur le domaine des soins et du développement personnel.

Et en 2004, trois étudiants de l'école Ramtha de J. Z. Knight, Mark Vincente, Betsy Chasse et William Arntz, produisirent un film intitulé *What the Bleep Do We Know !?* qui réinterprète les principes de la mécanique

---

66      Sur les divergences d'opinions à propos du syndrome des personnalités multiples, voir Hughes : "Differences between trance channeling and multiple personality disorder on structured interview" in *Journal of Transpersonal Psychology* 24 N° 2, 1992, pp. 181–192 et Kenny Michael, "Multiple personality and spirit possession" in *Psychiatry*, 44, 1981, p. 357-58, ainsi que Kenneth Stifler & al. "an empirical investigation of the discriminability of reported mystical experiences among religious contemplatives, psychotic inpatients and normal adults" in *Journal of the Scientific Study of Religion*, 32 n° 4, 1993, p. 366–372.
67      cf. R. J. Lifton, *The Protean Self: Human Resilience in an Age of Fragmentation*, Basic Books, 1993.

quantique dans une perspective *New Age* qui fit bondir les scientifiques.

En résumé, la remise en perspective historique du mouvement *New Age* en général et du *channeling* en particulier que je vous propose montre que le passage de la médiumnité classique vers sa version contemporaine sous ce vocable anglo-saxon de *channeling* s'est opéré entre 1920 et 1930. En Europe, une nouvelle génération d'ésotéristes peu soucieux de rigueur traditionnelle - Blavatsky, Bailey ou Crowley, entre autres - s'était autorisée à étayer ses théories par des inspirations hétéroclites dont on attribuait l'origine à divers agents non humains, pendant qu'aux USA le mouvement *New Thought*, les chrétiens charismatiques et une célébrité comme Edgar Cayce popularisaient de nouvelles façons de percevoir les rapports individuels avec l'invisible et le sacré.

C'est sur ce terrain fertile, nourri par le cas de communication spirite collective des défunts issus de la SPR, que le couple Ballard, imprégné de théosophisme, se lança en 1930 dans cette nouvelle pratique médiumnique d'expression franchement *New Age*, très vite suivi par le couple Prophet. Au départ, sans doute en réponse à la mode de l'époque, la tendance soucoupiste fut relativement importante, avec des personnages comme Sister Thedra, ancienne disciple du médiocre auteur de Science-Fiction et fondateur de la Scientologie, Ron Hubbard. Cela s'accompagnait aussi de la mise en place des premiers réseaux de *newagers* comme l'Universal Link de Richard Graves ou la communauté de Findhorn.

**La pratique du channeling :**

Après une courte période de concentration nécessaire pour se plonger dans l'état psychique souhaité, le *channeler* prend la parole au nom de l'entité dont il transmet le message. Il utilise en général un ton de voix, un style et un langage corporel différents de ses propres habitudes. C'est principalement ce changement qui induit certaines émotions dans leur auditoire qui s'en trouve ému ou bouleversé. Malgré cela, des études linguistiques sérieuses ont démontré l'incohérence des styles de langage utilisés pendant ces séances, tout comme celle des accents exotiques fréquents dans le *channeling*[68]. On peut donc penser qu'il s'agit d'artifices plus ou moins conscients, ce qui ne dévalorise pas pour autant le phénomène en tant que tel.

Les *channelers* se préoccupent rarement de la vraisemblance de la source des messages qu'ils reçoivent ni de l'existence réelle de ces agents non humains, mais ils se concentrent sur la pertinence du message pour ceux à qui il est destiné. Ils sont souvent incapables de préciser la nature de l'entité avec laquelle ils communiquent, si celle-ci est de nature intérieure ou extérieure à eux-mêmes, ou si d'hypothétiques entités extérieures viendraient faire écho à des états de conscience intérieurs. Dans cette grande confusion, les médiateurs qui utilisent le *channeling* s'abstiennent habituellement de trancher. « *Pratiquement n'importe quel message se révélera vrai pour l'un ou l'autre des*

---

68        cf. Sarah Grey Thomason "Entities' in the linguistic minefield" in *Skeptical Inquirer*, 13, 1989, p. 391–396 & Marjory Roberts "A linguist 'nay' to channeling" in *Psychology Today*, Oct. 1989, pp. 64–65.

*auditeurs, il y a donc peu de raisons pour qualifier ces messages d'élucubrations*» explique l'anthropologue Michael Brown[69].

Les *channelers* insistent cependant sur le fait qu'ils transmettent les messages d'agents non humains ou issus des niveaux de conscience «les plus élevés», et non du «plan astral» tel que celui-ci est défini dans le modèle théosophiste. Toujours selon ce schéma théosophiste qui les influence beaucoup, les *channelers* revendiquent parfois un contact avec les Maîtres Ascensionnés ou avec la Grande Fraternité Blanche, qui représente une sorte d'élite spirituelle désincarnée. Une sorte d'émulation ou de concurrence existe entre les différents groupes, mais il est facile d'inventer un nouvel interlocuteur que personne ne connaît pour éviter ces querelles.

Le *channeling* prétend donc contacter une forme d'information qui est inaccessible à la conscience normale. Comme le spiritisme, qui était apparu peu après l'installation du télégraphe, cette revendication du *channeling* est fortement conditionnée par le modèle social actuel qui est édifié sur la communication, les médias, le partage de données informatiques, etc. Le message est censé se trouver hors de portée de la conscience de veille, mais accessible à certains esprits supposés plus élevés qui deviennent ainsi les relais de ces nouvelles transmissions médiumniques. L'information est perçue comme étant de nature énergétique, éternelle ou hors du temps : lumière, son, voix, pure conscience, etc. Les qualités de vérité et d'éternité se trouvent ainsi transposées sur l'information elle-même plutôt que

---

69    Michael Brown, *The Channeling Zone, American Spirituality in an Anxious Age,* Harvard University Press, 1997, p. 44.

sur l'entité sollicitée ou sur le médium transmetteur, comme c'était le cas dans les religions traditionnelles. Dans les études cliniques des EMC[70], il a été effectivement démontré que le *channeling* correspond à un certain profil d'activité cérébrale correspondant à la dissociation d'un niveau plus ou moins intense.

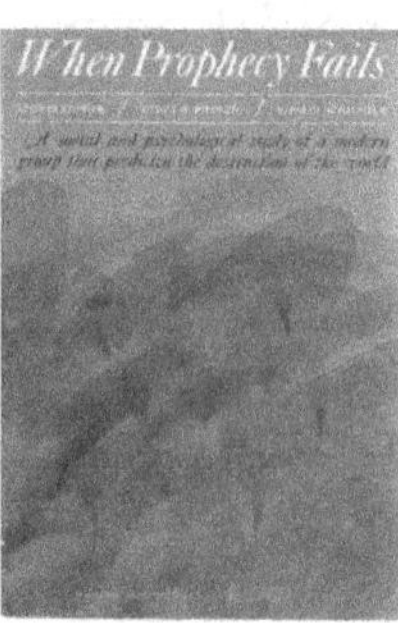

Il est évident que la question du libre arbitre ou de la soumission de soi, voire celle du parasitage mental ou spirituel, est déterminante dans le processus de *channeling*. Elle l'est tout autant dans le modèle social individualiste américain qui l'a vu naître, pour lequel la liberté est un élément fondamental et inconditionnel. Cette tendance s'affirme de plus en plus dans la société en général. La philosophie des *channelers* s'en accommode en invitant à la mise à l'écart de la conscience de veille et en prônant l'exaltation du «Soi

---

70    Hughes & Melville, *"Changes in brainwave activity during trance channeling. A pilot study."* in *Journal of Transpersonal Psychology*, 22 n° 2, 1990, pp. 175–189.

supérieur » en tant que partie intégrante de la réalité divine. Le concept d'étincelle divine à l'intérieur de l'être humain et la notion d'évolution de la conscience trouvent une nouvelle interprétation dans ce contexte. Dans tous les cas, l'évolution du Soi, fondamentale pour le développement personnel, est considérée comme un devoir sacré. Elle prévaut sur le respect des usages en matière de spiritualité, tout de comme celui des règles sociales. Dans cette perspective, le *channeling* correspondrait, en théorie, à une refocalisation de la conscience de l'égo vers le Soi. Mais la question du contrôle volontaire de la part du *channeler* dans ces pratiques se pose pourtant, surtout dans le cas des « *walk-ins* ». L'emprise de ce contrôle est très variable selon les cas et on se trouve alors sur un terrain anthropologique très proche de l'étude des transes de possession.

**Comment on devient channeler** :

Dans la mouvance *New Age*, le *channeling* est considéré comme une faculté naturelle, généralement latente, dont la nature et l'authenticité ne sont pas remises en question. Il existe donc un grand nombre de livres et de pages sur Internet intitulés « je suis un *channel* » ou « comment devenir *channeler* ». Mais, paradoxalement, ceux que le public a retenus sont quasiment tous rédigés par des *channelers* spontanés plutôt que de ceux qui ont suivi une formation pratique spécifique.

Les techniques d'apprentissage du *channeling* sont finalement des techniques de stimulation de l'imagination créatrice et de l'intuition. Pour s'entraîner au *channeling*, il suffirait par conséquent de «faire comme si». Selon Wouter Hanegraaff, c'est même la meilleure attitude pour parvenir à déclencher le processus de réception de messages provenant d'agents non humains. Chacun peut donc facilement apprendre à devenir *channeler* lors de séminaires, d'autant plus que l'investissement personnel est limité : contrairement aux rites de possession traditionnels, aucun engagement à long terme n'est exigé, surtout si l'on s'en tient à écouter des messages des spécialistes sans vouloir soi-même devenir *channeler*. Très logiquement, le *channeling* suscite par conséquent une vive opposition de la part de tous les partisans de la pédagogie traditionnelle et d'authentiques cursus initiatiques.

Sur le plan psychologique, relevons qu'il y a dans le parcours personnel de tous les *channelers* confirmés, non pas un traumatisme profond, mais une problématique de quête identitaire que le recours à cette forme de communication inhabituelle lui a permis de résoudre, d'une manière ou d'une autre. Les *channelers* ressemblent en cela aux facilitateurs et aux thérapeutes de la mouvance *New Age*. Le contenu des communications reçues est généralement assez révélateur de ce processus de construction ou de reconstruction identitaire. Les *channelers* rassemblent par conséquent une audience qui entre facilement en sympathie avec leurs préoccupations personnelles et qui est réceptive aux messages qu'ils délivrent. Ce constat ne remet en question ni leur sincérité ni le discernement de l'audience ; il s'agit d'une observation de terrain concernant l'orientation du contenu des communications. Les *channelers* décrivent souvent cela comme «l'expression de la liberté de choisir à qui on se connecte», ce qui traduit leur attitude vis-à-vis des entités contactées.

## Une forme de rite de divination ?

Il est permis de se demander si cette pratique ne s'apparente pas tout simplement à une forme contemporaine de rites de divination ; c'est effectivement ce qui saute aux yeux des anthropologues. Voyons ce qu'il en est. La divination est définie comme un système d'interprétation des événements passés, présents ou futurs culturellement codifié et le dispositif utilisé par les devins pour y parvenir, ou encore comme un dispositif reliant deux agents humains, le devin et le consultant, une autorité extraordinaire et un vecteur qui permet à cette autorité de se manifester. Puisqu'il n'utilise pas de dispositif particulier autre que le contexte global de la séance, le cas du *channeling* s'apparente à de la « divination inspirée » plutôt qu'à de la « divination inductive » qui utilise des supports que le devin doit interpréter (cartes, graines, pierres, osselets, etc.). On peut aussi considérer que le corps du *channeler* est ce dispositif, ce qui revient à peu près au même.

Le contenu des messages est généralement ce qui confirme la validité du processus, c'est-à-dire que l'auditoire est autorisé à interroger l'entité contactée par le *channeler* pour que celle-ci apporte elle-même des éléments de preuve sur son existence ou sur la valeur du message transmis. Ce point correspond à la notion de méta-divination dont l'importance a été soulignée par Boyer[71]. Le *channeler* Jon Klimo déclare que « *Finalement, la décision de déterminer si un phénomène donné doit être ou non*-être considéré comme un channeling *authentique*

---

71      Boyer, P., *Tradition as Truth and Communication. A Cognitive Description of Traditional Discourse*, Cambridge University Press, 1990.

*dépend des croyances personnelles du* channel *(ou de sa clientèle)* ». Ainsi, l'identification d'une source précise à ces communications est établie soit au cours du message par l'entité, soit ultérieurement par le *channeler* ou par son auditoire. Par ailleurs, la séance de *channeling* comporte certains éléments qui ont été mis en évidence par divers spécialistes de la divination : elle fait émerger des registres complexes combinant le respect de certaines manières de faire standardisées et la convocation de savoirs occultes (Peek, 1991). On peut aussi y relever une condensation d'activités dont les unes mettent le *channeler* en relation avec une autorité extraordinaire (Vandeputte 2017) et les autres produisent des paroles nécessairement vraies à propos du consultant (Holbraad 2012). Nous pouvons par conséquent raisonnablement aborder le *channeling* comme un cas particulier de rite de divination. Quelle est l'efficacité rituelle de pratiques de type *channeling* ? De toute évidence, il s'agit d'expériences extraordinaires par rapport au régime de réalité quotidienne, expériences qui jouent ensuite pour l'auditoire le rôle de référence à la fois mystérieuse et privilégiée qui modifie la façon d'aborder cette réalité.

Bien que le discours transmis par les *channelers* soit émaillé d'informations nécessairement vraies dans lequel chaque membre de l'auditoire peut se reconnaître, il faut noter que les messages transmis ne sont jamais imposés à ceux qui les entendent comme des vérités incontournables. C'est à chacun de faire la part des choses pour lesquelles il se sent concerné. Toute la responsabilité de l'interprétation et des conséquences d'un passage à l'acte leur est laissée au titre de l'indépendance spirituelle et du libre arbitre, une notion qui, nous l'avons dit, est centrale dans l'esprit du *New Age* et de la société contemporaine. Cette conception du libre arbitre, qui prend alors une véritable valeur d'injonction, inclut la possibilité de créer, ou de recréer, les conditions d'un environnement favorable pour l'évolution matérielle et spirituelle de ceux à qui sont destinés les messages transmis par *channeling*. Ceux-ci s'inscrivent alors dans la perspective du « quêteur spirituel » mise en lumière par Joseph Campbell. Cela peut aller jusqu'à l'identification de problématiques qui remonteraient hypothétiquement à des vies antérieures, comme Pascale Larfargue nous en a parlé. C'est précisément là qu'interviennent un grand nombre d'informations transmises par *channeling*, soit collectivement, soit lors de consultations privées : elles viennent expliquer les liens de cause à effet entre certains événements, connexions dont le consultant n'avait pas conscience ou n'avait pas une conscience correcte. Cette façon de faire se rapproche d'une intervention psychothérapeutique et il n'est donc pas fortuit que de nombreux *channelers* se soient rapprochés des psychothérapies transpersonnelles. On peut même se demander s'il ne faudrait pas utiliser l'expression « *channel-counselling* » pour des prestations de ce genre qui sont devenues majoritaires.

Comme dans tant d'autres rites impliquant la dissociation ou la possession, la question de l'incarnation du genre — ou parfois celle de la façon d'assumer son identité sexuelle — entre en jeu dans la pratique du *channeling*. Un homme ou une femme peut contacter indifféremment une entité masculine, féminine, androgyne ou sexuellement non polarisée. Si, au départ et surtout durant la période spirite, le contact avec des entités spirituelles apportait sans conteste à bien des femmes une occasion inespérée d'être écoutées et considérées en transmettant les messages d'entités masculines, les choses ont énormément évolué. Il faut se rendre à l'évidence que la popularisation des pratiques de *channeling* dans les années 70-80 a joué un rôle positif dans la façon de s'ouvrir intellectuellement aux questions de genre. La proportion de femmes parmi les *channelers* et leur auditoire reste toujours très importante, mais on observe un détachement progressif vis-à-vis de ces enjeux, et même une tendance à les contourner en convoquant des entités non polarisées sexuellement.

On constate bien entendu une tendance millénariste ou catastrophiste assez répandue parmi les *channelers*. Dans les cas où les messages transmis ne sont pas clairement apocalyptiques, ils sont centrés sur l'importance d'un changement global qui doit survenir ou auquel il faut contribuer pour assurer l'avenir de l'humanité. C'est ce qui justifierait le développement des activités de *channeling* à la fin du XX$^e$ siècle : il existe de plus en plus d'agents qui ont un message urgent à transmettre, mais aussi davantage d'humains qui y sont sensibles.

**Le contenu des communications :**

Que peut-on dire du contenu des communications reçues par *channeling* lorsqu'on les envisage du point de vue de la spiritualité ? Les réticences très fortes des *channelers* et de leur auditoire envers toute forme de structure, que celle-ci soit religieuse, sociale ou initiatique, révèlent autant leur désir de renouveau et d'indépendance que la faiblesse de leurs arguments et de leurs connaissances dans ce domaine.

Comment, dans ce cas, peut-on se positionner quant à la provenance de messages qui se revendiquent d'agents non humains et déterminer s'il est pertinent ou non d'en tenir compte? Considérant le *channeling* comme la catégorie la plus englobante, un enthousiaste comme Jon Klimo réinterprète toute l'histoire des révélations et de la médiumnité, ce qui n'est guère convaincant[72]. Wouter Hanegraaff aborde le sujet avec davantage de sérieux; le lecteur peut se référer à son ouvrage[73]. Il précise que tous ces phénomènes de «messages provenant d'ailleurs que de la conscience normale» n'ont été catégorisés que de manière très artificielle, en se basant sur certaines similitudes, mais que cette étude superficielle n'aboutit à aucune certitude à propos des sources.

---

72      Jon Klimo *Channeling: Investigations on Receiving Information from Paranormal Sources*, North Atlantic Books, 1998.

73      W. J. Hanegraaff, *New Age Religion and Western Culture: Esotericism in the Mirror of Secular Thought*, Brill, Leiden 1996, State University of New York Press, Albany 1998.

La logique voudrait que l'on tienne compte de l'évolution des cultures, des sciences et par conséquent des concepts, et que l'on reconnaisse que ces différentes interprétations de messages résultant de modes de consciences extraordinaires — prophéties, spiritisme, médiumnité, *channeling*, etc. — correspondent tous à des vues de leur époque. Par exemple, Michael Brown considère la pratique du *channeling* comme une sorte de gestion collective du phénomène dissociatif sur un mode autre que la possession rituelle, qui est une solution plus commune dans des sociétés traditionnelles[74]. On peut aussi penser que cette théâtralisation affirmée de la dissociation - une parmi d'autres, moins basée sur le rituel que sur le spectacle (voir schéma théorique des quatre modalités d'interactions proposé par Michael Houseman[75]) -, favorise l'acceptation sociale d'un phénomène qui, dans d'autres circonstances, est considéré comme perturbant.

Bien davantage que ses revendications thérapeutiques adressées à l'individu, comme le conseil personnalisé ou les thérapies énergétiques, le *channeling* remplirait donc finalement une fonction socio-thérapeutique. Brown suggère aussi qu'on pourrait l'envisager comme une forme plutôt ludique d'exploration du soi pluriel[76]. Il est vrai qu'une description théorique satisfaisante de cette vision de l'être humain fait encore défaut et que cela laisse toute la place pour l'exploration. Cependant, quel que soit l'outil

---

74    Michael Brown, *The Channeling Zone, American Spirituality in an Anxious Age,* Harvard University Press, 1997, p.183.

75    Thibault, Emmanuel, «Une approche anthropologique contemporaine du rituel», dans *Historia Occultae* n° 9, L'Œil du Sphinx, 2018.

76    Michael Brown, *The Channeling Zone, American Spirituality in an Anxious Age,* Harvard University Press, 1997, p. 190.

théorique dont on se sert pour décrire l'intériorité humaine — qu'il s'agisse de la psychanalyse, du modèle théosophiste des sept plans de conscience ou d'autres — il est nécessaire de justifier le choix de cette grille d'interprétation et de préciser de quel aspect de la psyché émanent les messages. Si, au contraire, on revendique pour ces messages le statut de révélation divine, dans un cadre mystique ou religieux, il est indispensable d'expliquer précisément comment différencier l'inspiration divine de celle émanant d'intelligences spirituelles intermédiaires comme les anges, les Maîtres Ascensionnés, ou celles considérées comme néfastes comme les démons. Un personnage comme l'ésotériste Aleister Crowley pose un problème intéressant à cet égard, car cette figure influente au début du XXe siècle se positionnait clairement entre révélation prophétique et *channeling*. Tout en ayant des revendications initiatiques, il avait fréquemment recours à l'auto-initiation et à des pratiques incontestablement médiumniques à chaque fois qu'il échouait sur son parcours initiatique. On doit également s'interroger sur son choix de favoriser le langage énochien dans les rituels de magie pratique en récupérant les messages reçus des siècles plus tôt par le médium Edward Kelly, assistant de John Dee.

En résumé, on peut considérer le *channeling* comme une forme d'improvisation en matière de quête spirituelle. Psychologiquement, il apporte généralement une réponse à la solitude d'individus qui, souvent par manque ou par peur de relations satisfaisantes dans leur vie quotidienne, privilégient le dialogue avec l'au-delà et ses créatures désincarnées — comme l'illustre le parcours de vie des *channelers* que nous avons mentionnés —, puis parviennent à travers la

pratique à surmonter ce petit problème. Plus encore
que de relations, ils sont en quête d'un enseignement
spirituel, mais refusent de suivre celui d'un enseignant
vivant qui s'avérerait à la fois trop structuré et trop
exigeant pour correspondre à leurs revendications de
suprématie individualiste. Ils préfèrent s'en remettre à
des entités exotiques, représentées par des facilitateurs
qui leur ressemblent et dont les messages sont tellement
sujets à interprétation qu'ils leur permettent une vision
d'eux-mêmes facile à assumer.


Merci pour votre attention.


**BIBLIOGRAPHIE :**

Bailey, Alice A., *Traité sur les sept rayons*, 5 vol.

Blavatsky, Helena Petrovna, *Isis dévoilée : clef des mystères
de la science et de la théologie anciennes et modernes*, Les
Editions Théosophiques, 1913.

Boyer, P., *Tradition as Truth and Communication. A
Cognitive Description of Traditional Discourse*, Cambridge
University Press, 1990.

Burroughs, Edgar Rice, *Le Cycle de Vénus*, Lefrancq,
1994 (en anglais 1939).

Broad, C. D., *Lectures on Psychical Research given in
Cambridge University*, Routledge & Kegan, 1962, p. 294.

Brown, Michael, *The Channeling Zone, American Spirituality in an Anxious Age*, Harvard University Press, 1997.

Ferguson, Marilyn, *Les enfants du Verseau : pour un nouveau paradigme*, Calmann-Lévy, - 1981; en anglais : *The Aquarian Conspiracy. Personal and Social Transformation in the 1980s, Tarcher, 1980.*

Grandsire, Jean-Michel, « Transcommunication», HS *Parasciences*, 1993.

Hanegraaff, Wouter J., *New Age Religion and Western Culture: Esotericism in the Mirror of Secular Thought*, Brill, Leiden, 1996 & State University of New York Press, 1998.

Helaas, Paul, *The New Age Movement, The Celebration of the Self and the Sacralization of Modernity*, Blackwell, 1996.

Holbraad, M., *Truth in Motion. The Recursive Anthropology of Cuban Divination*, University of Chicago Press, 2012.

Hughes, Dureen J., "Differences between trance channeling and multiple personality disorder on structured interview" in *Journal of Transpersonal Psychology*, 24 n ° 2, 1992.

Hughes, Dureen J. & Melville, *"Changes in brainwave activity during trance channeling. A pilot study."* in *Journal of Transpersonal Psychology*, 22 n ° 2, 1990.

Introvigne, Massimo, *Le New Age des origines à nos jours. Courants, mouvements, personnalités*, Dervy, 2005.

Introvigne, Massimo, *Les Veilleurs de l'Apocalypse*, Claire Vigne, 1996.

Janet, Pierre, *L'automatisme psychologique*, Felix Alcan, 1889.

Janet, Pierre, préface dans J. Grasset, *Le spiritisme devant la science* (pp. VII-XXIX). Montpellier, Coulet & fils et Paris, Masson, 1904.

Jevons, David & Ann, *The Revelation of Ramala*, autopublié, 1978.

Klimo, Jon, *Channeling: Investigations on Receiving Information from Paranormal Sources*, North Atlantic Books, 1998.

Lifton, R. J., *The Protean Self: Human Resilience in an Age of Fragmentation*, Basic Books, 1993.

Méheust, Bertrand, *Somnambulisme et médiumnité*, vol II, Synthelabo/Les Empêcheurs de Penser en Rond, 1999.

Melton, John Gordon, *Perspectives on the New Age* (avec James R. Lewis), State University of New York Press, 1992.

Michael, Kenny, "Multiple personality and spirit possession" in *Psychiatry*, n° 44, 1981.

Peek, P.M., « African Divination Systems. Non-Normal Modes of Cognition", In P.M. Peek, *African Divination Systems. Ways of Knowing*. Bloomington, Indiana University Press, pp. 193–212, 1991.

Roberts, Jane, *The Seth Material*, *édition* française: *Seth parle, l'éternelle validité de l'âme*, Mama Editions, 2009.

Roberts, Marjory, "A linguist 'nay' to channeling" in *Psychology Today*, oct. 1989.

Stifler, Kenneth & al. "an empirical investigation of the discriminability of reported mystical experiences among religious contemplatives, psychotic inpatients and normal adults" in *Journal of the Scientific Study of Religion*, 32 n ° 4, 1993.

Thibault, Emmanuel, « Une approche anthropologique contemporaine du rituel », *Historia Occultae* n° 9, L'Œil du Sphinx, 2018.

Thomason, Sarah Grey, "Entities' in the linguistic minefield" in *Skeptical Inquirer*, n ° 13, 1989.

Vandeputte, C., *Hétérogénéité des pratiques, pluralité des expériences divinatoires : Devin, client et génies en région sénoufo (Korhogo, Côte d'Ivoire)*. Mémoire de Master 2, Université Paris Nanterre, 2017.

# LE LOUP

## Jean-Marc Derouen

Né à Paris 11e en 1953, Jean-Marc Derouen a passé une partie de sa petite enfance au bord de la forêt de Brocéliande dans un petit village qui s'appelle Treffendel. Dire qu'il y a puisé ici tout son imaginaire semble une évidence, mais son écriture s'appuie également sur tout ce qui fait la saveur de la vie : nos coups de cœur, nos coups de gueule, nos contradictions et nos faiblesses.

Après trente années passées à l'Éducation Nationale, il a finalement quitté son métier d'instituteur (qu'il adorait et qu'il occupait encore en 2005 à Cléguer, près de Lorient) pour devenir conteur professionnel. Depuis il tourne dans toute la Bretagne et dans toute la France (il est même allé conter en Russie, aux pieds de l'Oural en 2009) et raconte aux petits comme aux grands ses histoires qui sentent l'humus, le bois, les fonds marins et les bords de mer. Alliant l'humour et la poésie, il entraîne ses lecteurs et auditeurs dans son monde, un monde où tout est possible, joyeux, extrême parfois, tendre et souvent très drôle.

**Si vous rêvez d'un voyage aux frontières de l'irrationnel, d'une rencontre avec le dernier loup de Brocéliande, d'un dialogue avec l'homme qui ne meurt jamais, ce spectacle est fait pour vous.**

**Si vous rêvez de vous promener avec l'Ankou ou le Passeur sur l'autre rive, celle d'où l'on n'est censé ne jamais revenir, ce spectacle est fait pour vous.**

**Voyagez alors avec Jean Marc Derouen qui maîtrise les lieux obscurs et vous entraînera dans des sphères où vous n'auriez jamais imaginé pouvoir pénétrer.**

Yann avait beaucoup marché cet après-midi-là. Beaucoup avancé dans son absence. Il avait égaré son amour au matin, comme la branche voit s'envoler sa dernière feuille d'automne. Elle s'en était allée... au gré d'un vent qui lui était trop connu. Alors il marchait.

Il marchait sur l'herbe tendre de ce printemps, vidant d'un hochement de tête tout ce qui, inlassablement, remontait en lui. Il n'y avait plus que la chaleur de ses muscles, que des mouvements cadencés et une main crispée sur un bâton qui s'enfonçait fort dans une terre meuble. Quand le soleil a disparu derrière les plus hauts arbres de la forêt de Brocéliande, il s'est arrêté au bord d'un étang, s'est assis sur un tronc brisé par la tempête de 1987 et a jeté un regard vide sur la surface blafarde. Les chênes se sont obscurcis. Il a allumé sa pipe, a remonté le col de sa veste, puis il a fermé les yeux. Il a oublié le temps.

Engoncé dans son silence, il a perçu un souffle. Un souffle animal, sauvage et cependant très humain. La présence s'est faite si vive qu'il a tressailli. Il a ouvert les yeux. **Ha!** Devant lui, à deux pas, un loup gigantesque était campé dans une posture identique à la sienne. Yann a tourné la tête à droite, à gauche... l'animal en a fait autant. Leurs regards se sont croisés et Yann a eu envie de hurler à la lune, sans retenue aucune. Il a pris une grande inspiration, mais le loup l'a interpellé :

- *Chut ! Ne nous fais pas repérer...*

La voix de l'animal, sortie de cette gueule lourde et menaçante, avait sonné clair... Yann a bloqué sa respiration et le loup a toussé.

- *Respire, bon sang... je manque d'air !*
- *Que veux-tu ?*
- *Oh, rien... ou si peu... En fait, je suis venu te voir car cela fait un bon moment que je te suis à pas feutrés, de taillis en bosquets, de buissons en fourrés. Il y a longtemps, très longtemps que je cherche un individu comme toi... Mais il n'en passe jamais par ici, jamais... Et ce soir, tu es là... Enfin ! Et je sais que tu as besoin de moi comme moi j'ai besoin de toi...*

Yann, calme, a pensé que le loup se trompait. Il se sentait beaucoup trop vide pour qu'on ait besoin de lui. Il n'avait, au fond, rien à dire, à personne, pas même à un loup.

- *Je suis fatigué comme le bois mort sur lequel je suis assis, tu sais ! Que peux-tu attendre de moi ? Que peux-tu attendre d'un homme qui n'espère plus rien, pas plus des autres que de lui-même ? Ton instinct t'a trompé, tu fais fausse route...*

–   *Hé ! Hé ! Justement... Tu sais que tu m'intéresses de plus en plus ?*

–   *Tu perds ton temps.*

–   *Pas du tout ! C'est parce que tu es... euh... vide, oui, c'est cela, vide, c'est parce que tu es vide que je suis sorti de ma tanière. Tu ne peux pas comprendre, mais je ne me passionne que pour des gens vides ! Un homme vide, c'est en quelque sorte un homme sans âme. Et c'est cela que je cherche, un homme sans âme…*

–   *Tu fais erreur, j'ai une âme... mais elle est...*

–   *Éteinte ?*

–   *Oui... c'est peut-être cela... éteinte...*

–   *Épatant ! Qu'aurais-je à faire d'une âme morte ? C'est d'une âme éteinte dont j'ai besoin...*


Le loup s'est levé, a flairé quelque animal nocturne qui courait dans le chemin, puis s'est approché encore plus près de l'homme.


–   *Cela fait plus de deux siècles que je t'attends. Oui ! Deux cents ans de solitude dans une forêt qui s'évanouit de jour en jour, incroyable, n'est-ce pas ? Sans louve depuis plus d'un siècle, sans compagnon pour faire les quatre cents coups. Seul le jour, seul la nuit, seul au réveil, seul à midi, seul au soir avec ma faim et mon sommeil qui ne vient pas. Seul à entendre au printemps la nature entière qui s'accouple... Ça grouille de partout ! Ça rime à quoi, tout ça ? Hein ? Je veux vivre, moi, tout simplement ! Je veux retrouver le monde des hommes, celui que j'ai*

*connu autrefois, je veux vivre, aimer, jouer, partager...
Tu peux comprendre cela au moins, non ?*

- *Non... Je ne crois plus. Tu m'aurais dit cela lorsque j'avais
vingt ans, peut-être... Mais aujourd'hui, cela m'échappe,
vois-tu. Aimer est impossible et tellement compliqué !
Aimer, c'est attendre et je ne sais plus attendre ou bien
j'ai passé l'âge. Vivre, jouer, partager... Tout cela n'est
qu'illusion. C'est la vie qui vous partage et qui se joue
de vous. Que portes-tu espoir en ces mots-là ? Essaie
donc un peu de te remémorer ! Rappelle-toi ce que tu as
pu vivre, bon sang, à l'époque, cela ne devait pas être
terrible, pas plus que maintenant ! Pourquoi voudrais-tu
que les choses aient changé ?*

- *Parfaiiiiit ! Splendiiiiide ! Tu es exactement l'homme
qu'il me faut... Continue !*

- *Là aussi, c'est une illusion ! Passe ton chemin, je t'en
prie !*

- *Jamais si près du but ! Au contraire, l'homme ! Je vais
te proposer un marché. Un marché qui va nous combler
d'aise tous les deux, toi et moi, d'accord ?*

- *Laisse-moi tranquille...*

- *Non, l'homme ! Pas maintenant. Écoute : je ne vais te
demander qu'une chose, qu'une seule chose, qu'une toute
petite chose, toute simple et toute bête :* **prête-moi ton
corps...**

- *Quoi ?*

- ***Prête-moi ton corps...***

- *Tu déraisonnes !*

- *Pas du tout ! Écoute-moi bien ! Je te propose un échange
pour une semaine. J'entre dans ton corps, et toi, tu entres*

*dans le mien. Je vis ta vie, et toi, tu vis ma solitude. Dans une semaine, on se retrouve tous les deux et on fait le point, en quelque sorte ! On décidera de la suite. Tu vois, c'est tout simple ! Qu'en penses-tu ?*

- *Tu veux dire que je serais toujours le même individu, mais transposé dans ce corps de loup ?*

- *Exactement ! Tu entres dans mon corps, tu serais donc toi, seul dans cette forêt que tu aimes, avec la nature, les oiseaux, les ruisseaux et tout, et tout, et tout ! **Et moi,** je retrouverais tout ce que j'ai perdu, tout ce que j'ai aimé dans la vie... Les femmes, les feeeemmes, bon sang, les feeeeemmes... Ooooooh ! Alors ? Qu'est-ce que tu en dis ?*

Les yeux du loup éclairés par les reflets rouges de la pipe étincelaient dans la pénombre. Ses dents effilées brillaient blanches comme la soie. L'homme comprenait qu'effectivement, cet animal avait tout de l'être humain. Il a senti que c'était cela qu'il lui fallait fuir. Fuir l'avidité, la haine déguisée, le mensonge et la cupidité. Une semaine pour être autre ! Une semaine pour souffler. Et pourquoi pas ?

- *Alors, l'homme ? Qu'est-ce que tu en dis ?*

- *C'est curieux, mais...*

- *Mais quoi ? Faisons l'échange... Tout de suite...*

- *Tout de suite ?*

Le loup a posé ses pattes velues sur les mains de l'homme. Il a émis un son grave et monocorde. Des vibrations ont résonné en l'homme et une énergie nouvelle a circulé dans tout son corps. En quelques secondes, Yann s'est senti décoller doucement de lui-même et il a pu, à sa grande surprise, contempler la scène de l'extérieur... Il était vapeur... blanche... Lumière pure flottant sans pesanteur... Libre de toute contrainte. Il a aperçu alors, s'évaporant des pattes du loup, une lueur jaunâtre qui s'est dirigée promptement vers le corps de Yann. Elle s'y est engouffrée, et l'homme a dégagé brusquement ses mains des pattes du loup. À cet instant précis, Yann a eu un doute. Puis il est descendu progressivement vers le corps du loup : d'abord, la tête... puis le cou... les pattes... et enfin, la queue... Bizarre tout cela... Il se sentait

gauche et tout déstructuré.

Pendant ce temps, l'homme avait déjà sorti le portefeuille de la veste et comptait fébrilement les billets. Il a regardé une à une toutes les cartes bancaires, le carnet de chèques, puis le stylo-plume. Il a fouillé dans les poches du pantalon, en a sorti quelques pièces et des clefs de voiture.

- *Putain ! une Mercédès... Ben mon vieux, tu ne t'emmerdes pas... Au fait, je fais quoi comme métier ?*

Le loup a eu beaucoup de mal à faire fonctionner ses cordes vocales.

- *Ar-chi-tec-te.*

- *Au poil, mon loulou ! Oh pardon, excuse-moi mon vieux... Bon, c'est pas le tout, mais je n'ai pas de temps à perdre, moi ! Je rentre. Rendez-vous ici même dans une semaine ! À la nuit tombée ! Pigé, compris ? Je compte absolument sur toi. Salut, je file.*

Et l'homme s'est éclipsé en faisant des bonds. L'animal est resté immobile, groggy. Un nuage a achevé la faible clarté de la lune et il s'est aperçu qu'en fait, il y voyait très bien ! C'est alors qu'une de ses oreilles l'a démangé... Dire le temps qu'il a mis pour actionner la bonne patte en direction de la bonne oreille ne suffirait pas à décrire la maladresse du loup, et c'était d'autant plus regrettable qu'il venait de réaliser qu'il était couvert de puces !

Ses premiers déplacements ont été difficiles, le synchronisme délicat. Quatre pattes pour un homme, c'est beaucoup. C'est à ce moment-là qu'il a pris conscience qu'il ne savait même pas où se trouvait sa tanière. Il a eu alors le sentiment désagréable d'avoir fait les choses un peu à la va-vite, d'avoir agi sur un instant de désespoir, de colère et de duperie mêlés... Lui ! Lui qui était si prévoyant et réfléchi ! Lui qui achetait ses chemises d'hiver en été et ses chemises d'été en hiver ! Lui qui, pour prendre soin de sa Mercédès, avait contracté pas moins de quatre assurances ! Il en a ri intérieurement et s'est mis à trottiner sans même y penser. Il est arrivé, sourire aux babines, devant un trou bien caché dans un fourré...

— *Oh ! Ma tanière... C'est donc cela, le flair ?*

À l'intérieur, il a déchanté ! Une forte odeur s'y dégageait. Des restes épars de menus passés lui ont soulevé le cœur. Après un peu de rangement, il a fini par trouver, au fond de la tanière, un espace plus accueillant. Il s'est surpris à faire plusieurs fois le tour sur lui-même, puis s'est couché en boule, la tête sur ses pattes arrière. Sa longue queue a frappé plusieurs fois le sol. Et dans une sorte de joie intense et incontrôlée, sans médicament, il a sombré dans un sommeil de plomb...

Les journées qui ont suivi lui ont paru agréables. Toutes ces expérimentations, toutes ces situations nouvelles à travers ce corps de loup lui ont apporté une joie de vivre, une joie vraie, profonde, sans artifice... Et si la première mouche gobée au vol, sans réfléchir, l'a plongé dans un fou-rire intérieur, il a appris, petit à petit, à maîtriser le rapport entre sa lucidité humaine et son corps de loup. Il était loup, certes, mais loup conscient. Efficace, agile, réfléchi et solitaire.

Ce qui le surprenait le plus, c'était cette capacité qu'il avait encore à jouer... À son âge, à cinquante-six ans ! Jouer... Lui qui n'avait plus le goût à rien ! En fait, cela occupait les trois quarts de son temps : il courait, sautait, bondissait, se roulait sur le dos, s'ébrouait... poursuivait les libellules, les mulots, les lapins, et même, le soir, lorsqu'elles descendaient suffisamment bas, il chassait les chauves-souris... Et c'est en chassant la chauve-souris qu'un soir, il s'est rappelé tout à coup les paroles de l'homme :

- *Rendez-vous ici même dans une semaine ! À la nuit tombée ! Pigé, compris ? Je compte sur toi...*

Oh ! Il n'avait pas de montre, mais il s'est dit que ce devait être l'heure, que le temps était venu de retourner près de l'étang pour convenir de la suite. Pour lui, c'était clair, il resterait loup. Mais pour l'homme, après une semaine passée en ville, qu'en serait-il ? Tout en trottinant, le loup cherchait dans sa tête les mots, les arguments qu'il développerait pour rester loup.

Lorsqu'il est arrivé près de l'étang, l'homme était déjà là. Il se tenait debout, tout vêtu de blanc, une main contre un tronc d'arbre, l'autre dans la poche. Son visage semblait fermé, mais ses yeux luisaient plus que de raison.

- *Bon sang, quelle tristesse...*

Le loup a pris cependant les devants et a lancé à l'homme du mieux qu'il a pu :

- *Alors, l'homme, comment te sens-tu dans cette vie d'homme et quelles en sont les nouvelles ?*
- *Les nouvelles ? Elles sont au nombre de deux. Une bonne et une mauvaise... Je commence par la bonne : ton boulot m'enchante, ta petite amie est revenue, et tous les deux, c'est le grand amour. Elle te trouve changé et je lui plais beaucoup...*
- *Finalement, cela ne m'étonne pas vraiment. Et la mauvaise ?*

Le visage de l'homme s'est épanoui. Ses yeux brillaient de tous leurs éclats. Il a sorti de sa poche une arme à feu et l'a pointée en direction du loup. La partie animale a voulu sauter dans le fourré situé juste à sa droite, mais la conscience de l'homme est restée pétrifiée...

# POE AU CINEMA :
# ROGER CORMAN ET SON CYCLE

## Loïc Blavier

### *Adapter Poe*

Sujets à de multiples interprétations dès leur parution, les récits de Poe ont également suscité très tôt des adaptations dans différents médias. Y compris littéraires, puisque les « révisions » qui ont servi à ses premières publications en France ne sont somme toute qu'une manière, certes très discutable, d'interpréter ses écrits. Une autre manière, celle-là plus respectable car plus affranchie des conventions commerciales, fut de transposer les écrits de l'auteur en musique. Toutes sortes de musiques. Bien qu'il ne l'ait jamais achevé, Debussy commença à composer un opéra adapté de *La Chute de la maison Usher*, tout comme le fera Philip Glass bien plus tard. Rachmaninov composa une symphonie autour du poème *Les Cloches*, Leonard Bernstein incorpora le poème *Israfel* dans son cycle Songfest, tandis qu'Einojuhani Rautavaara s'appuya sur une partie des *Aventures d'Arthur Gordon Pym* pour sa fantaisie chorale On the Last Frontier... Liste non exhaustive. S'ajoutent à cela les références pop/rock, extrêmement nombreuses, allant d'un album complet (*Tales of Mystery and Imagination* du Alan Parsons Project, *The Raven* de Lou Reed) à la chanson isolée (*Annabel Lee* de Joan Baez, *Murders in the Rue Morgue* d'Iron Maiden) en passant par la simple citation (Bob Dylan dans Just Like Tom Thumb's Blues, Green Day dans St. Jimmy) ou encore l'inclusion de l'image de Poe dans la célébrissime pochette du Sgt. Pepper's Lonely Hearts Club Band des Beatles (qui citeront en outre son nom dans I am the Walrus). Même en musique, les écrits de Poe autant que sa personne n'ont jamais cessé de faire travailler l'imagination des artistes...

Tout aussi riches sont les illustrations graphiques, puisque de Gustave Doré à Ricardo Mosner, on ne compte plus les visions d'artistes s'appuyant sur Poe, dans des styles très variés démontrant l'intemporalité de ses écrits dans la sensibilité humaine, dont les artistes (issus de contrées variées) ne sont que les véhicules.

Mais ce qui nous intéresse ici est une autre forme de média, le cinéma, et plus particulièrement la vision d'un artiste en particulier, Roger Corman. Lorsque celui-ci entama son cycle Poe au début des années 60, l'auteur avait déjà été porté plusieurs fois à l'écran. Si l'on en croit la base de données IMDB, la première occurrence de Poe au cinéma fut dans un court-métrage de 1908 associant le *Double assassinat dans la rue Morgue* au Sherlock Holmes de Conan Doyle sous le titre **Sherlock Holmes and the Great Murder Mystery**. Par la suite, citons **La Conscience vengeresse** de D.W. Griffith en 1914 (*d'après Annabel Lee* et *Le Cœur révélateur*) et **La Chute de la maison Usher** de Jean Epstein en 1928, tous deux muets, ainsi que les productions Universal des années 30 : **Double assassinat dans la rue Morgue** (Robert Florey, 1932), **Le Chat noir** (Edgar G. Ulmer, 1934) ou encore **Le Corbeau** (Lew Landers, 1935). De ces productions Universal est véritablement né le cinéma d'épouvante à tendance gothique, qui outre des films somptueux (pas forcément les adaptations de Poe, malheureusement, mais plutôt les **Frankenstein** de James Whale) nous a légué des acteurs devenus iconiques : Lon Chaney Jr., Bela Lugosi et bien entendu Boris Karloff. Ce même Karloff que l'on retrouvera chez Roger Corman.

### *Roger Corman*

Né en 1926 à Detroit, Corman commença sa carrière de cinéaste dans les années 50 avec des productions indépendantes à (très) petits budgets, généralement co-produites par lui-même et par le studio American International Pictures de James H. Nicholson et Samuel Z. Arkoff. De cette période est restée l'image pas tout à fait usurpée, mais malgré tout bien superficielle d'un réalisateur fauché, spécialiste des monstres en caoutchouc (**It Conquered the World, L'attaque des crabes géants**...), tentant vaille que vaille de contourner les obligations du rétrograde code Hays faisant autorité en matière de censure pour mettre en avant le physique aguichant de ses actrices (les taulardes évadées crapahutant dans les marais de **Swamp Women**, les court-vêtues femmes vikings de **Saga of the Viking Women**...) ou encore exploitant sans vergogne les préoccupations adolescentes du moment (le duo musical **Rock All Night** et **Carnival Rock**, les drames étudiants **Teenage Doll** et **Sorority Girl**). Pourtant, dès cette époque, et certes avec le recul du temps, on peut d'ores et déjà trouver dans les films de Corman suffisamment de substance pour le percevoir comme un réalisateur atypique, allant bien au-delà du simple façonneur de séries B ou Z. Dès les années 50, Corman se faisait déjà le pionnier du futur Nouvel Hollywood des années 70. Son refus des conventions sociales et son esprit satirique sont prégnants. Ainsi ses films les plus absurdes de prime abord s'ornent d'une certaine autodérision qui pourtant ne cède pas au cynisme, leur but premier étant avant tout de plaire à un public de drive-in, pas forcément cinéphile, mais pas crétin pour autant. Corman aime ce qu'il fait, apprend en se dépatouillant de conditions de tournages parfois ubuesques et trouve toujours le moyen d'incorporer des éléments allant à l'encontre des normes sociales, accompagnant en cela la future génération contestataire des années 60. C'est ainsi qu'en plein boom du film noir, il se pique de mettre en scène un film comme **Mitraillette Kelly**, dans lequel le personnage principal, un bandit aux gros bras joué par un tout jeune Charles Bronson se trouve en fait sous la coupe de sa petite amie, qui finira par le réduire aux larmes. La femme fatale finit par écraser la figure pourtant emblématique du mauvais garçon dans ce qui est un film éminemment féministe. De même, dans **Un baquet de sang**, il brocarde les pontes de la culture (ceux-là mêmes qui dézinguaient alors ses films, lorsqu'ils prenaient la peine de les visionner) en nous montrant l'artiste Walter Paisley, peu avant méprisé avec morgue, se faire adouber pour sa soudaine capacité à saisir l'expressivité humaine dans des sculptures qu'il conçoit en fait par le meurtre, se contentant d'enrober les cadavres d'une couche d'argile.

C'est au terme de cette décennie de petites productions généralement sous-estimées, et contenant en fait bien peu de ratés intégraux par rapport à sa prolixité et aux contraintes que cela comporte (en 1957, neuf films réalisés par ses soins sont sortis) que Corman passa à la couleur et à des conditions un peu plus confortables pour se lancer dans sa propre interprétation de la mode du moment : le cinéma d'épouvante gothique.

### *Poe et Corman : une rencontre*

Les années 50 ont à leur façon constitué un âge d'or du cinéma d'épouvante... C'était le début de la guerre froide, avec les craintes liées aux tâtonnements de l'atome, aux armements atomiques, aux premières explorations spatiales ou plus généralement aux progrès scientifiques. Exploitant les thématiques de cette époque, les productions à petits budgets, ou séries B, à l'origine prévues pour venir en complément d'une grosse production, mais ayant désormais leurs vies propres, ont fait leur beurre des monstres mutants (les fourmis du pionnier **Des Monstres attaquent la ville** de Gordon Douglas en 1954, la **Tarantula** du spécialiste Jack Arnold en 1955), des extra-terrestres très souvent belliqueux, souvent doublés d'une métaphore évoquant la subversion communiste (**L'Invasion des profanateurs de sépultures** de Don Siegel en 1956, **Le Blob** d'Irivin Yeaworth Jr en 1958), et autres dommages collatéraux imputables aux avancées scientifiques peu maîtrisées (**L'Homme qui rétrécit** de Jack Arnold en 1957, d'après le grand Richard Matheson)... Mais au début des années 60 vint le temps où le public — phénomène naturel — commença à saturer. La guerre froide était toujours là, mais on s'en accommodait et les mœurs commencèrent à changer. Et c'est là que survinrent les films des Britanniques de la Hammer (et dans une moindre mesure de la Amicus, grande pourvoyeuse de films à sketches), qui se rapprochèrent de l'air du temps en puisant paradoxalement dans le vieil attirail gothique (châteaux décrépits, cimetières, tempêtes nocturnes...) en redonnant vie aux grands mythes associés qui ont pour la plupart fait le succès des monstres Universal des années 30 : la créature de Frankenstein, Dracula, le loup-garou, la momie... Peter Cushing et Christopher Lee, idéalement dirigés par Terence Fisher, se faisaient les héritiers des Bela Lugosi et des Boris Karloff de naguère dans des films esthétiquement très travaillés, aux décors angoissants et aux éclairages surprenants, plongeant les spectateurs dans le milieu du romantisme noir. Et surtout, ces films s'éloignèrent des considérations géopolitiques pour anticiper et accompagner l'évolution des mœurs de la jeune génération du baby-boom, cœur de cible de ce genre de productions. C'est ainsi que la violence et l'érotisme firent une apparition remarquée sur les écrans, extrapolant des thématiques déjà présentes dans les écrits de Matthew Lewis, Ann Radcliffe, Mary Shelley, Bram Stoker et autres grands noms du roman gothique. Iconique est par exemple cette scène du **Cauchemar de Dracula** (1958) dans laquelle l'altier Dracula de Christopher Lee pénètre dans la chambre d'une jeune fille pour lui faire perdre son innocence en se jetant sur son cou... « Pornographique » dira une certaine presse française contemporaine au film.

Face à cette vague venue d'Europe, à laquelle on pourra rajouter le cinéma populaire italien de Mario Bava, Riccardo Freda ou Antonio Margheriti (**Le Masque du démon**, **L'Effroyable secret du docteur Hichcock**, **La**

**Vierge de Nuremberg**), les Américains devaient réagir. Et c'est Roger Corman, que l'on sentait déjà mûr pour faire évoluer le cinéma d'épouvante local, qui allait prendre la tête du mouvement en se lançant à son tour dans l'aventure gothique. Pour autant, il ne puisa pas dans les mêmes sources que ses collègues britanniques et s'empara du grand nom du romantisme noir américain : Edgar Allan Poe. Pourquoi Poe ? Parce que « *Poe a une audience toute faite. Il est lu dans tous les lycées. Les gamins adorent Poe.[77]* ». De plus, Corman, alors plongé dans des lectures freudiennes, se montra convaincu que le pionnier de la psychanalyse et le maître du macabre made in USA « *convergeaient par des approches différentes vers le concept de l'inconscient* ». Et c'est ainsi, plutôt que de réaliser deux nouveaux films de monstres géants au budget dérisoire, que Corman allait réaliser un seul film plus luxueux, en couleurs : **La Chute de la maison Usher** (1960). Plutôt de faire reposer l'angoisse sur une créature grossière, il se proposait de la déplacer vers un acteur charmant, instruit et raffiné, dont la force physique brute serait inexistante. Ce devait être « *un homme dont l'esprit intelligent, mais tourmenté dominerait celui des autres protagonistes, inspirant ainsi une peur plus profonde* ». Et cet homme, cet acteur principal qui allait figurer dans presque tous les films de ce qui allait devenir un cycle, ce fut Vincent Price, qu'un port distingué, une voix suave, un regard ténébreux et une tendance marquée à la théâtralité mirent sur un pied d'égalité avec les Peter Cushing et Christopher Lee britanniques, eux-mêmes dignes successeurs de Boris Karloff et de Bela Lugosi dans le cercle fermé des icônes de l'horreur.

---

77      How I made a Hundred Movies In Hollywood and Never Lost a Dime. Roger Corman & Jim Jerome, Da Capo Press, 1990.

## LA CHUTE DE LA MAISON USHER. 1960

© 2001, MGM Home Entertainment Inc.

*Venu tout droit de Boston, Philip Winthrop (Mark Damon) se rend au château de la famille Usher pour demander la main de sa bien-aimée Madeline (Myrna Fahey). Il est reçu à contrecœur par le frère de Madeline, Roderick (Vincent Price), qui lui fait part de son opposition non seulement au mariage, mais aussi au départ de Madeline du château. Selon lui, les Usher sont une lignée maudite, de santé très précaire, appelée à s'éteindre prochainement. Lui-même et Madeline souffrent d'une exacerbation des sens empirant avec l'âge qui les rend incapables de vivre en dehors du cocon de leur château délabré. Winthrop reste sceptique et refuse de quitter la maison Usher sans Madeline. Il se doit de l'extraire de la funeste influence de son frère.*

**La Chute de la maison Usher**, ou comment Roger Corman impose sa vision toute personnelle de la nouvelle de Poe pour en faire un classique de l'épouvante. Dans ce film fondateur, la certitude d'être maudit émane d'un personnage central, dont la psyché affecte non seulement son entourage, mais également leur cadre de vie. Bien que le luxe de naguère n'a pas disparu de la maison Usher, celle-ci glisse à grands pas vers la ruine, témoin cette fissure qui lézarde la façade d'une bâtisse elle-même isolée au cœur d'une forêt calcinée. Roderick Usher est un homme qui se considère comme fini, dernier représentant d'une lignée dont il porte le poids funeste et à laquelle il est de son devoir et son legs de mettre un terme. C'est pour cela qu'il condamne sa sœur Madeline au purgatoire que constitue leur antre, dans lequel tout est là pour rappeler l'extinction prochaine, à commencer par le silence imposé par une sensibilité exacerbée à la moindre perturbation sonore qui pourrait rappeler la vie. La maison Usher est un véritable cercueil, et loin de n'être que le lieu des expérimentations d'un directeur de la photographie doué pour les éclairages surréalistes (Floyd Crosby), c'est une excroissance de Roderick Usher, dont la tyrannie ne tient pas à un autoritarisme forcené, mais bien en la certitude d'une damnation dont on ne peut s'échapper. Cet homme est-il dérangé ? C'est là le ressort dramatique majeur du film : pour Philip Winthrop, le prétendant de Madeline, cela ne fait aucun doute. Le mal-être de cette dernière ne relève que de la contamination et de la force de persuasion, voire de la malveillance, dont fait preuve Roderick. Et pourtant, Corman entretient le mystère dans un équilibre qui rapproche son film du style général d'Edgar Poe, bien que le scénario en lui-même ne soit pas très fidèle à la nouvelle. **La Chute de la maison Usher** nous confronte aux tourments d'un individu dont les croyances funestes ne peuvent être tout à fait balayées par le rationalisme dont fait preuve le jeune Winthrop. Au-delà du décorum et du thème du film, c'est ce doute, léger, mais bien présent, qui maintient en permanence un climat fantastique d'inspiration gothique.

D'un autre côté, de l'outrance dans le macabre dont fait preuve Roderick Usher, Corman (bien aidé par Vincent Price) tire également un certain humour théâtral. Il s'agit en fait d'une forme d'autodérision, dont Corman a toujours fait preuve depuis ses débuts, et qui constitue en quelque sorte sa signature, celle d'un cinéaste ayant bien conscience d'œuvrer dans la série B, s'adressant à un public demandeur d'épouvante, mais qui sait prendre du recul avec le spectacle proposé. Quelque chose que l'on retrouve également dans bien des écrits de Poe, dont la complaisance dans la noirceur n'est pas sans s'orner d'une forme de satire destinée à provoquer les critiques les plus superficielles... L'intelligence de Poe n'a pas été forcément reconnue par ses pairs, et il en va de même pour Corman et ses films.

## LA CHAMBRE DES TORTURES. 1961.

© 2004 MGM Home Entertainment LLC

*L'anglais Francis Barnard (John Kerr) se rend en Espagne, au château de la famille Medina, pour en apprendre plus sur le décès de sa sœur Elizabeth. Il ne se laisse pas démonter par le froid accueil qui lui est fait par le domestique, pas plus qu'il ne se laisse convaincre par les dires de son beau-frère Nicholas (Vincent Price), expliquant la mort d'Elizabeth par un problème sanguin. Et effectivement, Barnard apprend de la bouche du Dr. Leon (Antony Carbone) que Elizabeth est littéralement morte de peur après avoir découvert la chambre des tortures occupant le sous-sol du château Medina. Le père de Nicholas et de Catherine (Luana Anders) fut en effet un impitoyable inquisiteur. Nicholas juge ainsi que c'est l'aura macabre des lieux qui fut à l'origine de la mort de Elizabeth. Barnard ne se contente pas de cette explication, et continue de remuer ciel et terre pour en savoir davantage sur les circonstances de cette mort. Se faisant, il accentue la folie de Nicholas, traumatisé par une vision de son enfance et qui en vient à se persuader lui-même que l'histoire de sa famille s'est répétée dans la mort de son épouse.*

Inutile de disserter trop longuement sur cette adaptation très très libre de la nouvelle *Le Puits et le pendule*. En même temps que les décors, Corman reprend peu ou prou le principe de **La Chute de la maison Usher** : Nicholas Medina est l'alter ego de Roderick Usher, Elizabeth (jouée par Barbara Steele, égérie du gothique italien) celui de Madeline, Barnard celui de Winthrop. La malédiction familiale se fait toutefois ici plus précise : il s'agit de l'héritage de l'Inquisition, qui trouve sa cristallisation dans la fameuse chambre des tortures, donnant ainsi à l'épouvante du film une tournure plus horrifique, puisque le fameux pendule permet de faire travailler l'imagination du spectateur, tout comme il a fait travailler celle des protagonistes... À noter que le scénario du film est l'œuvre de l'écrivain Richard Matheson, grand nom de la SF et de l'épouvante américaine à qui l'on doit les formidables romans *Je suis une légende* (1955) et *L'Homme qui rétrécit* (1957), ainsi que la moins connue, mais tout aussi réussie nouvelle *Journal d'un monstre (1950)*.

## L'ENTERRÉ VIVANT. 1962

© 2010 METRO-GOLDWYN-MAYER-STUDIOS Inc.

*Depuis qu'il a découvert le cadavre d'un homme qui de toute évidence avait été enterré vif, Guy Carrell (Ray Milland) est obsédé par l'idée de subir le même sort. Cela lui pourrit la vie, et c'est pourquoi il avait décidé de rompre les liens avec sa fiancée Emily (Hazel Court). Mais la belle rousse ne lâche pas si facilement, et promet d'aider Guy à surmonter ses craintes. Leur mariage est donc célébré pour le plus grand désespoir de la sœur de Guy… Mais Emily a peut-être sous-estimé la phobie de son conjoint, sur lequel le sort s'acharne constamment en lui remémorant la nuit funeste où tout a commencé.*

Ayant à l'origine prévu de faire le film sans l'aide du studio American International Pictures, Corman dut faire une croix sur Vincent Price, engagé contractuellement auprès dudit studio. Bien que AIP réussit finalement à manœuvrer en sous-main pour que **L'Enterré vivant** leur revienne, il était trop tard pour que Vincent Price occupe le rôle principal. C'est donc Ray Milland qui s'y colle, non sans mérite, mais sans non plus faire oublier son collègue, qui aurait été parfait dans ce rôle. En dehors de cette absence, le film reprend grossièrement la trame de ses prédécesseurs, en réduisant toutefois la malédiction au seul Guy Carrell, vivant dans la terreur d'être enterré vif, en proie à la catalepsie, tout comme son père le fut avant lui. Comme Roderick Usher et Nicholas Medina, ce personnage psychologiquement torturé s'enferme en fait lui-même dans une demeure transformée en tombeau, ce qui ne manque pas d'être paradoxal compte tenu de la nature de sa névrose. Doucement, Corman intensifie l'humour de ses films, dédramatisant ici la situation en faisant de Guy le seul concerné par ce mal. Alors qu'autour de lui ses proches, à commencer par la belle Emily, s'évertuent à le rassurer, un rien suffit à lui rappeler le traumatisme de son enfance, ce qui contribue à lui donner un petit côté ridicule trouvant son paroxysme dans la fierté avec laquelle il présente le stratagème mécanique qu'il a lui-même mis au point pour lui permettre de sortir de son cercueil, puis de la crypte familiale, si le drame tant redouté venait à se produire.

Tout aussi soigné esthétiquement que les deux films précédents, **L'Enterré vivant** vient clôturer avec ironie la première phase du cycle Poe, la plus psychologique, celle dans laquelle Corman s'est imposé comme la figure de proue du cinéma gothique américain.

## L'EMPIRE DE LA TERREUR. 1962.

*Morella, La vérité sur le cas de M. Valdemar, Le Chat noir, La Barrique d'Amontillado,...* Quatre nouvelles que Corman réunit en un film et en trois sketches, les deux dernières nouvelles mentionnées étant fusionnées en un seul récit.

Bien qu'inspiré d'une des nouvelles les plus intrigantes de Poe, *Morella* tourne malheureusement au sketch anodin. Les prémices étaient bons : Lenora Locke vient rendre visite à son père veuf (retour de Vincent Price), et le trouve enseveli dans l'aigreur, dominé par l'alcool et surtout incapable de supporter l'idée de la mort de sa femme Morella, dont il conserve soigneusement le cadavre dans une relation laissant supposer la nécrophilie... Mais assez vite, Locke se rapproche de sa fille et seul l'esprit de Morella en vient à dominer le sketch, qui plonge alors dans une forme d'épouvante plutôt basique, perdant l'équilibre qui maintenait les premiers films du cycle à la lisière du surnaturel.

Bien plus réussi est le second sketch, cette improbable fusion du *Chat noir* et de la *Barrique d'amontillado*. Le trapu Montresor (Peter Lorre) est un ivrogne invétéré doublé d'un tyranneau domestique dilapidant en beuveries l'argent de son ménage... C'est au cœur d'une de ces beuveries qu'il croise la route du très aristocratique Fortunato (Vincent Price), lequel prend un malin plaisir à le prendre de haut, puis bientôt à le cocufier... Montresor va alors tenter de réparer l'affront. Corman plonge là ouvertement dans la comédie noire comme il l'avait fait peu avant dans **Un baquet de sang** et dans **La Petite boutique des horreurs**. Il se repose sur des personnages auxquels personne n'est censé s'identifier, ce qui lui permet à la fois de ne donner aucun gage au côté mélodramatique de l'histoire et de donner carte blanche à ses deux acteurs, appelés à se lâcher de la plus outrancière des façons. Jamais Price ne s'était montré aussi pédant, tandis que Lorre (le maudit de Fritz Lang) fait une entrée remarquée dans le cycle en incarnant un minable teigneux à l'esprit machiavélique. Ce qui nous vaut entre autres un savoureux duel de dégustation alcoolique où l'opposition entre les deux personnages est aussi frontale que désinhibée. Une petite perle se terminant dans un humour noir qui n'est pas sans évoquer les EC Comics, ces bandes dessinées noires et satiriques qui firent polémique dans les années 50 (avec entre autres leurs Contes de la crypte).

Enfin, *La Vérité sur le cas de M. Valdemar* vient se rapprocher davantage de la nouvelle de Poe en mettant en avant le procédé de mesmérisme, ici appliqué par le Dr. Carmichael interprété par Basil Rathbone, mémorable Sherlock Holmes dans 14 films sortis entre 1939 et 1946. Vincent Price joue quant à lui le personnage de Valdemar, que seule l'hypnose pre-mortem de Carmichael empêche de passer dans l'au-delà... Un sketch très cruel, comme celui de Poe, puisqu'il nous confronte à une sorte de torture d'un vivant envers un mort, ou en tous cas envers une âme qui aspire à l'être, mais qui est retenue dans les limbes par un scientifique égotiste. La preuve scientifique d'une vie après la mort, voici un sujet qui a de quoi titiller l'imagination. L'effroi naît à la fois de ce que Valdemar nous raconte (et de la manière sépulcrale dont il s'y prend), mais aussi, empathie aidant, de la contrainte scientifique dont il est la proie. Une sorte d'expérimentation barbare qui ne ferait pas porter la souffrance sur le niveau physique, mais sur le niveau spirituel. Nous sommes ici dans une forme d'épouvante métaphysique bien singulière qui prendra son envol au cinéma dans les années 70 par la vague de films « démoniaques » (**Rosemary's Baby**, **L'Exorciste**, **La Malédiction**...). Rajoutons à cela que le parti-pris esthétique de Corman, qui use de couleurs vives pour les scènes de mesmérisme, contribue à enfoncer le spectateur dans un milieu surréaliste inquiétant.

Voilà donc trois sketches très variés, autant par leurs thèmes que par leur traitement. Clairement un renouveau dans le cycle Poe...

## LE CORBEAU. 1963

© 2004, MGM Home Entertainment LLC.

Le film démarre comme une retranscription fidèle du poème : *le châtelain Erasmus Craven (Vincent Price) pleure sa femme Lenore décédée voici deux ans, lorsque « soudain se fit un heurt, comme de quelqu'un frappant doucement, frappant à la porte de ma chambre ». Le bruit provient en fait de la fenêtre, et Erasmus « au large poussa le volet, et avec maints enjouement et agitation d'ailes, entra un majestueux Corbeau des saints jours de jadis. Il ne fit pas la moindre révérence, il ne s'arrêta ni n'hésita un instant : mais, avec une mine de lord ou de lady, se percha au-dessus de la porte de ma chambre — se percha sur un buste de Pallas juste au-dessus de la porte de ma chambre — se percha, siégea et rien de plus. » Mais dès que l'oiseau ouvre le bec, violente rupture de ton. C'en est fini d'Edgar Poe et de la poésie : le cruel « jamais plus » est remplacé par la voix nasillarde de Bedlo (Peter Lorre), qui ordonne impoliment à Erasmus de lui rendre son apparence humaine. Une fois ceci fait, Bedlo explique qu'il fut transformé ainsi par Scarabus (Boris Karloff), diabolique successeur du père d'Erasmus à la tête de la confrérie des magiciens. Il ajoute également avoir aperçu*

*Lenore au château de Scarabus, ce qui persuade Erasmus de sortir de son autarcie pour aller voir de quoi il en retourne en compagnie de sa fille Estelle (Olive Sturgess), de Bedlo et du fils de celui-ci, Rexford (Jack Nicholson).*

Comment faire un film d'un poème ? Étant assez narratif, le chef œuvre de Poe aurait pu se prêter à l'exercice du film à sketches, façon **L'Empire de la terreur**. Mais Corman en fit un long-métrage, et à vrai dire, de tout le cycle, **Le Corbeau** est le film qui est le moins marqué du sceau de l'auteur. Encore que Corman ne soit pas sans lui rendre hommage, avec cette introduction dans laquelle le texte est cité par un Vincent Price qui fait merveille dans la lecture de Poe. Pour le reste, Corman développe le style humoristique du second sketch de **L'Empire de la terreur**, réinstallant Peter Lorre auprès de Vincent Price et accueillant le vénérable et vénéré Boris Karloff dans ce qui devient désormais un défilé de vedettes de l'horreur américaine. Notons également la présence du jeune Jack Nicholson, qui comme beaucoup d'acteurs (et réalisateurs, sans oublier les techniciens) fit ses premières armes dans les productions Corman. Tout ce petit monde s'agite dans une ambiance bien moins sombre qu'à l'accoutumée, l'humour noir étant même délaissé au profit d'une orientation plus primesautière qui doit beaucoup à l'opposition de style entre les trois acteurs principaux ainsi qu'à l'usage appuyé d'effets spéciaux qui trouvent leur paroxysme dans cette confrontation de magiciens faisant un écho un peu criard au duel de dégustation du film précédent. Là où Poe faisait dans la noirceur théâtrale, Corman fait dans le théâtral tout court, le film devenant au passage une sorte de vaudeville fantastique qui s'avère franchement décevant, compte tenu des noms au générique et de l'excellence du poème original, dont on ne louera jamais assez la musicalité. Pourtant, Corman considère ce film comme l'un des deux meilleurs du cycle, et c'est effectivement le plus connu.

# L'HALLUCINÉ
## (aka **THE TERROR**, ou encore **LE CHÂTEAU DE LA TERREUR**). 1963

*Lieutenant français égaré en Allemagne au cours des guerres napoléoniennes, André Duvalier (Jack Nicholson) trouve le salut grâce à une pimpante jeune fille nommée Hélène (Sandra Knight), qui ne le sauve de l'inanition que pour mieux le conduire à la quasi-noyade dans la mer du nord. Une fois de plus secouru, cette fois par une vieille femme vivant dans la forêt avec son comparse Gustaf (Jonathan Haze), André revient à lui pour s'entendre dire qu'il n'y a aucune jeune fille dans les environs. Il n'en croit pas un mot, lui qui vient de tomber fou amoureux et n'entend pas abandonner sa dulcinée. Toutefois, Gustaf, visiblement brimé par la vieille, lui confiera qu'un certain Erik pourra lui en dire plus au sujet d'Hélène, laquelle serait possédée et en quête d'assistance. André pourra la trouver au château du baron Von Leppe (Boris Karloff), que la vieille prétend vide. Une fois le château trouvé, André reçoit l'hospitalité du baron et de son serviteur, le rugueux Stefan (Dick Miller). Et il croise la route d'Hélène, qui d'après le portrait affiché au*

*mur ne serait autre qu'Ilsa, l'épouse du baron décédée dans de tragiques circonstances vingt ans auparavant...*

Cette intrigue alambiquée ne rappellera rien aux amateurs de Poe, et pour cause : elle n'est pas tirée de Poe ! C'est que Corman, à la fin du tournage du **Corbeau**, avait encore quelques jours devant lui avant que ses décors ne soient enlevés. Et, fidèle à lui-même, il considéra que ce serait un crime de ne pas en profiter. D'où la mise en chantier en urgence d'un film s'inscrivant dans la mouvance du cycle, à défaut de s'y inscrire officiellement. Ce fut en fait une perpétuelle improvisation, avec pas moins de 7 réalisateurs différents, tous des proches de Corman, au nombre desquels on retrouve Francis Ford Coppola, Monte Hellman et Jack Nicholson. La nécessité de boucler le film rapidement impliqua des tournages quasi simultanés, d'où ce nombre impressionnant de réalisateurs composant avec un scénario réécrit au jour le jour, en présence d'acteurs disponibles (Price ne l'était pas, mais Karloff était toujours dans le coin) ou habitués à la fameuse méthode Corman (le tandem Dick Miller/Jonathan Haze, des fidèles de la première heure). Autant dire que **L'Halluciné** est décousu si ce n'est carrément bordélique, et qu'il étale les clichés propres au cycle Poe sans la moindre once d'approfondissement. Évidemment, tout cela est loin d'être mémorable, mais le film étant dans le domaine public il est très fréquent de le trouver sur le marché du DVD, pouvant ainsi donner une fausse impression de ce qu'est réellement le cycle Poe ou plus généralement le cinéma de Roger Corman. Toutefois, l'intérêt de ce genre d'excentricité ne résidait pas tant auprès du public qu'auprès des collaborateurs de Corman. Les Coppola, les Scorsese, les Dante ou les Bodganovitch, ces réalisateurs issus de l'école Corman, ne cachent pas que ce genre d'exercice a quelque chose d'extrêmement instructif : la réactivité, la débrouille, l'optimisation du peu dont ils disposent avec des contraintes budgétaires ou temporelles criantes, tout cela leur a appris le métier « à la dure ». Corman et ses tournages commandos leur a mis le pied à l'étrier, leur donnant une chance et une formation que la trop lissée Hollywood ne leur aurait jamais permis d'acquérir. Ce qui est tout aussi valable pour les acteurs débutants qu'il n'hésita pas à embaucher... C'est pourquoi, sur le tard, et même si ses propres réalisations sont encore généralement regardées de haut, l'apport de Corman au renouveau du cinéma américain dans les années 70, est désormais régulièrement salué...

## LA MALÉDICTION D'ARKHAM. 1963

© 2010 METRO-GOLDWYN-MAYER-STUDIOS Inc.

*Cette fois, il y en a assez ! À force de voir leurs jeunes filles être emmenées nuitamment chez le sulfureux Joseph Curwen (Vincent Price) à des fins peu catholiques, les villageois d'Arkham ont décidé d'agir et de se débarrasser du sorcier et de sa petite clique. Sur le bûcher, celui-ci promet toutefois un bien sombre avenir aux descendants de ses bourreaux. Quelque cent ans plus tard, en 1875, c'est donc dans un village croulant sous cette malédiction que Charles Dexter Ward (Price toujours !), accompagné de son épouse Anne (Debra Paget), vient prendre possession du manoir de son ancêtre Joseph Curwen. Fort peu courtoisement accueilli par les citoyens d'Arkham, dont certains présentent de singulières difformités, Ward n'affiche pourtant pas de mauvaises intentions. Mais l'emprise émanant d'un portrait de Joseph Curwen pourrait bien vite conduire l'innocent héritier à reprendre les recherches de son ancêtre sur les anciens dieux…*

Après avoir fusionné deux nouvelles, après avoir fait

du Poe sans Poe, Corman orchestre ici l'audacieux mariage entre Poe (*Le Palais hanté*) et un autre pilier de l'épouvante américaine : H.P. Lovecraft (*L'Affaire Charles Dexter Ward*). Encore que la balance penche bien plus du côté de Providence que de Richmond. Du poème de Poe, le film ne conserve que le strict minimum : quelques citations ainsi que la décrépitude du château, de toute façon déjà de mise dans tous les films précédents. Tant et si bien que nous nous retrouvons face à une adaptation de Lovecraft en bonne et due forme, qui, si cela n'avait tenu qu'au réalisateur, ne se serait pas du tout rattaché au cycle Poe. Notons qu'il s'agit de la toute première adaptation de Lovecraft au cinéma, bien avant que l'auteur ne soit pleinement redécouvert...

L'horreur cosmique de Lovecraft n'a jamais été facilement transposable à l'écran... La démesure des entités, le péril qu'elles font peser sur l'humanité et la complexité de leur mythologie (sans parler du style d'écriture de Lovecraft, qui n'est pas pour rien dans l'aura maléfique que dégage son imaginaire) n'ont jamais été rendus à la perfection. Ici où là, quelques réussites surnagent : Stuart Gordon quand il se réapproprie deux nouvelles éloignées du mythe de Cthulhu (**Re-Animator** et **From Beyond**), ou encore John Carpenter lorsqu'il invente un alter ego de Lovecraft dont l'univers peuplé d'abominations de toutes sortes envahit le réel (**L'Antre de la folie**). Mais globalement, le compte n'y est pas. Et on ne va pas se mentir : si le film de Corman ne s'y casse pas les dents avant tout le monde, c'est avant tout parce que le réalisateur a contourné la difficulté (à quelques villageois difformes près) en axant son film sur la possession dont est victime Charles Dexter Ward, revenu prendre possession du château où son ancêtre Joseph Curwen se livrait naguère à une noire sorcellerie qui lui valut d'être lynché par une foule de villageois en colère. Yog-Sothoth, le monstre auquel Curwen sacrifiait ses victimes, est grossièrement montré dans les dernières scènes du film, qui simplifient grandement la mythologie de Lovecraft tout en peinant à donner de l'entité l'image apocalyptique qu'elle mérite. Mais n'en tenons pas rigueur à Corman, qui est avant tout ici pour nous montrer une nouvelle facette des malédictions familiales qui lui sont chères. Ici, l'anodin Charles Dexter Ward (toujours Vincent Price), aux petits soins avec sa charmante épouse et sincèrement désolé de l'animosité que lui manifestent les villageois, passe rapidement et de plus en plus intensément sous la coupe de l'esprit de son aïeul, le diabolique Curwen. Cynique, brutal, hautain, sans une once de sens moral, d'une intelligence toute entière tournée vers le mal, il se révèle fort différent des aristocrates morbides œuvrant à leur propre destruction aux débuts du cycle. Ce Curwen sent le soufre, et sa magie noire, les entités invoquées, semblent prêtes à débarquer sur un monde en plein désarroi... Pas forcément le meilleur film du cycle (son déroulement demeure par trop prévisible), **La Malédiction d'Arkham** n'en marque pas moins les prémices d'une nouvelle orientation davantage développée lors du film suivant.

## LE MASQUE DE LA MORT ROUGE. 1964

*Dans une sinistre contrée italienne, au moyen-âge. Le prince Prospero (Vincent Price) fait régner la terreur sur ses sujets paysans. Cependant, un mystérieux inconnu tout de rouge vêtu vient d'annoncer à une vieille villageoise que leur malheur allait bientôt prendre fin… Reste à savoir comment. Ce ne sera pas long : tandis que Prospero est justement en train de tourmenter quelques pauvres hères, la vieille femme succombe à la mort rouge. La peste est sur les environs ! Toutefois, pour ne pas interrompre sa petite séance d'humiliation à l'encontre d'une jeune femme, de son père et de son fiancé, coupables de rébellion, Prospero décide de les emmener avec lui dans son château, où, retranché derrière ses murailles, il compte bien échapper à la mort rouge. Lui, les trois paysans et ses domestiques n'y seront pas seuls : c'est toute la noblesse du cru qui doit également s'y retrouver pour une petite festivité qui, compte tenu du contexte, s'annonce particulièrement décadente…*

L'adaptation du Masque de la mort rouge aurait dû

se faire plus tôt. Mais la sortie relativement récente du **Septième Sceau** d'Ingmar Bergman (1957), au sujet jugé trop similaire, entraîna sa mise au placard. D'où Corman ne la ressortit que lorsque l'American International Pictures lui commanda un nouveau film. Pour un peu, cette adaptation aurait donc pu ne pas voir le jour, ce qui aurait été bien dommage puisque, devant même **La Chute de la maison Usher**, il s'agit du meilleur film du lot... Prenant la suite de Joseph Curwen, le prince Prospero se caractérise par sa propension à faire le mal. Descendant d'une famille d'Inquisiteurs, il a conservé de ce legs familial un mépris total pour l'humanité, non pas au nom de Dieu, mais en celui de Satan. Prospero se complaît dans le culte du mal, mais au contraire de Curwen dans l'adaptation de Lovecraft, il n'envisage pas ses victimes comme de simples offrandes offertes à une entité maléfique. Tout au contraire, il a conscience d'avoir affaire à des êtres humains, et donc à des créatures divines. Suivant en cela la philosophie qui est celle de son maître, son seul et unique objectif est donc de bafouer cette création divine, avec une prédilection toute particulière pour les figures de l'innocence. Rien ne lui plaît plus que de profiter de sa position sociale dominante — si ce n'est absolue en ces temps de féodalisme — pour humilier les humbles s'enhardissant jusqu'à contester son autorité. Un peu d'opposition au passage ne lui déplaît pas, puisqu'en dehors du petit défi que cela représente, il trouve en ces occasions ces signes d'humanité qu'il se plaît tant à écraser. Et bien sûr, il ne rechigne pas à vouloir pervertir les fraîches jeunes filles comme Francesca, héroïne typique de l'époque, belle, pure et vaillante.

Personnage abject, bien plus profond que n'importe quel vilain de série B standard, Prospero entre au début du film dans ce qu'il conçoit comme son zénith. C'est que la mort rouge, la peste, frappe la contrée. Lui permettant d'être isolé des vecteurs de maladies, son château barricadé offre le seul refuge conséquent. En ses murs, et fort de son statut de seigneur accordant protection à ceux qu'il a choisi d'abriter durant cette épidémie, Prospero peut laisser libre cours à tous ses vices. Et Corman d'orchestrer un climat de décadence et de débauche qui, si l'époque n'avait pas été aussi prude, aurait pu se rapprocher du **Salo** de Pasolini. Ainsi, Prospero règne en maître sur une assistance de notables soumis, et qui pour la majorité d'entre eux aiment à être humiliés. Les fêtes costumées organisées par Prospero sont autant de moments orgiaques bafouant toute dignité humaine. Le prince sadique se plaît même à pousser ses propres proches, ou du moins ses serviteurs, choisis pour leur anormalité, à faire œuvre de cruauté les uns envers les autres. Jusqu'à vouloir avilir sa propre compagne, qui par amour le suit avec zèle dans sa philosophie satanique. Elle aussi est manœuvrée par celui qui, de par son intelligence dans le mal, finit malgré tout par fasciner. Il règne autour de lui, et au sein de son château, une atmosphère de fin du monde qui prend des allures métaphysiques sous l'allure mystérieuse de la Mort Rouge, convive masqué à la solennité affirmée. Personne, pas même Prospero, ne sait trop ce qu'est la Mort Rouge, si ce n'est bien sûr la personnification du fléau qui sévit en dehors du château, ni ce qu'elle recherche. Alliée ou ennemie de Prospero ? Toujours est-il qu'elle évoque la sensation de finalité, du monde extérieur comme celle du château.

Dans des décors certes peu nombreux, mais néanmoins somptueux, desquels on retiendra par-dessus tout l'enfilade de pièces colorées menant au repère du culte sataniste de Prospero, encore magnifiés par la photographie de Nicolas Roeg (futur réalisateur de **Ne vous retournez pas**), Corman réalise donc un film singulier, qui tout en usant des ficelles gothiques va bien au-delà de cette limite en dépeignant une vision apocalyptique le rattachant tout autant au cinéma populaire de cette tendance cinématographique qu'aux riches thématiques issues de tout un pan de la littérature romantique noir.

## LA TOMBE DE LIGEIA. 1964

© 2010 METRO-GOLDWYN-MAYER-STUDIOS Inc.

*Reclus dans son abbaye en ruine depuis la mort de sa femme Ligeia, le hautain Verden Fell (Vincent Price) semble se complaire dans la noirceur. Une personnalité mystérieuse qui n'est pas sans lui valoir les faveurs de la belle Rowena (Elizabeth Shepherd), arrivée par hasard sur ses terres et qui a tôt fait de vouloir l'épouser. Poussé autant par l'impétuosité de la jeune femme que par sa forte ressemblance avec Ligeia, Fell accepte. Mais il n'en demeure pas moins obsédé par le souvenir de sa sulfureuse première épouse, qui défiait ouvertement la mort en faisant sienne la pensée de Joseph Glanvill : « L'homme ne cède aux anges et ne se rend entièrement à la mort que par l'infirmité de sa pauvre volonté». Du reste, Rowena va être très tôt confrontée à certaines bizarreries laissant croire qu'effectivement, Ligeia est peut-être davantage qu'un souvenir...*

Tout excellent qu'ait été **Le Masque de la mort rouge**, son succès commercial a été limité. Le public commençait à être lassé des productions gothiques saturant le marché, et après 8 films en 4 ans Corman commençait lui aussi à avoir des envies d'autre chose. Il aurait très bien pu clore son cycle sur sa plus grande réussite, mais l'American International Pictures était encore demandeuse. Au point de refuser, comme le voulait Corman, que son personnage principal ne soit plus interprété par Vincent Price, mais par le plus jeune Richard Chamberlain, jugé par le réalisateur plus crédible dans le rôle d'un aristocrate pour lequel la jeune et charmante voisine ressent le coup de foudre. Conciliant — il n'avait guère le choix vu que l'AIP refusait de financer le film sans Vincent Price au casting —, Corman s'attela donc à **La Tombe de Ligeia**, dans laquelle il introduisit également d'autres références à Poe, avec notamment le mesmérisme venu du cas de M. Valdemar ou encore la présence d'un insolent chat noir. Le tout ressemble en fait à une version quelque peu corrigée de son sketch Morella de **L'Empire de la terreur** (il est vrai que les deux nouvelles de Poe se ressemblent) et se rapproche aussi de l'aspect psychologique des premiers films du cycle, puisque Verden Fell, à l'instar de Roderick Usher, s'est enfermé lui-même dans une demeure faisant office de tombeau. Mais cette fois il n'est pas tout à fait le seul fautif : Ligeia y est également pour beaucoup, puisque cette épouse qui souhaitait ardemment la vie au point de considérer comme Joseph Glanville que la mort était un défaut de volonté, semble malgré tout toujours présente. Le chat noir pourrait être son esprit incarné, à moins que Lady Rowena ne soit elle-même la cible de cet esprit désireux de retrouver une existence physique. Le doute demeure sur la nature exacte de l'oppression qui pèse sur les personnages, et jusqu'à un final comme toujours dramatique Corman se plaît à passer en revue les différentes hypothèses. Rien de très révolutionnaire dans cette intrigue que le réalisateur mène en artisan expérimenté et à laquelle il donne des allures de bilan de son cycle. Notons malgré tout un changement majeur : là où les autres films faisaient la part belle aux couleurs violentes, aux ténèbres et réduisaient la nature à des arbres pétrifiés, rabougris ou aux tempêtes, celui-ci n'hésite pas à accroître le nombre de scènes d'extérieur, dans le décor ensoleillé du Castle Acre Priory, un monastère en ruines doté d'un luxuriant jardin et d'un impeccable gazon à l'anglaise. Cela fait écho à l'intraitable refus de la mort venant de Ligeia, dont la tombe semble être ainsi un florissant lieu de vie tandis que son mari en est réduit à refuser la lumière et à errer dans les couloirs sinistres de la crypte géante qu'est devenue sa demeure... Ou la relation étrange entre une non-morte et un non-vivant...

Ce dernier film du cycle Poe marque également la dernière collaboration entre Roger Corman et Vincent Price. Les deux y auront trouvé un aboutissement : le premier su ainsi gagner ses galons de réalisateur novateur dans le domaine de l'épouvante, faisant jeu égal avec les anglais et les italiens, et le second y gagna une postérité dont se revendiqueront toute une jeune génération de cinéphiles, à commencer par un Tim Burton dont la toute première réalisation, le court-métrage largement autobiographique **Vincent** (1982) est une ode à Vincent Price — invité à faire le narrateur —, à Edgar Allan Poe et au cycle Poe...

*Conclusion*

Pas plus que les films de la Hammer envers Mary Shelley ou Bram Stoker, les films du cycle Poe de Roger Corman ne sont fidèles aux déroulements des nouvelles ou des poèmes d'Edgar Allan Poe. Pourtant, plus qu'eux, ils capturent dans leur ensemble les différentes facettes qui sont celles de l'auteur adapté. Dans le cadre des nouvelles sur lesquels s'est basé Corman, c'est à dire les nouvelles horrifiques au détriment des récits policiers, d'aventure ou de spéculation scientifique, les 8 ou 9 films (si l'on inclut **L'Halluciné**... ou qu'en enlève **La Malédiction d'Arkham**) brassent toute la variété thématique et toute la profondeur de lecture que l'on peut trouver dans les *Histoires extraordinaires*, les *Histoires grotesques et sérieuses* ou les poèmes, quitte pour cela à les mélanger allégrement, voire à y broder des éléments originaux modelés en fonction de la propre personnalité de Corman.

Ainsi, et pour commencer par l'aspect le plus évident, on retrouve ce sentiment de fatalité et de malédiction que l'auteur a insufflé dans bien de ses nouvelles et qui puisaient leur origine dans sa propre vie, dans laquelle la mort, le deuil, la solitude, l'échec et le rejet ont joué des rôles majeurs. Bien que ne lui ressemblant pas physiquement, les personnages joués par Vincent Price pourraient presque faire office d'alter ego de Poe à différents moments de sa vie ou illustrer des traits de sa personnalité : le torturés Roderick Usher et Verden Fell peuvent aussi bien être interprétés comme la vision de Poe pendant la maladie puis la mort de sa femme Virginia. L'asociabilité contrainte ou choisie de presque tous les personnages évoque également celle de Poe, qui fut toujours autant en quête de relations — souvent contrariées — que capable de se mettre sciemment les autres à dos. Même son alcoolisme est en partie évoqué dans le sketch de **L'Empire de la terreur**. Tout cela se retrouve autant dans la biographie de Poe que dans ses écrits, et Corman, qui connaît bien son auteur, ne manque pas de l'évoquer. Tout comme il ne manque pas de saisir le côté théâtral de ses récits, poussé souvent jusqu'à un humour noir qui valurent à aux films les mêmes reproches que ceux prononcés à l'égard de Poe, taxés d'infantilisme et d'immaturité. C'est que le cinéma gothique, ou plus généralement d'épouvante, épouse en cela la destinée de la littérature du même genre et se retrouve bien souvent pris de haut par des critiques peu ouverts à ce qui est le produit de l'imagination, a fortiori lorsque cette imagination est marquée du sceau de la noirceur et donc de l'immoralité, quand bien même tout cela serrait issu de faits bien concrets. Et comme cette littérature, voire plus encore, le cinéma d'épouvante et ses principaux artisans ne reçurent que tardivement, et encore avec certaines limites, un crédit bien mérité...

Outre ces interprétations générales, le cycle Poe ne manque pas non plus d'avoir recours à bien des obsessions de Poe : le mesmérisme, la peur d'être enterré vivant, la psychanalyse des personnages, et l'équilibre précaire entre la raison et la folie qui convergent plus souvent vers un climat cauchemardesque fiévreux (que Corman retranscrit souvent par des scènes oniriques à base de lentilles déformantes et colorées, anticipant du même coup le psychédélisme) que vers l'horreur pure et dure. À vrai dire, le seul film à y céder est **La Malédiction d'Arkham**, adaptée de Lovecraft dans le style du cycle Poe et par conséquent un peu maladroite. Corman aura malgré tout fait le lien entre Edgar Poe et celui qui fut son principal successeur et par certains côtés héritier, inscrivant à l'écran l'évolution littéraire d'un maître du fantastique à un autre. Comme quoi, tout commerciaux que ses films aient pu être, ils n'en demeurent pas moins un ensemble cohérent, s'inscrivant dans une compréhension érudite d'un genre donné. Et comme Poe ouvrit la voie à bien des successeurs dont Lovecraft n'est que l'un des plus fameux, Corman lui-même aura droit à des héritiers issus ou non de son giron, clamant tout ce qu'ils doivent à celui qui dernièrement, et grâce en partie aux hommages rendus par ses pairs, dépasse enfin le qualificatif de « pape de la série B », cliché médiatique souvent pondu avec mépris et qui a bien trop souvent résumé sa carrière à ses aspects les plus réducteurs.

# Sommaire

Achevé d'imprimer par Kdp en juin 2020

Les Éditions de l'Œil du Sphinx
36 - 42 rue de la Villette
75019 Paris
Tél : 09.75.32.33.55
Fax : 01.42.01.05.38
Email : ods@oeildusphinx.com
Web : www.oeildusphinx.com